영유아를 위한 수학교육 제2판

제2판 영유아를 위한

수학교육

박재옥 · 홍길희

MATHEMATICS EDUCATION FOR INFANTS AND TODDLERS

dm 동문사

본서의 초판이 나온 지 올해로 3년째로 길지 않은 기간이지만, 그동안 유아교육계에는 많은 변화가 있었습니다. 가장 크고 중요한 변화라 할 수 있는 것은 국가수준 교육과정의 개정과 시행일 것입니다. 2019년에 개정된 누리과정은 올해부터 전면 시행되고 있으며, 2020년 9월부터는 제4차 표준보육과정의 시행이 예고되어 있습니다. 본 개정판에서는 이와 같은 새로운 누리과정과 표준보육과정을 포함하여 집필했으며, 그에 따른 관련 요소들을 내용 및 활동에 반영하여 보완하였습니다.

오늘날 세계 각국의 수학교육에 관한 노력들은 정보·기술 사회로의 변화와도 밀접한 관련이 있습니다. 종전에 과학, 공학, 건축 등 제한된 영역에 주로 활용되던 것에서 나아가 정보·기술사회에서는 금융, 기상, 의료, 범죄수사, 애니메이션 등 더욱 다양한 분야에서 수학적 능력과 판단이 요구되고 있기 때문입니다. 특히 수학능력의 획득은 영유아기부터 시작된다는 점과 학업성취에 있어서 문해능력보다도 주요한 예측변인으로 작용한다는 보고로 인해 영유아기 수학교육에 대한 관심이 증대되고 있습니다.

이에 유아교육기관의 역할은 매우 중요하며, 유아의 수학적 관심과 능력을 바람직하게 이끌어줄 수 있어야 합니다. 그럼에도 불구하고 예비교사나 현직교사들이 수학에 대한 불안감으로 인해 수학교육의 실천에 소극적이라는 보고들을 접하면 교사를 양성하는 입장에서 안타까움을 금할 수 없습니다.

이러한 교사의 수학불안감은 수학에 대한 교사의 신념, 영유아의 수학능력에 대한 교사의 인식, 교수관련 내용지식 및 교수방법에 대한 기술 그리고 교수 효능감 등의 영향을 주는 것으로 알려져 있습니다. 또한, 영유아교사의 수학에 대한 신념이나 수학교수 효능감 형성에 직접적인 영향을 주는 것은 교사의 수학과 관련된 과거 경험으로, 즉 즐거웠는가 아니면 부정적이었는가에 따라 영유아 수학교수에 있어서 차이가 나는 것으로 보고되고 있습니다.

다행히 한 번 형성된 수학에 대한 교사의 태도는 다른 경험에 의해서 변화될 수 있다는 연구자들의 입장으로 미루어 볼 때 교사양성과정에서의 의미 있는 수학 및 관련 경험을 통해 변화가 가능한 것으로 보입니다.

본서는 예비교사에게 의미 있는 수학 경험을 지원하고자 합니다. 즉, 표준보육과정과 누리과정의 자연탐구 영역을 적용한 영유아 수학교육의 방안을 기본 방향으로 하여, 예비교사들에게 영유아 수학교육의 전문가로서 자질을 갖출 수 있도록 하는 데 역점을 두었습니다.

Chapter 1에서는 영유아 수학교육에 대한 전반적인 이해를 목적으로 예비 영유아교사들에게 수학의 가치와 수학교육의 기능을 새롭게 인식하여 효과적인 지도 방안의 기초를 다질 수 있도록 하였으며, Chapter 2에서는 국가수준교육과정에 대한 이해를 위해 표준보육과정과 3~5세 누리과정의 자연탐구 영역에서 제시한 수학교육의 내용을 살펴보았습니다. 국가 수준의 교육과정은 국가적으로 추구하고 표방하는 교육목적과 교육관을 담고 있는 최상위의 공식적인 문서이자, 교육현장에서 가르치고 배워야 할 내용을 규정해 주는 공식적인 지침서이기도 하나, 일부 현장에서는 국가 수준의 교육과정을 수업에 연결시키거나, 목표나 성격을 현실적으로 수업에 적용하는 데 어려움을 겪는 것으로 알려져 있습니다. 교육과정 내용의 체계적 이해를 통해 영유아 수학교육의 실행에 있어 수학적 과정을 균형 있게 실천할 수 있도록 하였습니다.

Chapter 3에서는 영유아 수학교육의 내용을 지식, 과정기술, 태도, 내용으로 구분하여 각각의 개념과 적합한 방법 및 절차를 중심으로, 또한 구체적인 예를 통해 제시하였습니다. 영유아가 수학을 경험하는 과정에서 수학적 능력을 향상시키기 위해서는 개념 중심의 학습에서 벗어나 생활 속 수학의 상황에 즐겁게 참여하면서, 수학을 알아가고 활용하는 즐거움을 느끼는 수학에 대한 긍정적인 태도 형성이 중요합니다. 제시된 구체적인 활동의 예를 참고하여 영유아발달에 적절하고 창의적인 활동안을 구안할 수 있을 것으로 기대해 봅니다.

Chapter 4에서는 영유아 수학교육의 방법과 수학 환경을 통해 수학교육의 계획과 운영 그리고 교사의 역할, 교수-학습의 방법 및 수학교육의 활동 유형을 다루었습니다. 최근 유아 수학교육의 경향은 일상생활에서의 문제해결 능력을 추구하는 것으로, 즉 다양한 문제 상황에서 스스로 창의적인 문제 해결 방법을 발견하고 추론하며 새로운 개념과 지식을 획득할 수 있는 능력을 키워 주는 방향으로 전개되고 있습니다. 따라서 본서에서는 유아교육현장에서 일반적으로 활용하고 있는 수학교육의 방법을 교과 간 통합적 접근법, 일상생활을 통한 접근법, 놀이중심 접근법에 대하여 구체적으로 다루고, 수학교육의 환경도 비형식적·형식적 학습, 활동영역, 지역사회, 집단구성에 따라 제시하였습니다.

Chapter 5에서는 영유아 수학교육의 평가에서는 영유아의 성장과 발달을 돕고 학습에 영향을 주는 과정 중심의 평가를 위해 일반적으로 사용되어지는 관찰, 면접, 작품 수집, 검사 그리고 이 모든 것을 포괄하는 포트폴리오 평가의 구체적인 내용과 실시 방법을 다루었으며, 이를 통해 교사 자신의 교수법까지 평가함으로써 수업방법의 개선과 새로운 교수활동의 계획에 반영할 수 있도록 지원하고자 하였습니다.

Chapter 6에서는 최근의 교육적 접근법에 의한 수학교육의 활동을 기본 지침과 실제 적용 사례를 함께 구체적으로 다룸으로써 활동계획안 구상과 시연에 도움을 주고자 하였습니다. 실제 적용 사례는 문학, 생태놀이, 음악, 전통놀이, 미술활동, 요리, 일상생활 등 통합적 접근을 중심으로 이루어졌으며, 제시된 적용사례가 제한적이긴 하나 보다 다양한 방법의 창의적인 수학교육활동으로 확장되길 바랍니다.

저자들은 영유아 수학교육의 실천을 위한 이론 토대의 마련과 학습과정에서 구체적 시연활동을 염두에 두고 집필하였으며, 예비교사 및 유치원과 어린이집 현장 교사들에게 수학교육에 대한 자신감을 갖고 더욱 창의적이고 다양한 수학교육활동을 전개하는 데 도움이 되길 기대해봅니다.

끝으로 항상 지원을 아끼지 않는 가족들과 자료를 제공해 준 교사들과 아름다운 편집을 위해 많은 노력을 해주신 동문사 편집부 및 사장님과 관계자에게 깊은 감사의 마음을 전합니다.

2020년 8월

저자

CHAPTER 04 영유아 수학교육의 방법

CHAPTER 05 영유아 수학교육의 평가

Chapter 1

영유아 수학교육의 기초

1. 영유아 수학교육의 개념과 필요성

수학적 사고능력은 21세기 과학기술시대를 살아가는 데 필수적인 능력으로 간주되고 있다. 직업생활 뿐만 아니라 일상적인 삶의 영역에서도 수학적인 사고가 중요한 부분을 차지한다. 수학적 사고능력의 중요성으로 인해 영유아교육에서도 수학교육에 대한 관심이 증가하고 있으며, 유아기부터 질 높은 수학교육을 제공하기 위한 다양한 방안이 강구되고 있다(NCTM, 2000).

영유아 수학교육이란 영유아의 발달 수준에 적합한 수학내용을 교육하는 것이다. 즉, 영유아 수학교육은 영유아기에 학습 가능한 수, 양, 공간에 대한 구조와 변화에 대한 내용을 교육하는 것이다. 교육내용은 영유아의 발달 상태에 적합한 내용이 제공되어야 한다는 것과 영유아가 관심을 가질 수 있도록 일상생활과 관련된 내용, 영유아의 인지능력에 적합한 것이어야 할 것이다.

주목할 점은 수학교육에 앞서 영유아들은 아주 어린 시기부터 직관적이고 비형식적인 수학적 지식을 갖고 있다는 것이다. 즉, 가정에서의 일상생활 속에서 수학적 경험을 하며, 다양한 경험을 통하여 비형식적 수학 지식을 습득하게 된다는 것이다. 유아교육기관에서 수학활동은 이러한 비형식적인 지식 기반 위에 시행되어야 한다는 것이다. 또한 유아교육기관에서도 일상적인 하루 일과를 통해, 놀이활동을 통해서 그리고 견학 등 외부활동을 통해서 다양한 종류의 비형식적 수학지식을 습득하게 되며, 교사가 이끄는 대·소집단활동을 통해서도 수학교육이 이루어질 수 있다는 점이다.

우리는 실용적 기능을 위해서 수학을 사용한다. 즉, 일상생활에서 물가를 고려하여 지출을 계획하거나 주어진 공간에 물건을 최대한 많이 정리하는 것 등이 그렇다. 그런가 하면, 인구 증가를 예측하는 것과 같은 시민적 기능을 위해서도 게임이나 퍼즐 맞추기, 스포츠의 승부 내기하기 같은 여가적 기능 그리고 미술작품의 대칭과 균형, 변화 등을 인식하는 문화적 기능을 위해서도 수학은 필요하다(황의명 외, 2014). 그래서 똑같은 시간이 주어졌을 때 수학적 사고를 하는 사람은 주어진 시간을 합리적으로 사용하는 능력이 있기 때문에 효율적으로 일을 처리하면서도 휴식시간을 즐길 수 있는 것이다.

우리들의 눈에 잘 드러나지 않을지라도 수학은 우리 생활과 관련되어 있고, 수학적 아이디어가 우리 삶을 둘러싼 곳곳에 스며들어 있다. 그래서 수학을 보이지 않는 문화라고 부르기도 한다(배종수, 2002). 따라서 수학은 계산 이상의 것으로 우리가 살고 있는 주변 환경과 사물을 이해하는 강력한 도구가 되고 있다.

특히 엄청난 양의 정보가 쏟아져 나오는 요즈음과 같은 정보화 사회에서는 정보를 선별하고 논리적으로 조직화하여 적용할 수 있는 능력이 어느 때보다 필요하며, 수학교육을 통해 이러한 능력은 발달시키는 것이 중요한 일이 되었다.

즉, 수학자나 과학자와 같은 특정인에게만 수학이 필요한 것이 아니라 모든 사람들이 학교교육을 통해 수학적 능력을 기를 것을 강조하고 있다. 다시 말해 수학은 정보화 사회에서 갖추어야 할 기본 소양이라 할 수 있다.

따라서 모든 사람들이 실생활에서 부딪히는 다양한 문제 상황에서 사물과 사물, 상황과 상황 간에 내재된 관계를 추론하여 창의적인 문제 해결 방법을 찾고 새로운 지식을 획득할 수 있는 수학적 소양(mathematical literacy)을 가짐으로써 실생활에서의 합리적인 태도와 개인의 경쟁력을 강화해 나가야 한다.

영유아도 마찬가지로 삶의 필요에 의해 수학을 경험한다. 수학자와 마찬가지로 수학적인 경험을 통해서 사물의 논리를 스스로 발견할 수 있는 힘을 지니고 있다. 이와 같이 영유아의 삶은 수학과 관련이 있고, 수학은 일상의 모든 측면에서 일어난다(Trafton & Shulte, 1989). 본질적으로, 영유아들도 일상의 삶에서 수학을 발견하는 과정에 참여하고 있으며, 수학하기를 좋아한다는 것이다. 다시 말해 영유아들은 이미 생활 속에서 자연스럽게 수학을 인식하고 수학을 이야기한다. 수학은 영유아의 삶과 분리된 학문 속의 지식이 아니라 영유아의 생활 그 자체인 것이다(조형숙 외, 2005).

따라서 영유아 수학교육은 형식적인 수업을 통한 수학지식과 개념을 많이 가르치는 것보다는 수학학습과 관련된 태도와 성향, 즉 수학적 소양(mathematical literacy)을 길러주는 것이 중요하다.

더불어 수학에 대한 긍정적인 태도를 형성시키기 위해서 영유아의 수학적 탐구 경험을 의미 있는 학습 기회로 확장시킬 필요가 있다.

2. 영유아 수학교육의 배경과 방향

1) 영유아 수학교육의 배경

초기의 수학교육은 물물교환이나 농업 목축업 등 생업에 관련된 필요성, 즉, 인간이 실제 삶을 위해 수를 다루는 데서 비롯되었다. 현대에 이르러서는 수학교육은 삶을 지탱하는 문제해결 수단을 넘어서 인지발달 자극 수단으로까지 인식되어졌다.

1920년대 손다이크 등의 행동주의연합이론에 의해 전통적인 수학교육과정에 연습과 (반복)훈련에 의해서 수학적 기술을 다루고, 계산 기술을 습득하는 내용을 포함시키게 되었다. 즉, 행동주의적 관점에서는 수학을 영유아의 내적 사고 구조와는 별도로 사회적으로 전달되는 지식체계로 보았다. 이 관점에서는 수 세기를 수에 대한 이해의 출발점으로 보고 있으며, 숫자 쓰기, 구구 암기, 계산 자체를 중시하며, 학습지를 통한 반복 훈련과 연습, 숫자 쓰기를 강조한다. 따라서 영유아를 수동적인 학습자로 보고, 성인들이 중요하다고 판단한 수학적 개념과 기술을 단계적이고 반복적인 방법으로 전달해야 한다고 보고 있으며, 영유아에게 직접적인 교수 방법에 의해 수학 지식을 자주 전달해주면 수학 학습 능력과 수학적 사고가 더 잘 발달한다고 보았다.

개념적 지식의 획득과 사고과정을 중시하는 Piaget의 이론을 중심으로 하는 구성주의 교육관이 등장하면서 행동주의적 관점은 능동적인 학습자로서의 유아의 능력을 부인하고 수학교육의 내용을 수 개념에만 국한시킨다는 비난을 받게 되었다.

Piaget는 학습에 있어 환경과 능동적으로 상호작용하는 유아의 역할을 중시하였으며, 수학교육관은 물론 영유아 수학교육과정에 커다란 영향을 미치게 되었다. 그의 논리 수학적 발달과정에서 전조작적 사고 발달단계에서 나타나는 수의 본질에 대한 제한적 이해로 하여금 영유아 수학교육 내용이 주로 수 이전 활동들을 중심으로 이루어지게 되었다. 1970년까지, 심지어 일부는 현재까지 수학교육에 영향을 미쳤으며, 이와 함께 유아스스로 수학적 관계성을 찾아 지식을 구성하다고 주장한 브루너의 발견학습과 함께 수학교육에 큰 변화를 가져오게 되었다. 오늘날 수학교육 분야의 연구자나 교육자들이 기존에 초등학교에서 '산수'라고 지칭하던 교과목을 '수학'이라고 바꾸게 된 것도 이러한 변화를 반영한다.

Piaget에 의하면 전조작기의 유아는 구체적 사고가 불가능하므로 암기와 모방에 의해 기계적으로 수세기를 할 수 있다고 하여도, 수 사이의 관계를 이해하고 추론하는 데 도움이 되지 않는다는 것이다. 논리적 구조 및 수의 보존개념이 성취된 이후에야 수의 이해가 가능하기 때문에, 더구나 수세기가 수 개념 발달을 위한 중요한 토대라고 보지 않았기 때문에, 사물과 사건을 다양하게 관계 지어 보는 경험이 우선되어야 한다고 하였다. 즉, 영유아들이 수 보존개념이 형성되기 전까지는 수를 다루는 활동을 연기하고 분류하기, 서열화하기, 관계 짓기 등의 수 이전 활동을 경험해야 한다고 하였다. 구성주의자들에 따르면 숫자 쓰기도 관습적이고 임의적인 것이므로 나이 어린 영유아들이 이를 이해하기 어렵다고 보고, 숫자와 수에 관한 기호와 같은 형식적인 상징은 영유아의 논리 구조가 발달된 이후에 가르칠 수 있다고 보았다.

Piaget의 인지발달 이론을 중심으로 한 구성주의적 관점은 현재까지도 영유아 수학교육의 이론으로 많은 영향을 끼치고 있지만, 영유아의 수학적 능력을 과소평가하고 있다는 비난을 받기도 한다.

후기 Piaget 학파와 Vygotsky를 주축으로 한 문화심리학자들은 이러한 수 이전 활동을 강조한 것에 비판을 가하면서 등장한다. 이들은 지식구성에 있어 사회적 역할을 중요하다고 보는 데, 즉 사물과의 상호작용에 의한 수 이전 활동 보다 언어와 공유된 활동을 통한 수세기, 수 조작 그리고 수 상징에 대한 학습의 중요성을 강조하였다. 언어와 공유된 활동이 효율적으로 학습의 효과를 거두기 위해서는 영유아에게 그들의 생활세계와 닮은 의미 있는 맥락 내에서의 실질적인 수를 경험하는 기회를 많이 주는 것이 필요하며, 따라서 유아들로 하여금 일상생활에서 성인이나 또래와 함께 유의미한 맥락 속에서 실질적인 수를 경험하도록 해야 한다는 것이다.

문화심리학적 관점에서는 유아의 수세기 능력에 대한 Piaget의 이론을 반박하고 수세기의 원리를 제시한 Gelman과 Gallistel(1978)은 유아들이 학습하는 방식과 수준에 적합한 수학교육의 방향을 제시하였다. 이들은 실증적인 연구를 통해 유아들도 간단한 수 연산 문제를 제시받았을 때, 여러 가지 형태의 수세기 전략을 활용하여 문제를 해결한다는 것을 밝혀냈다. 이에 따라 Piaget와는 달리 유아기에 수세기와 수 조작 및 연산, 수 표상, 수 상징에 대한 탐색을 수학교육의 내용으로 다룰 것을 제안하였다.

문화심리학적 관점을 가진 또 다른 학자인 Vygotsky는 수학 학습이 문화화의 과정이라고 보았다. 학습이란 인간들의 사회적 맥락에서 일어나며, 가장 이상적인 학습은 유아가 혼자서는 할 수 없는 문제를 성인 또는 능력 있는 또래와의 상호작용을 통해서 해결할 수 있도록 이끄는 상황에서 잘 이루어진다고 하였다.

2) 영유아 수학교육의 방향

영유아 수학교육의 목적과 방향은 행동주의, 인지적 구성주의, 사회・문화적 구성주의 이론에 영향을 받아왔다(김민경 외, 2006). 행동주의 관점은 전통주의 입장으로서, 수학의 학문적 지식체계와 기술을 학습자에게 전수하고, 암기하기 위한 반복 훈련, 연습, 숫자쓰기를 강조한다. 하지만 수학교육 내용을 수개념에 국한시키고 학습자를 수동적인 존재로 본다는 입장에서 비난을 받았다. 그리하여 수학은 사물과 사물의 관계성을 궁리하는 과정에서 학습자가 스스로 구성한다는 인지적 구성주의 관점으로 변화되었다. Piaget의 발달 단계에 따라, 보존개념이 형성되지 않으면 수 개념을 형성할 수 없다고 하였으며, 보존 개념이 형성되기 전까지는 분류하기, 순서짓기, 관계 짓기 등의 수 이전 경험을 경험하도록 하였다. 하지만 유아의 능력을 과소평가한다는 비난을 받아 지금의 수학교육에 가장 많은 영향을 주고 있는 사회·문화적 구성주의 관점으로 변화되었다. 영유아는 이미 태어날 때부터 수학적 사고가 가능한 능력을 가졌고, 일상생활을 통해 스스로 수학적 능력을 발달시킬 수 있는 존재로 보았다. 영유아의 사물과 주변세계에 관한 논리적 관계는 다른 사람의 상호작용을 통해 형성되는 것으로서, 사회·문화·역사적 맥락의 중요성을 강조하였다.

Baroody(1987)는 유아 수학교육의 목적은 일상생활 속에서 비형식적인 방법으로 터득한 수학적 개념을 보다 더 의미 있게 증진시키는 것이라고 하였다. 수학적 개념을 의미 있게 증진시키는 것은 수에 관해 정신적 구조를 유아 스스로 구조화해가는 것을 의미한다(Kamii, 1982). 또한 유아 수학교육은 수학적 지식과 기술 습득, 탐구력과 추리적 사고능력, 수학적 문제해결력, 수학에 대한 긍정적 태도와 가치 인식을 목적으로 한다(권영례, 2003). 이처럼 영유아 수학교육은 일상생활과 같은 비형식적 상황에서 이루어지며, 인지적인 측면뿐만 아니라 더불어 정의적인 측면까지도 강조되어야 함을 알 수 있다.

인간이 생활 속에서 문제해결과 합리적 의사결정을 통한 삶의 수준을 향상시키고자 시작되었던 수학의 기원을 생각해볼 때 생활과 유리된 수학교육은 수학을 인간의 삶과 거리가 먼 추상적인 존재로 남게 된다는 것을 잊지 않아야 할 것이다. 따라서 오늘날 유아를 위한 수학교육은 다양한 문제상황에서 탐색과 구체적 조작활동을 통해 유아 스스로 창의적인 문제 해결방법을 찾고 추론함으로써 새로운 개념과 지식을 획득하는 능력을 키워주며, 덧붙여 찾아낸 문제 해결 결과에 대한 효과적인 의사소통 능력을 배양하는 것이 포함되어야 할 것이다(NCTM, 1989).

우리나라 국가수준의 교육과정에서 제시하고 있는 영유아 수학교육의 방향을 살펴보면, 첫째, 일상적 경험 중심의 수학교육 즉, 일상생활과 관련된 내용을 토대로 생활 속에서 수학을 적절히 활용할 수 있는 실천적 능력이 강조되고 있다. 둘째, 논리적이고 합리적으로 사고, 추리하는 능력과 탐구 과정을 즐기는 태도를 키우는 것이 중요하며, 셋째, 놀이에 의한 자연발생적 학습경험 외에 주요 개념과 지식 획득을 위해 계획되고 의도된 학습경험도 제공되어야 한다는 것이다.

이처럼 영유아 시기의 수학교육은 발달적으로 적합한 교육내용을 제공하는 것과 일상생활의 경험을 토대로 비형식적인 (교수)방법으로 하는 것이 중요하며, 구체적인 조작물의 사용과 질문, 토론, 협동학습 등 통합적 활동이 되어야 한다.

따라서 영유아 수학교육은 다음과 같은 방향으로 이루어질 필요가 있겠다.

첫째, 교사 주도활동이나 단순한 암기식 학습을 지양하고 영유아 스스로 수학적 지식을 구성하게 한다.

둘째, 올바른 수학적 용어를 사용하도록 하고, 적절한 질문을 사용하여 영유아의 언어적 설명을 유도한다.

셋째, 하루일과를 통해 모든 시간 모든 영역에서 자연스럽게 통합적으로 진행되어야 할 것이다.

넷째, 일상생활과 밀접한 상황에서 이루어지도록 배려한다.

다섯째, 단순한 계산능력이나 규칙 등의 암기가 아닌 수학적 사고력과 추리력의 발달을 강조해야 한다.

여섯째, 수학 개념 간의 연계성을 강조하여야 한다. 산수교육보다는 측정, 기하, 공간관계, 자료수집 및 분류, 패턴, 컴퓨터 활용 등 폭넓은 내용을 포함해야 할 것이다.

일곱째, 영유아 수학활동의 평가는 관찰, 면접, 작품 수집 등 형식적 · 비형식적 평가방법을 통해 이루어져야 할 것이다.

한편 NAEYC & NCTM(2002)에서 제시하는 영유아 수학교육의 원리를 교육과정의 원리와 교수-학습 방법 측면에서 살펴보면 다음과 같다.

첫째, 교육 과정의 원리는 다음 네 가지로 살펴볼 수 있다.

① **수학교육의 내용** : 영유아를 위한 수학교육의 내용은 단순한 수세기나 도형 변별 이상의 것으로 영유아의 생활과 관련성이 있으면서, 풍부하고 다양한 내용이어야 한다. 영유아를 위한 수학은 수와 연산, 패턴, 함수, 대수학, 기하학과 공간감각, 측정, 자료분석과 확률 등을 포함한다.

② **수학교육과정** : 수학교육 과정에는 영유아들이 문제 해결하기, 추론하기, 의사소통하기, 표상하기, 연결하기의 수학적 과정 기술이 포함되어야한다.

③ **수학교육을 위한 환경과 자료** : 효과적인 수학교육 과정은 영유아들이 수학 개념을 탐구할 수 있도록 다양한 자료들이 갖춰진 풍부한 환경을 말한다. 영유아들에게 유용한 수학 자료는 구체적인 조작물(다양한 종류의 블록, 수세기, 자료, 플라스틱 모형인형, 다양한 그릇, 측정 도구, 지혜놀이판, ……)과 상징적 자료(주사위, 도미노, 수직성, 그래프, 컴퓨터 프로그램, 시각적 모델들, ……) 그리고 추상적인 표상들(플라스틱, 100차트, 상점의 물품가격표, 건축설계도, 계산기, 컴퓨터, 전화번호부, ……) 등이다. 이 외에도 영유아들의 생활에서 발견할 수 있는 모든 사물 그리고 미술, 과학, 언어, 예술, 음악, 물놀이, 모래놀이, 상징 등과 같은 매일의 활동은 수학적으로 도움이 될 수 있어야 한다.

④ **영유아 중심의 선택** : 교사들이 수학교육 과정에 대한 결정을 내릴 때는 영유아들이 지닌 수학적 지식과 이해와 능력, 관심을 고려해야 한다. 영유아가 지닌 개인적인 성향과 태도뿐 아니라 학습하는 방법, 알고 있는 것과 흥미를 느끼는 것을 고려해야 한다.

둘째, 수학교육의 교수-학습 방법은 다음 네 가지로 요약할 수 있다.

① **학습 경험을 계획하기** : 교사는 개별 영유아의 흥미와 요구 그리고 영

유아의 선지식, 학습 방법 등에 근거하여 수학 학습경험을 계획해야 한다. 또한 영유아들의 학습은 인식, 탐색, 연구, 활용의 순환적 과정으로 이루어진다. 따라서 교사는 영유아가 교육목표 도달하도록 돕기 위해 자료를 인식하고 충분히 탐색할 수 있는 기회를 주어야 한다.

② **영유아들과 상호작용하기** : 교사는 영유아가 혼자서 문제를 해결하도록 둘 것인가 아니면 도와 줄 것인가, 직접적인 단서를 제공할 것인가, 아니면 간접적인 단서만 제공할 것인가, 시범을 보일지 또는 새로운 도전과제를 제시할지 여부를 잘 판단해야 한다. 또한 교사는 영유아의 수학적 사고와 학습을 촉진하기 위하여 영유아와 적절히 상호작용하는 방법을 구체적으로 알고 있어야 한다.

③ **학습활동을 조화롭게 운영하기** : 교사는 대·소집단 또는 프로젝트활동 등과 같이 다양한 맥락과 방법을 통하여 영유아들의 수학적 경험이 확정되도록 해야 한다.

④ **가정과의 연계를 촉진하기** : 부모들 자신이 수학에 대해 부정적인 경험을 하였을 때, 영유아들에게 부정적인 영향을 미치게 되고 학습능력에도 영향을 미친다. 그러므로 영유아가 자신의 수학 학습을 지지하는 태도와 경험을 가지고 좋은 출발을 할 수 있도록 하기 위해서는 가족들과의 연계가 필요하다. 가족들은 영유아에게 수학의 중요성을 알려주고 일상생활에서 수학을 발견하고 활용하는 방법을 지원 할 수 있을 것이다. 이를 위해 교육기관은 부모가 자녀에게 수학을 가르치는 방법, 수학에 대해 대화하는 방법과 가정에서 할 수 있는 적절한 게임과 활동을 제공하고, 영유아의 수학적 경험과 관련된 자료를 공유해야 한다.

이에 따라 효율적인 영유아 수학교육을 위한 교사의 역할을 다음과 같이 요약해볼 수 있다.

첫째, 수학에 대한 긍정적인 태도를 갖도록 한다.

수학이 '지루한 수 이름 암기 및 연습과 문제풀이'라는 인식을 갖지 않고, 일상의 문제를 해결하고 자신의 삶과 연결되는 가치 있는 활동이라는 생각이 들도록 한다.

둘째, 수학의 가치를 알 수 있도록 한다.

영유아 수학교육을 위한 활동을 계획할 때는 일상생활과의 연결을 통해 수학의 가치를 알 수 있게 함은 물론 문학, 게임, 프로젝트, 전래놀이 등의 다양한 소재를 활용하는 것이 요구된다.

셋째, 수학지식과 기술을 습득을 위해 다양한 수학교육활동을 구안한다.

다양한 수학교육활동의 예로 자유선택 영역이나 과학 · 신체 · 미술 영역 등의 활동 및 대 · 소집단활동, 바깥놀이 등을 들 수 있다.

넷째, 수학교육 내용을 다양하게 다루어야 한다.

수 세기나 수 개념을 넘어서서 패턴, 공간관계와 도형, 측정과 시간 개념, 자료분석과 확률활동을 포함하도록 하여야 한다. 정확한 계산이나 측정 외에도 어림하기 등 정신적 수학활동을 사용하도록 유도하여야 한다.

다섯째, 수학적 과정 역시 강조하는 것도 중요하다.

영유아가 자신의 아이디어를 수학적 언어로 의사소통할 기회를 제공하여 그들의 사고과정을 명확히 하고 조직화 할 수 있도록 하며, 문제해결, 추론, 관련짓기 등 영유아의 수준에 맞는 방법으로 이를 표상하도록 유도하여야 한다.

여섯째, 수학활동을 통해 영유아의 사고를 촉진시킬 수 있어야 한다.

간단하고 단순한 답이 나오는 과제보다는 사고를 하지 않으면 해결할 수 없는 문제나 인지적 갈등을 유발하여 영유아의 사고를 촉진하는 과제를 제시하여야 하며, 내용적인 측면과 과정적인 측면이 통합된 종합적이고 포괄적인 활동을 통해 문제해결력을 기르도록 하는 것이 필요하다.

3. 영유아 수학교육의 목적

수학교육의 동향에 기초할 때 영유아 수학교육의 목적은 수학적 힘(mathematical power)을 길러주는 것이라고 할 수 있다. 영유아기 수학교육에서 궁극적으로 키워주어야 할 수학적 힘이란 현실에서 부딪히는 종합적인 문제를 수학 지식과 기술을 이용하여 해결하는 것을 의미한다. 이를 위해서는 단편적이고 사실적인 수학지식의 습득이 아니라 수학개념을 이해하고, 분석하고, 추리하는 능력이 요구되며, 수학의 여러 측면을 통합할 수 있어야 할 것이다.

이러한 관점에서 수학교육의 목적을 제시하면 다음과 같다.

첫째, 수학의 내용 지식을 이해한다.

수학 내용 지식이란 상황이나 사물의 관계를 지어봄으로써 영유아가 수학에 대해 논리적으로 구성할 수 있는 지식을 의미하며(NAEYC & NCTM, 2002), 우리나라의 경우 3~5세 누리과정 탐구 영역에서 제시하고 있는 내용을 기초로 분류와 순서 짓기, 수의 이해, 측정, 공간과 기하, 시간, 규칙성의 이해, 통계 등이 포함될 수 있다.

둘째, 수학적 문제 해결, 의사소통, 추론하기, 연계하기, 표상하기 등의 수학적 과정 기술을 증진한다.

수학적 과정 기술이란 수학 지식을 획득하는 방법과 이를 사용하는 방법에 관한 것으로, 문제해결하기, 추론하고 증명하기, 의사소통하기, 표상하기, 연결하기가 포함된다(NAEYC & NCTM, 2002).

셋째, 수학에 대한 긍정적인 태도를 지니고 수학의 유용성을 인식하며, 자신의 수학적 능력에 대한 자신감을 갖는다.

수학적 태도란 수학에 대한 정서적인 성향을 의미하며, 수학지식을 획득할 때 영유아가 갖는 정서적인 반응으로 수학에 대한 호기심, 주의집중, 개방성, 적극성, 지속성 등이 포함된다.

이러한 수학 개념 이해와 수학적 과정 기술, 수학적 태도는 서로 통합될 때 이상적인 수학 경험을 이끌어 낼 수 있다. 다시 말해 영유아 수학교육의 목적은 첫째, 수학의 내용과 관련된 것으로서 수학의 기본 개념과 원리를 이해하고 기술을 습득하며, 둘째, 수학적 문제 해결 · 의사소통 · 추론과 증명 · 연계와 표상 등의 수학적 절차를 수행하는 능력을 획득하고, 셋째, 정의적인 측면으로서 수학에 대한 긍정적인 태도를 가지고 수학의 유용성을 깨달으며 자신감을 가지도록 하는 것이다. 특히 최근에는 수학의 과정적 측면을 강조하는 경향으로 즉, 수학적 지식을 습득하도록 여러 가지 절차를 수행할 수 있는 능력을 갖도록 하며, 수학에 대한 긍정적인 태도를 기르는 것을 중요하게 여기게 되었다.

표 1-1 유아 수학교육의 목적

구분	목적	
내용적 측면	•수와 연산 •기하(공간 및 도형) •자료분석	•대수(규칙성) •측정
과정적 측면	•수학적 문제 해결자가 되기 •수학적으로 추론하고 증명하기 •수학적 과정을 표상하기	•수학적으로 의사소통하기 •수학적 개념을 다른 영역과 연계하기
정의적 측면	•수학의 가치, 유용성을 인식하기 •수학에 대한 열정과 끈기를 가지기 •수학에 대한 거부감 갖지 않기	•자신의 수학능력에 자부심과 자신감 가지기 •수학문제 해결을 위하여 다른 사람과 협력하기

출처 : 나귀옥, 김경희(2004). 유아수학교육 이론과 실제. 학지사.

미국의 경우, 미국수학교사협의회(NCTM: National Council of Teachers of Mathematics)가 1989년과 2000년에 발표한 취학 전 및 유치원부터 고등학교 3학년까지의 전 학년에 걸쳐 모든 학생에게 적용되는 수학교육의 목적은 다음과 같다.

- 수학의 가치를 인식하기
- 수학을 학습하는 학습자 자신의 능력에 대해 확신 갖기
- 수학적 문제 해결자가 되기
- 수학적으로 의사소통하기
- 수학적으로 추론하고 증명하기
- 수학적 개념을 다른 영역의 지식과 연계하기
- 수학적 사고과정을 표상하기

우리나라의 경우, 2012년 고시된 3~5세 누리과정 자연탐구 영역의 수학적 탐구(교육과학기술부, 보건복지부, 2013)에서는 수학교육의 목표를 '호기심을 가지고 탐구하며 수학적 과학적으로 생각하는 능력과 태도를 기른다.' 수학적 탐구하기의 목표는 '생활 속의 여러 상황과 문제를 논리 수학적으로 이해하고 해결하기 위한 기초능력을 기른다.'로 제시되어 있다.

일반적으로 수학교육의 목표는 크게 두 가지로 설명할 수 있다. 하나는 수학적 인지능력에 해당하는 것으로서 수학적 문제해결력, 탐구력, 추론력의 확대를 의미하고, 또 다른 하나는 수학적 기본 지식과 기술을 획득하게 하는 것이다. 이러한 수학교육의 목표에서 영유아 수학교육의 목표를 유추해 볼 수 있다. 영유아가 처음 접해 보는 수학에 대해서 두려움과 거부감을 가지지 않고 긍정적으로 받아들이는 정의적 태도를 형성하는 일이 중요한 의의를 가진다. 그 이유는 영유아기 초기에 획득한 수학에 대한 태도가 계속적으로 이후의 수학 학습에 대한 태도를 형성해 주기 때문이다. 그러므로 수학에 관해서 긍정적 태도를 갖도록 하는 것이 영유아 수학교육의 목표에 포함되어야 한다.

보다 구체적으로 영유아 대상의 수학교육의 목표는 다음 네 가지가 제시될 수 있다.

첫째, 영유아는 수학적 문제해결력, 탐구력 및 추리적 사고능력을 기른다.

둘째, 영유아는 수학적 지식과 기술을 습득한다.

셋째, 영유아는 수학에 대한 긍정적 태도와 수학 학습에 대한 가치를 인식한다.

넷째, 영유아는 수학적 사고를 통해서 논리능력을 신장시킨다.

4. 영유아의 수학적 사고 발달

1) 수학적 사고 발달의 특성

(1) 수학적 지식의 발달

영아들은 일찍부터 수학과 수에 대한 관심을 보이며, 초기 비형식적이고 개인적인 지식에서 점차 개념적이고 절차적 지식을 습득하여 간다. 여기서 비형식적인 지식은 본능, 지각적인 정보, 발명된 책략, 일상적인 상황을 다루면서 습득된 지식들을 말하며, 형식적인 지식들은 학교 수학문제를 해결하는 데 필요한 방법, 과정 혹은 규칙을 의미한다(Hiebert & Lindquist, 1990). 또한 개념적 지식(conceptual knowledge)은 상황이나 사물의 관계에 대한 지식을 말하며, 절차적 지식(procedure knowledge)은 수학적 아이디어를 표상하기 위해 사용되는 문서화된 상징과 수학적 상황을 해결하는 데 필요한 규칙이나 절차, 산술 등에 관한 지식을 의미한다. 영유아들은 환경과 지속적인 상호작용을 통해 이러한 지식들을 발달시키게 되며, 신체, 사회, 정서적인 측면의 발달과 더불어 수학적 사고와 기술도 발달하게 된다.

(2) 인지적·구성주의적 수학교육의 관점

Piaget의 인지발달 이론은 1957년 소련의 인공위성 발사 이후 혁신적 수학개혁 운동이 일어남으로써 수학교육 내용을 재검토, 재구성하고 능동적 학습자로서 유아의 역할이나 지식의 습득과정에 대한 인식이 강조되면서 수용되기 시작하였다(Saracho & Spodek, 2009). 그리고 유아의 인지적 발달단계에 관심을 갖게 되면서, 유아에게 발달적으로 적합한 수학내용이나 과제 선정에 주요한 지침이 되고 있으며(홍혜경, 2004), 어떻게 유아들의 수학적인 개념과 사고를 학습하도록 할 것인가에 대한 중요한 관점을 제공하고 있다(Ojose, 2008).

Piaget는 인지발달단계에 대한 연구를 통해 감각운동기(sensorimotor), 전조작기(preoperational), 구체적 조작기(concrete operational), 형식적 조작기(formal operational)를 밝혀내고, 각 단계는 유아가 환경과 상호작용을 통하여 탐색하고 기존의 인지구조를 적용하는 동화와 기존의 인지구조를 변형하는 조절과정에서 나타난다고 보았다(Reedal, 2010). 이 중 유아들은 전조작기에 해당하는 시기로 비가역적, 추상적 사고가 불가능하기 때문에 정신적 사고과정이 필요한 논리·수학적 사고는 충분한 구체물을 조작해 보는 경험을 통해 이루어질 수 있다고 보았으며, 진정한 수의 이해는 논리적 구조 및 보존개념이 성취되고 난 이후에야 가능하다고 보았다(Ojose, 2008).

예를 들어 같은 양의 물을 높이와 넓이가 다른 두 개의 컨테이너에 옮겨 담아도 영유아들은 물과 컨테이너의 논리적 관계를 이해하지 못하는 경우, 두 컨테이너에 담긴 물의 양이 다르다고 인식한다는 것이다. 이처럼 Piaget를 중심으로 한 인지적 구성주의자들은 수학은 '논리·수학적 지식'으로서 외부에서 주어지는 것이 아니라 학습자가 사물과 사물의 관계성을 스스로 구성하는 과정에서 얻어지는 것이라고 보았다.

Piaget는 수학개념의 구성은 수세기에 의한 것보다는 논리적 발달과 관계가 있다고 보고 3가지의 추상화 이론을 유형화하였다. 첫째, 경험적 추상(empirical abstraction)으로 구체물을 소유하는 경험을 통해 지식을 구성해 가는 것, 둘째, 의사-경험적 추상(pseudo-empirical abstraction)으로 구체물을 직접 조작해봄으로서 지식을 구성해가는 것, 셋째, 반영적 추상(reflective abstraction)으로 조작과 같은 신체적 행동으로부터 물체에 대한 사고와 동화와 같은 정신적 활동이 이루어지는 것이다(Tall, 2004). 즉, 영유아들이 사물을 직접 소유하고, 조작해보는 다양한 탐색의 기회를 통해 사물의 특성을 이해하고, 이에 대한 개념을 형성함으로써 경험적 추상, 의사-경험적 추상인 물리적 지식을 형성하게 되고, 이를 기초로 관계성에 기초한 반영적 추상인 논리-수학적 지식을 형성할 수 있게 되는 것이다.

따라서 Piaget의 인지적 구성주의 입장을 토대로 영유아 수학교육내용 및 방법을 제시하면 다음과 같다. 영유아 수학교육내용은 분류하기, 서열화하기, 관계 짓기의 수이전(pre-math)활동을 충분히 경험해야 하며, 연산이나 추상적, 논리적 조작활동은 구체적 조작기에 이루어져야 함을 제안하였다. 그리고 수학교육 방법으로 영유아가 사물의 조작을 통해 수학적 관계를 터득할 수 있도록 하는 활동중심의 구체물 조작, 영유아의 자발적 흥미나 관심에 기초한 능동적 지식구성을 위한 놀이 중심 교육, 수학적 개념을 내포된 다양한 유형의 게임을 통한 교육, 영유아-영유아와의 상호작용에 따른 인지적 불일치의 경험을 통한 인지발달 촉진을 위해 또래 간 상호작용이 효과적인 방법으로 적용되게 되었다.

Piaget는 수학적 사고 발달의 단계를 다음과 같이 네 단계로 정리하였다.

첫째, 1단계는 출생 후에서 약 2세까지로 다양한 감각과 운동능력을 이용하여 배우기 시작하는 단계이다. 자신이 얻은 정보를 조절하고 통합할 수 있게 되며 자발적으로 행동을 모방하고 창조하며 변화시킨다는 것이다. 따라서 기본적인 기술과 개념을 배울 수 있도록 영아들로 하여금 모든 감각과 운동 능력을 사용하고 탐색할 기회를 제공해야 할 것이다.

둘째, 2단계는 약 2세에서 7세 사이로 영유아들의 사고와 개념이 발달하기 시작하는 시기를 말한다. 비록 합리적이고 구조화된 개념체계는 갖추어지지 않았지만, 주위 세계에 대한 개념이 형성되어 가는 시기이다. 이시기의 사고의 특징은 자기중심적이고, 5세에서 7세 정도에 보존개념에 대한 개념이 형성되기도 한다. 또한 언어발달이 빠르게 이루어져 수학적 언어를 사용할 수 있게 되는 데, 예를 들면 크다, 작다, 빠르다 느리다, 무겁다 가볍다, 동그라미, 세모 등이다. 언어능력습득과 함께 숫자라는 상징을 사용하여 수의 양을 표현한다는 것을 알게 되며, 점차 문자 체계와 숫자 체계를 구별할 수 있게 된다.

셋째, 3단계는 약 7세에서 12세세 사이로 이 시기의 아동들은 논리적이고 수학적인 사고를 시작한다. 즉 구체적인 사고 단계로 분류, 서열화, 수

개념의 구성, 공간, 시간 등의 초보적인 수학적 관계를 이해할 수 있다.

넷째, 4단계는 약 12세 이후로 기호나 상징적인 것에 기초를 두고 사고를 하며 개념을 갖고 추리할 수 있으며 가설을 설정할 수 있게 된다.

(3) 사회문화 구성주의적 수학교육의 관점

Piaget의 인지적 구성주의 이후, 영유아들의 수학적 능력을 과소 평가했다는 비난을 받게 되면서 Vygotsky에 의한 문화심리학적 관점이 대두되게 되었다. Vygotsky는 Piaget와 같이 학습자를 외부세계에 대한 의미를 스스로 구성해 나가는 능동적인 존재로 보는 구성주의적 입장을 취하였다. 그러나 Piaget는 학습은 유아 내부의 발달단계에 따른 인지적 구조변화에 의해 유아가 주변 외부세계를 경험하고 상호작용하며 스스로 지식을 구성하기 때문에, 사회문화적 맥락에 관계없이 모든 문화권 내에서 동일하게 나타나는 보편적인 특성을 지니고 발달한다고 보는 반면, Vygotsky는 인간의 정신 기능은 개인 혼자만의 것이 아니라 개인이 속한 사회 문화적 배경에 따라 유아의 수학적 지식과 내용이 달라질 수 있다고 보았다(한유미, 2009).

예를 들면 소수점을 포함하는 화폐를 사용하는 미국의 경우 소수의 학습이 일찍 제공되지만 자리 값의 학습은 늦게 제공되는 반면, 이와 반대로 우리나라는 화폐 사용에 2~3자리 이상의 큰 수를 포함하고 수 단어가 규칙적인 십진법 체계를 갖추고 있음으로 자리 값 학습에 용이한 맥락을 지닌 것과 같이 사회문화적 틀은 영유아의 인지과정의 틀을 제공하게 되는 것이다(홍혜경, 2004). Resnick(1991)에 의하면 길가에서 물건을 파는 브라질 아동은 연산에 의한 계산은 못하지만 다양한 세기 전략을 사용하고 있음을 보고하며 이는 아동이 속한 사회문화적 영향임을 제안하고 있다.

특히 Vygotsky는 인간의 정신 기능은 개인 혼자만의 것이 아니라 타인과 공유될 수 있을 때 더 의미 있는 사회적 맥락을 제공한다고 하였으며 이를 위한 매개체로 언어를 강조하였다(Dahl, 2003). 이처럼 개인은 주어진 문화 속에서 다른 사람과 상호작용을 통하여 획득한 정보를 활용하여 의사소통을 하게 되는데, 이러한 사회적 맥락은 영유아 수학의 학습과 발달의 일부분이 되고, 다른 사람과 공유한 수학 경험은 영유아에게 수학학습과 발달을 촉진하는 수단이 됨으로 사회적 상호작용은 수학학습에서 중요하게 되는 것이다(Starkey & Klein, 2007). 이처럼 한 개인을 둘러싼 사회적 맥락은 인지과정을 형성하며 학습에 많은 영향을 주게 되는 것이다. 또한 Vygotsky는 실제적이고 독립적인 문제해결 수준에 있어서 동일한 유아들이라도 잠재적인 발달 수준은 상이할 수 있다는 근접발달영역(ZPD: Zone of Proximal Development)을 제시하였다. 즉, 영유아가 성인이나 유능한 또래와 상호작용을 통해 현재의 수준보다 더 높은 수준의 문제를 해결하게 됨으로써 학습을 하게 되고 발달을 이끌게 된다는 입장을 취하고 있다(Dahl, 2003). 따라서 영유아들의 인지발달을 위해 실제적 발달 수준보다 근접발달영역의 중요성을 강조하기도 한다.

이와 같은 내용을 종합하여 Vygotsky의 사회적 구성주의 입장을 토대로 영유아 수학교육 내용 및 방법을 제시하면 다음과 같다. 영유아 수학교육 내용은 영유아가 속한 사회문화적 배경에 따라 달라질 수 있으며, 일상생활의 맥락이 곧 수학교육 내용이 될 수 있다. 또한 영유아의 근접발달영역을 포함한 현재 수준보다 조금 높은 수준의 내용이 제시된다(한유미, 2009). 그리고 수학교육방법으로는 영유아가 근접발달영역 내에서 수학적 지식을 구성할 수 있도록 교사가 적절히 지원해주는 교사의 적극적 역할이 강조되며, 교사뿐만 아니라 유능한 또래와 상호작용을 통해서 공동으로 이루어질 수 있는 또래학습 및 협동학습이 필요하다. 또래의 질문과 도전에 반응하고 공동으로 작업하거나 문제해결을 위한 협동을 통해 영유아는 수학적 의미를 이해하고 지식을 구성할 수 있게 되는 것이다.

이와 더불어 영유아들은 언어를 통해 생각을 구체화 할 수 있으며 수학적 힘을 강화시킬 수 있으므로 자신의 생각을 발표하고 친구의 이야기를 경청하는 것과 같은 토론을 통한 수학적 의사소통을 위한 기회를 제공해야 하며 교사는 수학교육을 위해 수학적 어휘를 사용하거나 모델링을 보이는 것과 같은 언어적 상호작용을 하는 것이 필요하다. 또한 생활 속에서 사용되는 추상적인 기호나 숫자와 같은 수 상징이나 수학적 언어를 일상생활을 통해 자연스럽게 습득함으로써 비형식적 수학지식을 형성하고 이를 통해 형식적 수학지식으로 연계될 수 있는 기초가 될 수 있음을 알 수 있다.

(4) 영유아의 수학개념과 기술의 발달

영유아기에 성취해야 할 수학개념은 학자들에 따라 다양하게 정의되고 있다. Piaget는 논리 · 수학적 지식의 발생과정을 밝히기 위해 분류, 유목포함, 서열화, 수, 공간, 시간, 인과관계, 측정에 대한 유아의 개념 형성과 그 정도를 실험하였다. 그 후로 분류, 비교, 서열, 수, 기하학의 기초, 측정은 기초적 수학개념으로 여겨져 왔다(황정숙, 1996, 재인용).

수학개념에 대해 정희달(1990)은 분류, 비교, 수세기, 부분과 전체, 모양과 공간, 수학적 어휘가 속하고 수학 기초 개념을 사용하는 활동으로 순서짓기, 측정, 시간, 그래프, 패턴이 있으며, 수량과 관련된 활동보다 높은 수준의 수학으로 수와 상징, 집합과 성장, 숫자쓰기, 수 조작, 화폐, 분수 등이 있다고 제시하였다. 권영례(2003)는 수학개념의 요소를 시간, 증가, 분류, 서열화, 수 특성 이해와 측정치로 보고 있다. 김숙자(1997)는 유아기 수학개념을 크게 수 이전 개념과 수 개념으로 구별하고 수 이전 개념으로 문체를 관찰, 기술하기, 사물 비교하기, 구분 짓기, 관련짓기, 짝짓기 등으로 제시하였으며, 이러한 수 이전 개념의 형성과 동시에 유아들의 사고는 수 인식, 분류하기, 패턴 이해하기, 수세기, 기수, 서수 등의 수학개념의 습득으로 전이된다고 하였다.

영유아의 성장에 따라 어떻게 수학적 개념과 기술이 발달하는지를 다음 **표 1-2**와 같이 정리할 수 있다.

표 1-2 수학 개념과 기술의 발달

단계	기초적인 수학 개념	기초 개념의 응용	상징보다 높은 수준의 수학
감각운동기 (출생~2세)	짝짓기 모양 공간	–	–
전조작기 (2~7세)	집합과 분류 수와 수 세기 비교 부분과 전체 수학적 언어	서열 측정(무게, 길이, 온도, 부피, 시간, 시계)	숫자 집합과 상징
구체적 조작기 (7~12세)	–	그래프	형식적 수학 (더하기, 빼기 등)

출처 : 김숙령(2000). 유아 수학교육. 학지사.

이와 같이 수학적 사고의 발달은 일련의 단계를 거치며 수학적 개념과 기술의 습득을 위해 영유아 자신의 발달 수준과 경험이 중요하다.

2) 영유아의 수학적 발달에 영향을 주는 요인

영유아의 수학적 발달에 영향을 주는 요인은 크게 개인적 요인과 사회적 요인으로 나누어 볼 수 있다.

개인적 요인은 첫째, 영유아의 수학에 대한 관심과 흥미를 들 수 있다. 수학에 대한 흥미와 욕구, 자신감 등이 과제수행의 성공을 결정하게 되므로, 수학에 대해 흥미를 가지고 즐길 수 있는 분위기를 조성해주고 자연스럽게 일상생활 속에서 수와 친숙해질 수 있게 해주는 것이 중요하다. 둘째, 사전 경험의 정도이다. 즉, 일상생활에서 경험한 비형식적인 지식은 후에 익히게 되는 수나 산술 등 다른 형식적인 지식을 습득하는 기초가 될 수 있다는 것이다. 사회적 요인으로는 다음의 3가지를 들 수 있다.

첫째, 적절한 과제 제시 여부로 즉, 과제가 영유아의 경험과 이해수준에 맞게 제시되었을 때 더 성공적으로 수행할 수 있다는 것이다.

둘째, 영유아들 간의 상호작용을 들 수 있는데, 또래와의 상호작용은 지적 자율성 형성에 도움을 준다는 Piaget의 주장처럼 영유아들은 각자 발견한 수학적 개념을 설명하고 문제해결을 위한 토의를 통해서 수학적 개념을 확장시키고 자율적으로 지식을 형성한다.

셋째, 성인들의 계획된 지원과 보조를 들 수 있는데, Vygosky는 지식이 더 많은 사람들과의 대화를 통해 보다 의미 있는 학습이 이루어진다고 하였다. 따라서 교사와 성인들은 언어적인 상호작용을 많이 할 필요가 있다.

5. 영유아 수학교육의 효과

'수학'이라는 학문이 중시되는 이유는 우리의 생활과 밀접한 관계를 갖고 있으며, 영유아가 자신의 환경에 대한 이해를 증진시키는 데 매우 중요한 역할을 할 뿐 아니라 고도의 기술·정보화 사회로 전환하면서 모든 사람에게 수학적 소양이 필요하게 되었기 때문이다(한유미, 2009).

효과적인 수학교육에 대한 논의는 계속되고 있는데 특히 21세기에 들어와서는 영유아기부터 질적으로 우수한 수학교육이 실시되어야 함이 강조되고 있다. 미국수학교육교사협의회(NCTM)에서 수학교육 사상 처음으로 어린이집 및 유치원 수준을 포함하여 12학년까지의 연계적인 수학교육 기준을 제시한 점이나 2002년에 NAEYC와 NCTM이 공동으로 '유아 수학교육: 좋은 출발을 촉진하기'라는 지침을 발표한 것과 같은 움직임들은 수학적 능력을 형성하는 토대로서 수학의 중요성을 인식하고 수학교육을 영유아기부터 체계적으로 실시하고자 노력하고 있는 것으로 볼 수 있다.

뿐만 아니라 영유아가 교육기관에 와서 접하는 수학적 경험의 양과 질은 이후 수학학습과 관련된 영유아의 사고, 수행 정도, 태도에 영향을 주게 된다(NCTM, 2000). 이는 교육기관에서 양질의 수학적 경험을 통해 의미 있는 학습으로 이루어질 때 영유아의 긍정적인 사고와 문제해결능력과 태도의 발달이 수반될 수 있는 것이라 볼 수 있다.

영유아들은 누구나 자신이 갖고 있는 수학적 능력을 활용하여 자신이 당면한 일상적 문제들을 논리적이고 합리적으로 해결할 수 있어야 하며, 일상 속에서 주어지는 선택의 순간마다 최선의 의사결정을 할 수 있어야 한다. 물론 이러한 과정은 행복을 추구하며 누리는 가운데 이루어져야 할 것이다. 그러므로 교사는 영유아기의 수학교육이 중요하다는 점을 인식하고 영유아가 수학적 소양을 갖추도록 발달단계에 적합한 지도방법을 모색해야 한다. 이러한 영유아 수학교육의 바람직한 지도방법의 모색을 위해 교사가 인식해야할 영유아기 수학교육의 효과를 구체적으로 살펴보면 다음과 같다.

1) 영유아기는 수학에 대한 흥미와 태도를 형성하는 결정적 시기이다.

(1) 영아들은 간단한 수의 연산과 같은 수학적 기능 및 능력을 가지고 태어난다.

최근 영아들을 대상으로 한 연구 결과에 의하면 영아들은 이미 출생 시에 미미하지만 간단한 뺄셈과 덧셈 같은 수의 연산능력도 가지고 태어난다는 것을 발견하였다. 즉, 영아는 태어나면서부터 자신이 속한 주변 세계에 대해 끊임없이 호기심을 갖고 탐구하려는 본능적인 욕구를 가지고 있다는 것이다. 따라서 이 시기에 타고난 수학적 본성이 잘 개화될 수 있도록 발달수준에 적합한 수학교육 환경을 마련하여 제공하는 것이 절실히 요구된다. 왜냐하면 어린 영아일지라도 제공되는 수학적 환경 안에서 아주 간단하면서도 쉬운 수학적 경험을 할 수 있으며, 이러한 영아기 때부터 가지게 되는 수학에 대한 만족스런 경험들의 축적이야말로 이후의 수학활동에 대한 흥미를 형성하는 데 강력한 원동력이 될 것이기 때문이다.

(2) 수학에 대한 긍정적인 태도는 영유아기에 형성된다.

영유아는 형식적인 수학교육을 받기 전에 이미 일상의 생활경험 속에서 비형식적인 수학학습을 경험하게 되는데, 이때 영유아가 어떻게 수학을 경험하고 지각하는가가 이후의 수학에 대한 태도를 결정하는 데 지대한 영향을 미친다. 다시 말하면 영유아기 시절 일상생활 경험 속에서 즐겁게 수학활동을 경험하게 될 때, 영유아는 수학에 대한 흥미를 발달시키고 긍정적인 태도를 형성하게 된다. 영유아기에 형성된 습관과 태도가 성장 후에도 쉽게 변하지 않는다는 점을 감안할 때 영유아기 때 수학에 대한 긍정적인 태도를 갖도록 하는 것은 중요하다.

그렇다면 영유아가 수학에 대해 긍정적인 태도를 형성되도록 교사는 어떠한 노력을 해야 할 것인가? 먼저, 영유아들의 일상생활에서 수학적 개념이 자연스럽게 구성되도록 지도하여야 한다. 예를 들면 등원해서 사물함에 자신의 물건들을 분류하기, 놀잇감 종류별로 정리하기, 자유선택활동 시간에 흥미영역을 계획해 보기, 수학 게임을 하면서 자신의 순서 기다리기, 간식시간에 조원들에게 접시와 포크 나누어 주기, 미술시간에 조원들에게 재료들을 개수별로 나누어 주는 활동 등이 그러한 예들이라 하겠다. 이와 같이 영유아들은 인위적으로 짜인 시간을 통해 자연스러운 교실 상황이나 일과 속에서 다양한 활동을 하면서 자연스럽게 수를 셀 수 있으며, 더 복잡한 상위의 수학적 개념과 지식을 형성할 수 있고, 나아가 수학에 대한 긍정적인 태도를 형성할 수 있게 된다. 이는 강압적으로 주입식 학습 지도를 받지 않기 때문에 가능할 것이다.

또한 수학에 대해 긍정적인 태도를 형성하기 위해서는 영유아기부터 수학활동을 통해 즐거움을 느끼고 자신감을 경험하는 것이 중요하다. 이를 위해 교사는 주어진 문제를 풀고 그 답이 맞는지 틀렸는지를 확인만 해 주는 학습지 중심의 수학활동은 피해야 한다. 학습지 중심의 수학활동은 영유아로 하여금 과정보다는 결과에 초점을 맞추도록 하고 실수에 대해 두려움을 갖게 함으로써 자칫하면 수학활동을 어렵게 여기거나 지루하고 재미없는 것으로 판단할 수 있기 때문이다. 영유아는 수준에 맞는 내용을 주도적으로 학습할 때 즐거움과 자신감을 갖게 되고, 이로 인해 수학에 대한 긍정적인 태도를 형성하게 된다. 따라서 영유아 교육 현장에서는 결과보다 과정에 중점을 두어야 한다. 교사는 과정 속에서 영유아가 스스로 조정할 수 있도록 하는 자료와 방법을 제공해 주어야 한다.

2) 영유아기의 수학교육은 전인적 발달에 기여한다.

(1) 영유아기의 수학적 경험은 인지 발달을 돕는다.

영유아는 자신의 주변 환경이 수학적인 측면에서 풍요롭다면 성인의 도움이 없어도 일상생활을 통해 다양한 수학적인 경험을 할 수 있다. 그러므로 교사는 영유아가 수를 세거나 무게 · 시간 · 양 · 길이를 측정해 볼 수 있는 수학과 관련된 활동자료들을 제공해 주고, 함께 수학적 과정이나 원리를 추론해 보는 기회를 가지거나 수학과 관련된 어휘를 습득할 수 있도록 상호작용을 해 줄 때 영유아들은 좀 더 상위의 수학적 개념이나 원리를 획득하게 되며 이러한 과정들은 영유아의 인지 발달에 긍정적인 영향을 미치게 된다.

(2) 영유아기의 수학적 경험은 사회성 및 정서 발달을 돕는다.

영유아 교육현장에서 이루어지는 수학교육의 대부분은 교사 중심의 주입식 교육방법보다는 영유아가 수 개념과 관련된 게임이나 활동을 직접 경험하는 형태이다. 그러므로 수학활동은 적어도 두 세 명의 영유아가 함께 교구를 조작하거나 활동함으로써 또래 간에 도움을 주고받는 상황이 많을 수밖에 없다. 이와 같이 수학적 경험은 또래와 상호작용을 할 수 있는 기회를 많이 제공한다. 나아가 교육현장에서 또래와의 긍정적인 상호작용 경험은 영유아의 정서적인 안정감을 강화시켜 주는 역할을 한다.

(3) 영유아기의 수학적 경험은 언어 발달을 돕는다.

현대사회에서 유능한 사회인으로 성장하는 데 필수적인 요건 중 하나가 바로 의사소통능력이다. 영유아는 수학활동을 경험하면서 또래나 교사로부터 다양하고 새로운 수학적 어휘를 획득할 수 있고, 책이나 비디오와 같은 여러 매체를 통해서도 수학적 개념을 습득할 수 있다. 또한 수학활동을 전개하는 과정에서 자신과 다른 견해를 가진 또래에게 자신의 생각이나 의견을 언어로 표현할 기회를 갖게 된다. 이러한 경험들을 통해 영유아는 자신의 의견을 관철시키는 방법과 타인과 타협하는 능력들을 학습할 수 있게 된다. 그러므로 영유아기의 수학적 활동은 수학적 원리를 이해하는 과정 속에서 영유아의 언어 발달과 의사소통능력이 증진되어진다.

(4) 영유아기의 수학적 경험은 신체 발달을 돕는다.

영유아들은 수학활동을 하면서 오감을 활용하여 구체적인 사물이나 교구들을 조작하게 되고, 이를 통해 눈과 손의 협응력 및 소근육 등 자신의 감각기능과 신체능력을 정교하게 발달시키게 된다. 또한 영유아들은 수학 게임을 위해 주사위를 던지거나 말판을 움직이거나 하는 등의 활동을 통해 대근육 발달을 향상시킬 수 있다.

영아들은 블록이나 퍼즐놀이, 구슬 끼우기 등을 통해 소근육에 의한 조작을 하며, 유아들은 퍼즐놀이나 주사위를 이용한 판게임, 분류게임 등을 하면서 구체적인 사물이나 교구들을 조작하게 된다. 이를 통해 눈과 손의 협응력 및 소근육을 발달시키며 감각기능과 신체능력을 보다 정교하게 발달시키게 된다. 신발 정리, 교구 정리, 간식준비 등 일상생활을 통한 수학적 경험은 유아가 즐겁게 참여할 수 있는 활동이 되고 자발적이고 적극적으로 움직이게 되므로 대·소근육의 발달에 긍정적인 영향을 미치게 된다.

3) 영유아기의 수학교육은 논리적 사고와 이후의 학습능력에 기여한다.

Piaget는 논리적 사고력은 단기간에 형성되는 것이 아니라 유아기부터 점진적으로 발달한다고 하였으며(김영선, 2002), 이용률 등(1997)은 유아기의 수학적 경험이 논리적인 사고력, 추상적인 사고력, 창의적인 사고력, 비판적인 사고력, 기호화하고 형식화하는 능력, 단순화하고 종합화하는 능력 등을 기를 수 있다고 하였다. 두 의견을 종합해 보면 영유아기 때부터 수학 경험을 통해 논리적인 사고력의 기초를 형성하고, 성장하면서 이러한 능력을 더욱 발달시킬 수 있음을 알 수 있다.

영유아들은 같은 사물끼리 모으기, 크기와 양 비교하기, 사물을 길이대로 놓아보기, 친구들에게 간식 접시를 수에 맞게 나누어 주기, 바나나 한 개를 옆 친구와 똑같이 나누어 먹기, 친구들이 가장 좋아하는 간식 알아내기 등과 같은 활동을 하는 과정에서 분류하기, 비교하기, 서열, 수 세기, 나누기, 측정하기, 통계 및 그래프 등과 같은 수학적 경험을 한다. 이와 같은 수학적 경험들이 바로 논리적 사고력을 형성하게 된다. 나아가 영유아기에 형성된 논리적 사고력은 성장 후 자신에게 필요한 정보를 추출해 내고 주어진 문제를 효과적으로 해결하는 과정에서 중요한 역할을 담당하게 되는데, 이는 영유아기의 수학적 경험을 통해 가능하다.

또한 초등학교의 수학교과에 필요한 학습능력은 유아기 때의 수학적 경험을 통해 얻어진 논리적 구조나 전략 등이 기반이 된다. 예를 들면 유아교육현장에서 꽃목걸이를 만들 때 꽃잎－빨대－수수깡, 꽃잎－빨대－수수깡의 규칙적이고 반복되는 순서를 경험하는 패턴활동은 단순히 예쁜 꽃목걸이를 만들기 위함이 아니다. 이러한 패턴활동은 논리적 구조를 함축하고 있는 구구단과 같은 수학적 원리와 연결되어 있고, 구구단을 포함하고 있는 곱셈은 초등학교의 수학학습을 위한 필수적인 기능이다. 따라서 영유아기에 적절한 수학활동을 경함하지 못하면 인지 발달이나 이후 초등학교에서의 학습능력에도 부정적인 영향을 미칠 수 있다.

4) 영유아기의 수학교육은 문제해결능력을 향상시킨다.

수학은 인간의 삶에서 필수적인 도구로서 일상생활과 밀접한 관계를 가지면서 문제를 해결하기 위한 수단이 된다(박홍자, 2002). 무능력해 보이는 영아도 기저귀가 젖었을 때나 배가 고플 때 신호를 보낸다든지 빙빙 돌아가는 모빌과 같은 물체를 계속 쳐다본다든지 여러 가지 문제를 해결해야 한다. 이런 문제에 대해 영아가 도안하는 해결방법이 수학적 경험과는 전혀 관계가 없는 것처럼 여겨질 수 있지만 중요한 것은 간단하고 서로 무관해 보이는 문제들을 해결해 나가는 과정에서 영아 스스로가 새로운 전망을 갖게 되며, 다음 단계에서 추구할 수 있는 새로운 목표와 도전을 갖게 될 뿐만 아니라 이들이 추구하는 과정이 곧 인지 발달의 원동력이 된다(김언주 외, 1989)는 것이다.

유아기에 이르면 영아기 때보다는 일상생활과 놀이 장면에서 해결해야 할 문제들이 더 많아지게 되며 이때 유아들은 시행착오를 거치면서 여러 가지 방법으로 문제를 해결해 보는 과정을 통해 수학적 개념 및 원리, 전략을 배울 수 있다. 다시 말하면 유아는 일상생활 과정에서 분류하기와 순서 짓기, 수의 기초 개념 이해하기, 기초적인 측정과 관련된 경험하기, 시간에 대한 기초 개념 이해하기, 공간과 도형의 기초 개념 이해하기, 기초적인 통계와 관련된 경험하기 등과 같은 활동을 하면서 수학적인 개념을 획득하고 수학적인 문제해결방법을 학습한다. 예를 들어 강을 건너기 위해 돌다리를 놓아야 할 때 유아는 눈짐작으로 강의 폭을 어림잡아야 하며(측정하기), 그에 맞게 돌다리의 개수를 정해야 하고(수 세기), 이후에 직접 강의 폭에 맞추어 돌다리를 놓아 봄으로써 자신의 눈짐작이 맞지 않았을 경우 다시 측정하여 돌다리 개수를 더하거나 빼면서(수의 연산) 문제를 해결해 나가야 한다.

이와 같이 영유아는 일상생활 속에서 자신이 처한 문제 상황에서 스스로 문제를 인식하고 그 문제해결을 위하여 시행착오를 거치면서 여러 가지 수학적인 방법으로 해결해 보는 과정에서 스스로의 문제해결능력을 발전시키게 되며, 이는 성인이 되어 일상생활에서 부딪히는 많은 문제들을 창의적으로 해결하는 데도 영향을 미치게 된다. 또한 의사결정을 하기 위해서도 문제해결이나 창의적 사고 등과 같은 복합적인 사고 기능이 반드시 필요하다(윤애희 외, 2002).

5) 영유아기의 수학교육은 의사결정능력을 향상시킨다.

사회가 발전함에 따라 그 기능이 점점 다양하고 복잡해져 간다. 그 사회 속에서 살아가고 있는 현대인들은 누구든지 가정, 학교, 직장뿐 아니라 사회의 각 분야에서 매 순간마다 어떤 일이나 상황, 가치관 등과 관련된 것들을 선택해야 하는 의사결정의 홍수 속에서 살고 있다. 그러므로 대부분의 사람들은 실질적으로 어떻게 결정하는지에 많은 관심을 두고 있으며 바람직하고 합리적인 의사결정과정은 개인에게 심리적 안정감과 만족감을 가지게 하는 데 큰 요인으로 작용한다는 것을 알 수 있다. 따라서 영유아기 때부터 합리적으로 의사결정을 할 수 있는 기회를 제공해 줌으로써 성장하면서 선택해야 하는 순간순간마다 최선의 의사결정을 하여 행복한 삶을 살 수 있도록 도모하여야 한다.

한유미(2009)는 수학적 소양이 있는 사람이란 감정이나 미신에 입각하기보다는 이성에 입각해서 합리적인 의사결정을 하는 이들이라고 정의하고, 이러한 의사결정능력은 유아기부터 충분한 수학활동을 경험함으로써 형성될 수 있다고 하였다. 미국수학교육교사협의회(NCTM, 1998)도 비형식적인 수학의 구성과 함께 유아의 수학의 무엇인지, 그리고 수학을 알고 수학을 한다는 것이 무슨 의미인지, 또한 수학학습자로서의 자신에 대한 신념을 형성해 가는데, 이러한 신념은 이후 수학학습과 관련된 유아의 사고, 수행 정도, 태도와 의사결정에 영향을 주게 된다고 보고하였다. 이들의 주장을 고려해 볼 때 영유아기의 수학적 경험이 의사결정능력과도 연관이 있다는 것을 알 수 있다. 그러므로 현대사회에서 요구하는 탁월한 의사결정을 지니게 하기 위해서는 영유아기부터 수학적 경험을 하도록 해야 한다.

교사는 영유아기부터 생활 속에서 수학교육이 흥미롭고 자연스럽게 이루어질 수 있도록 신중하게 계획하고, 급변하는 현대사회에 능동적으로 대처할 수 있는 유능한 인간상을 길러낼 수 있도록 영유아 수학교육의 방향을 모색하여야 할 것이다.

Chapter 2

영유아 수학교육과정의 이해

수학은 일상생활에서 규칙성을 자각하고 이해하며 올바른 판단과 행동을 하게 하는 것으로 영아 수학교육의 내용은 0~2세 표준보육과정의 자연탐구 영역에서 제시하고 있으며 유아 수학교육의 내용은 3~5세 누리과정의 자연탐구 영역에서 제시하고 있다. 본 장에서는 자연탐구 영역에서 제시한 수학교육의 내용을 영아기 수학교육(만 0~2세), 유아기 수학교육(만 3~5세)으로 나누어 살펴봄으로써 수학교육의 내용을 체계적으로 이해하는 데 도움을 주고자 한다.

1. 영아기 수학교육과정의 이해

영아기 수학교육은 제4차 표준보육과정에서 자연탐구 영역에 해당된다. 0~2세의 영아기 표준보육과정에서 0~1세 영역별 목표 및 내용으로, 2세 또한 영역별 목표 및 내용으로 나누었다.

자연탐구 영역은 0~1세 영아가 보고 듣고 만지면서 주변 환경에 관심을 가지고 주변 세계에 대한 탐색을 시도하며 일상생활 속에서 기초적인 수학적·과학적 탐구 능력과 태도를 기르기 위한 영역이다. 또한 2세 영아가 주변 사물과 자연세계에 호기심을 가지고 탐구하는 태도를 기르고 주변에서 경험하는 다양한 상황에서 기초적인 수학적·과학적 탐구 능력과 태도를 기르기 위한 영역이다. 0~2세 영아기의 자연탐구 영역은 탐구 과정 즐기기, 생활 속에서 탐구하기, 자연과 더불어 살기로 구분하였으며, 영아기 수학교육의 내용은 수학적 탐구하기에 구체적으로 제시하고 있다.

1) 0~2세 자연탐구 영역의 성격 및 목표

(1) 0~2세 자연탐구 영역의 성격

자연탐구 영역은 영아들이 주변 환경과 자연에 관심을 가지고 탐색하는 과정을 즐기는 것을 목적에 두고 있다. 그 내용으로는 ① 탐구하는 과정 즐기기, ② 생활 속에서 탐구하기, ③ 자연과 더불어 살기의 세 가지 내용 범주로 구성되었다.

(2) 0~2세 자연탐구 영역의 목표

자연탐구 영역의 목표를 달성하기 위해서는 연령 집단별로 보육목표와 내용을 계열성 있게 경험하도록 하여야 한다. 수학적 지식의 발달과 성장은 영아기부터 시작된다. 영아는 보고, 듣고, 만지는 등 감각을 동원하여 주변 세계를 관찰하고 탐색한다. 0~1세 영아기 때는 주변 환경과 자연에 관심을 가지고, 이를 토대로 2세 영아기 때는 주변 환경과 자연을 탐색하는 과정을 즐긴다.

표 2-1 제4차 어린이집 표준보육과정 자연탐구 영역목표

내용범주	0~1세 자연탐구 영역의 목표	2세 자연탐구 영역의 목표
	주변 환경과 자연에 관심을 가진다	주변 환경과 자연을 탐색하는 과정을 즐긴다
탐구과정 즐기기	1. 일상에서 탐색을 즐긴다.	1. 일상에서 탐색하는 과정을 즐긴다.
생활 속에서 탐구하기	2. 주변 환경을 탐색한다.	2. 주변 환경에 관심을 가지고 탐색한다.
자연과 더불어 살기	3. 생명과 자연에 관심을 가진다.	3. 생명과 자연에 관심을 가진다.

출처 : 보건복지부(2020). 제4차 어린이집 표준보육과정.

2) 영아기 연령별 자연탐구 영역 내용

(1) 0~2세 자연탐구 영역 내용

자연탐구 영역의 내용 범주를 '탐구 과정 즐기기', '생활 속에서 탐구하기', '자연과 더불어 살기'로 구분하고 연령이 높아짐에 따라 연령별 목표와 내용이 확장된다.

표 2-2 제4차 어린이집 표준보육과정 자연탐구 영역 내용범주와 내용

내용 범주	0~1세 내용	2세 내용
탐구 과정 즐기기	• 주변 세계와 자연에 대해 호기심을 가진다. • 사물과 자연 탐색하기를 즐긴다.	• 주변 세계와 자연에 대해 호기심을 가진다. • 사물과 자연을 반복하여 탐색하기를 즐긴다.
생활 속에서 탐구하기	• 친숙한 물체를 감각으로 탐색한다. • 물체의 수량에 관심을 가진다. • 주변 공간과 모양을 탐색한다. • 규칙성을 경험한다.	• 친숙한 물체의 특성과 변화를 감각으로 탐색한다. • 물체의 수량에 관심을 가진다. • 주변 공간과 모양을 탐색한다. • 규칙성에 관심을 가진다. • 주변 사물을 같고 다름에 따라 구분한다. • 생활 도구에 관심을 가진다.
자연과 더불어 살기	• 주변의 동식물에 관심을 가진다. • 날씨의 변화를 감각으로 느낀다.	• 주변의 동식물에 관심을 가진다. • 날씨와 계절의 변화를 감각으로 느낀다.

출처 : 보건복지부(2020). 제4차 어린이집 표준보육과정.

2. 유아기 수학교육과정의 이해

유아 수학교육은 1969년 제1차 유치원 교육과정에서 자연 영역에 수학교육과 관련된 내용을 제시하였고 2차, 3차, 4차 유치원 교육과정에서는 인지발달 영역에서 제시하였다. 그리고 5차, 6차, 2007년 개정 유치원 교육과정에서는 탐구생활 영역에서 만 3~5세 연령별 수학교육 내용을 제시하였다.

한편 표준보육과정에서는 2004년 1월 29일 전면 개정된 영유아보육법 '제29조 2항'에 표준보육과정을 개발 및 보급하여야 함을 명시하고 어린이집에서는 2008년 7월 제1차 표준보육과정에 기초한 0~5세 연령별 보육 프로그램을 토대로 표준보육과정을 보급하였다. 표준보육과정에서는 자연탐구 영역에 유아 수학교육 내용을 제시하였다. 이처럼 이원화된 유아교육과정에 의해 유아 수학교육이 이루어졌다.

그 후 유치원과 어린이집에서 공통으로 적용할 교육과정의 필요성이 사회적으로 대두되기 시작하였다. 이에 2011년 3월 제2차 표준보육과정 개정안에 우선적으로 5세 누리과정을 고시하고 2012년 3월부터 유치원과 어

린이집에서 공통 5세 누리과정의 교육과정을 운영하게 되었다. 그리고 2013년 1월 제3차 표준보육과정 개정안에는 연령별 교육과정을 확대하여 3~5세 누리과정을 고시하였으며, 2019년 개정 누리과정을 진행하였다. 현재 유치원과 어린이집에서 3~5세의 발달 특성을 고려하여 연령별로 구성된 공통 3~5세 누리과정을 운영하고 있다.

유아 수학교육과 관련된 내용은 3~5세 누리과정의 자연탐구 영역에서 제시하고 있다. 유아 수학교육과 관련 된 내용은 3~5세 누리과정의 자연탐구 영역에서 제시하고 있다. 이에 시대별 변화에 따른 2007년 개정 유치원 교육과정의 탐구생활 영역과 표준보육과정의 자연탐구 영역을 비교해 보고 제2차 표준보육과정의 5세 누리과정 및 제3차 표준보육과정 3~5세 누리과정의 자연탐구 영역에서 제시하고 있는 유아 수학교육 내용의 살펴보면 다음과 같다.

1) 2007년 개정 유치원 교육과정과 표준보육과정

(1) 2007년 개정 유치원 교육과정의 탐구생활과 표준보육과정의 자연탐구 영역의 성격

2007년 개정 유치원 교육과정에서 탐구생활 영역은 인간이 자연과 더불어 조화로운 삶을 살아갈 수 있도록 유아기부터 자연을 존중하는 마음을 바탕으로 창의적으로 사고하고 탐구하며, 논리적·합리적으로 문제를 해결하는 능력과 태도를 기르기 위한 영역이다. 그 내용은 탐구하는 태도 기르기, 과학적 기초 능력 기르기, 수학적 기초 능력 기르기로 구성하였다.

표준보육과정에서 자연탐구 영역은 영유아들이 다양한 감각과 호기심으로 주변 사물과 자연환경의 특징을 지각하고 탐색하며 이러한 과정에서 발생하는 의문점을 탐구하고 해결하는 데 필요한 기초 능력과 태도를 기르는 영역이다. 표준보육과정의 자연탐구 영역의 내용은 탐구하기, 수학적 탐구, 과학적 탐구로 구성하였다. 이는 제3차 표준보육과정이 고시되기 전까지 유치원에서는 2007년 개정 유치원 교육과정을 토대로 교육과정을 운영하였으며 어린이집에서는 표준보육과정을 운영하였다.

(2) 2007년 개정 유치원 교육과정의 탐구생활과 표준보육과정의 자연탐구 영역의 내용

2007년 개정 유치원 교육과정의 탐구생활과 표준보육과정의 자연탐구 영역은 유사한 맥락으로 이루어져 있음을 알 수 있다. 그 내용을 구체적으로 살펴보면 다음과 같다.

표 2-3 탐구생활 영역과 자연탐구 영역 비교

2007년 개정 유치원 교육과정-탐구생활		표준보육과정-자연탐구	
내용 범주	하위내용	내용 범주	하위내용
탐구하는 태도 기르기	• 사물과 현상에 지속적인 관심 가지기 • 탐구과정 즐기기	탐구적 태도	• 호기심을 유지하고 확장하기 • 탐구과정 즐기기 • 탐구 기술 활용하기
과학적 기초 능력 기르기	• 물체와 물질에 대해 알아보기 • 생명체와 자연환경을 소중하게 여기기 • 자연현상에 대해 알아보기 • 간단한 도구와 기계 활용하기	수학적 탐구	• 수와 연산의 기초개념 형성하기 • 공간과 도형의 기초개념 형성하기 • 기초적인 측정하기 • 기초적인 자료 수집과 결과 나타내기
수학적 기초 능력 기르기	• 수 감각 기르기 • 공간 및 도형에 대해 알아보기 • 기초적인 측정해 보기 • 규칙성 이해하기 • 자료 정리 및 결과 나타내기	과학적 탐구	• 물체와 물질 알아보기 • 생명체와 자연환경 알아보기 • 자연현상 알아보기 • 간단한 도구와 기계 활용하기

출처 : 교육과학기술부(2008). 유치원 교육과정. 보건복지부(2013). 제3차 어린이집 표준보육과정.

2007년 개정 유치원 교육과정의 탐구생활 영역의 유아 수학교육에 관련된 내용을 살펴보면 '수학적 기초 능력 기르기' 내용 범주에서 수 감각 기르기, 공간과 도형에 대해 알아보기, 기초적인 측정해 보기, 규칙성 이해하기, 자료 정리 및 결과 나타내기로 구분하여 제시하고 있으며, 우리나라 초등학교 1학년 수학교육과정과의 연계성을 강조하고 있다.

'수 감각 기르기'의 하위 범주에서는 유아가 일상생활에서 경험을 기도로 하여 다양한 수학적 감각을 기르는 것을 중요시하였으며, '공간 및 도형에 대해 알아보기'는 유아의 수학교육에서 중요한 축을 형성하므로 수 감각 기르기 다음으로 제시하고 있다. 또한 '기초적인 측정해 보기'에서는 단순히 특정과 관련된 경험보다는 측정과정을 경험하고 개념을 인식하는 것을 포함하고 있다. '규칙성 이해하기'는 유아의 생활 주변의 여러 가지 사물이나 현상 속에서 자연스럽게 반복되는 규칙성을 찾아볼 수 있는 등의 내용을 제시하고 있다. '자료 정리 및 결과 나타내기'는 유아기에 다루어야 할 통계와 확률의 기초적인 내용으로 유아가 탐구하는 과정에서 얻은 결과를 설명하기 위해 그림, 그래프, 차트 등을 이용하여 얻은 결과를 설명할 수 있다.

표준보육과정의 자연탐구 영역의 유아 수학교육에 관련된 내용을 살펴보면 '수학적 탐구' 내용 범주에서 수와 연산의 기초 개념 형성하기, 공간과 도형의 기초 개념 형성하기, 기초적인 측정하기, 기초적인 자료 수집과 결과 나타내기로 구분하여 제시하고 있다.

'수와 연산의 기초 개념 형성하기' 하위 범주에서 유아들은 일상생활 속에서 사용되는 수의 다양한 의미를 알 수 있으며, 구체물을 가지고 더하고 빼는 경험 등을 할 수 있는 내용을 제시하고 있다. '공간 도형의 기초 개념 형성하기'로 유아가 위치, 방향, 다양한 기본 도형 등을 인식할 수 있다. '기초적인 측정하기'는 유아의 일상생활에서 길이, 크기, 무게, 들이, 시간 등의 속성 및 임의 특정 단위 등을 사용해 보는 내용을 제시하고 있다. '기초적인 자료 수집과 결과 나타내기'는 유아가 필요한 정보나 자료를 수집하고 그림, 사진, 기호나 숫자를 사용해 그래프를 탐구하는 과정에서 얻은 결과물을 나타내 보는 등의 내용을 제시하고 있다.

2) 제2차 표준보육과정과 5세 누리과정

2011년 3월 제2차 표준보육과정 개정안을 고시하면서 유치원과 어린이집에서 공통으로 5세 누리과정의 교육과정을 운영하게 되었다. 즉, 유치원에서는 3, 4세 유아를 대상으로 2007년 개정 유치원 교육과정의 탐구생활 영역에서 수학적 기초 능력 기르기의 내용으로 유아 수학교육이 이루어졌다. 또한 어린이집에서의 만 3, 4세 유아는 표준보육과정 자연탐구 영역에서 제시된 수학적 탐구의 내용으로 유아 수학교육이 이루어졌다. 그리고 5세 유아만 유치원과 어린이집에서 공통으로 5세 누리과정의 자연탐구 영역에서 제시된 수학적 탐구의 내용 범주에서 유아 수학교육이 제시되었다. 이에 교육과학기술부(2012)의 만 5세 누리과정 해설서에 지시된 자연탐구 영역의 유아 수학교육 내용을 구체적으로 살펴보면 다음과 같다.

표 2-4 5세 누리과정의 자연탐구 영역

영역	내용 범주	내용
자연탐구	탐구하는 태도 기르기	호기심을 유지하고 확장하기
		탐구과정 즐기기
		탐구 기술 활용하기
	수학적 탐구하기	수와 연산의 기초 개념 형성하기
		공간과 도형의 기초 개념 형성하기
		기초적인 측정하기
		규칙성 이해하기
		기초적인 자료 수집과 결과 나타내기
	과학적 탐구하기	물체와 물질 알아보기
		생명체와 자연환경 알아보기
		자연현상 알아보기
		간단한 도구와 기계 활용하기

출처 : 교육과학기술부(2012). 5세 누리과정 해설서. 대한교과서.

3) 제3차 3~5세 누리과정의 자연탐구 영역

교육과학기술부와 보건복지부는 2013년 3월부터 유치원과 어린이집에서 3~5세 누리과정을 공통으로 운영하고 있다. 유아 수학교육과 관련된 내용은 자연탐구 영역에서 제시하고 있다.

(1) 3~5세 누리과정의 자연탐구 영역의 성격 및 목표

자연탐구 영역은 유아가 자신을 둘러싸고 있는 주변 세계에 대해 호기심을 가지고 궁금한 것을 해소하기 위해 탐구하며, 일상생활에서 부딪치는 현상이나 문제해결을 통해 수학적·과학적으로 생각하는 기초 능력과 태도를 기르기 위한 영역이다. 그 내용으로는 '탐구하는 태도 기르기', '수학적 탐구하기', '과학적 탐구하기'의 세 가지 내용 범주로 구성하였다.

❶ 탐구하는 태도 기르기

호기심을 바탕으로 주변의 사물과 자연 세계에 대해 탐구하는 성향을 키우기 위한 내용으로, 유아가 탐구과정을 즐겁게 경험하면서 자신과 환경에 대한 지식을 바르게 추구하는 태도를 기르는 데 중점을 둔다.

❷ 수학적 탐구하기

유아가 일상생활에서 접하는 문제를 수학적 사고와 추론에 의해 논리적으로 해결하는 능력을 기르는 데 중점을 둔다.

❸ 과학적 탐구하기

유아가 생활 속에서 사물과 자연환경을 지속적으로 탐구하는 기회를 통하여 자연의 소중함과 과학의 의미를 경험하는 데 중점을 둔다.

(2) 3~5세 누리과정의 자연탐구 영역의 목표 및 내용

3~5세 연령별 누리과정의 자연탐구 영역은 '호기심을 가지고 주변 세계를 탐구하며 일상생활에서 수학적·과학적으로 생각하는 능력과 태도를 기른다'를 목표로 다음의 하위내용으로 구성되어 있다.

- 주변의 사물과 자연 세계에 대해 알고자 하는 호기심을 가지고 탐구하는 태도를 기른다.
- 생활 속의 여러 상황과 문제를 논리·수학적으로 이해하고 해결하기 위한 기초 능력을 기른다.
- 주변의 관심 있는 사물과 생명체 및 자연현상을 탐구하기 위한 기초 능력을 기른다.

❶ 수와 연산의 기초 개념 알아보기

유아가 생활 속에서 다양하게 수를 경험하면서 수에 대한 이해를 발달시키고, 기초적인 수와 연산의 개념을 형성하는 내용이다. 유아는 생활 속에서 수가 여러 가지 의미로 사용된다는 것을 알게 되고, 물체 세기를 통해 수량을 인식한다.

또한 구체물을 사용하여 수들 간의 관계를 알아보며, 더하고 빼는 경험을 하면서 수와 연산에 대한 기초 개념을 형성한다(교육과학기술부·보건복지부, 2013).

3세	4세	5세
생활 속에서 수에 관심을 갖는다.	생활 속에서 사용되는 수의 여러 가지 의미를 안다.	
구체물 수량의 많고 적음을 비교한다.	구체물 수량에서 '같다', '더 많다', '더 적다'의 관계를 안다.	구체물 수량의 부분과 전체 관계를 알아본다.
다섯 개가량의 구체물을 세어보고 수량에 관심을 갖는다.	열 개가량의 구체물을 세어보고 수량을 알아본다.	스무 개가량의 구체물을 세어 보고 수량을 알아본다.
		구체물을 가지고 더하고 빼는 경험을 해 본다.

❷ 공간과 도형의 기초 개념 알아보기

공간 안에서 위, 아래, 앞, 뒤 중심 위치, 경로 등 위치와 방향을 인식하고 기본 입체도형 및 평면도형의 이름과 특징을 이해하고 주변 물체들의 형태를 변별하면서 도형에 대한 초보적인 이해를 발달시키는 내용이다. 유아는 자신이나 물체의 위치와 방향을 인식하고 보는 위치에 따른 공간적 차이를 알아간다. 또한 시각적·촉각적 탐색을 통해 기본 평면도형 및 입체도형의 특징을 알아보고, 도형을 나누거나 합하여 여러 가지 모양을 구성할 수 있다(교육과학기술부·보건복지부, 2013).

3세	4세	5세
나를 중심으로 앞, 뒤, 옆, 위, 아래를 알아본다.	위치와 방향을 여러 가지 방법으로 나타내본다.	
		여러 방향에서 물체를 보고 그 차이점을 비교해 본다.
물체의 모양에 관심을 갖는다.	기본 도형의 특성을 인식한다.	기본 도형의 공통점과 차이점을 알아본다.
	기본 도형을 사용하여 여러 가지 모양을 구성해 본다.	

❸ 기초적인 측정하기

유아가 일상생활에서 측정 가능한 속성에 따라 사물이나 상황을 비교하고, 순서를 지어보며, 임의 측정 단위를 사용할 수 있도록 하는 내용이다. 측정은 길이, 크기, 무게, 들이 등의 속성을 비교하고 순서 짓는 것에서 시작하여 더 나아가 사물이 지닌 속성의 크기를 기준량(단위)을 정하여 수치로 나타내는 것이다 이러한 기초적인 측정하기를 통해 유아는 스스로 탐색한 환경에 순서와 질서를 세워간다(교육과학기술부·보건복지부, 2013).

3세	4세	5세
두 물체의 길이, 크기를 비교해 본다.	일상생활에서 길이, 크기, 무게 등을 비교해 본다.	일상생활에서 길이, 크기, 무게, 들이 등의 속성을 비교하고 순서를 지어본다.
		임의 측정 단위를 사용하여 길이, 면적, 들이, 무게 등을 재본다.

❹ 규칙성 이해하기

유아가 생활 주변에서 사물이나 사건의 양상이 일정한 순서로 반복·배열되는 것을 이해하도록 하는 내용이다. 유아는 타일이나 벽지의 무늬, 포장지의 그림 등에서 반복되는 규칙을 발견하고, 밤과 낮, 요일, 사계절, 유치원/어린이집의 하루 일과 같은 변화에서도 규칙성을 인식한다. 유아는 규칙성을 이해함으로써 사물의 관계를 파악하고 숨은 질서와 규칙을 발견하여 그다음 상황을 예측할 수 있게 된다(교육과학기술부·보건복지부, 2013).

3세	4세	5세
생활주변에서 반복되는 규칙성에 관심을 갖는다.	생활 주변에서 반복되는 규칙성을 알아본다.	생활주변에서 반복되는 규칙성을 알고 다음에 올 것을 예측해 본다.
	반복되는 규칙성을 인식하고 모방한다.	스스로 규칙성을 만들어 본다.

❺ 기초적인 자료 수집과 결과 나타내기

일상생활에서 탐구하고자 하는 문제를 해결하기 위해 필요한 자료를 모으고, 정리하고, 결과를 나타내고, 해석하는 여러 과정을 포함한다. 이는 유아 수준의 기초 통계와 관련된 부분으로 초등학교 교육과정의 '확률과 통계'와 연계된다.

유아는 탐구하려는 문제를 위해 자료를 수집하고 수집한 자료의 결과에 기초하여 특성과 경향성을 파악하게 된다(교육과학기술부·보건복지부, 2013).

3세	4세	5세
	필요한 정보나 자료를 수집한다.	
같은 것끼리 짝을 짓는다.	한 가지 기준으로 자료를 분류해 본다.	한 가지 기준으로 분류한 자료를 다른 기준으로 재분류해 본다.
		그림, 사진, 기호나 숫자를 사용해 그래프로 나타내 본다.

(4) 3~5세 누리과정의 자연탐구 영역의 수학적 탐구하기 내용 비교

내용 범주	내용	3세	4세	5세	5세(2011.9.5.)
수학적 탐구하기	수와 연산의 기초개념 알아보기	생활 속에서 수에 관심을 갖는다.	생활 속에서 사용되는 수의 여러 가지 의미를 안다.	생활 속에서 사용되는 수의 여러 가지 의미를 안다.	생활 속에서 사용되는 수의 여러 가지 의미를 안다.
		구체물 수량의 많고 적음을 비교한다.	구체물 수량에서 '같다', '더 많다', '더 적다'의 관계를 안다.	구체물 수량의 부분과 전체 관계를 알아본다.	수량의 부분과 전체 관계를 안다.
		다섯 개가량의 구체물을 세어보고 수량에 관심을 갖는다.	열 개가량의 구체물을 세어보고 수량을 알아본다.	스무 개가량의 구체물을 세어보고 수량을 알아본다.	스무 개가량의 구체물을 세고 수량을 안다.
				구체물을 가지고 더하고 빼는 경험을 해 본다.	구체물을 가지고 더하고 빼는 경험을 해 본다.
	공간과 도형의 기초개념 알아보기	나를 중심으로 앞, 뒤, 옆, 위, 아래를 알아본다.	위치와 방향을 여러 가지 방법으로 나타내본다.	위치와 방향을 여러 가지 방법으로 나타내본다.	위치와 방향을 여러 가지 방법으로 나타내본다.
				여러 방향에서 물체를 보고 그 차이점을 비교해 본다.	
		물체의 모양에 관심을 갖는다.	기본 도형의 특성을 인식한다.	기본 도형의 공통점과 차이점을 알아본다.	다양한 기본 도형의 공통점과 차이점을 인식한다.
			기본 도형을 사용하여 여러 가지 모양을 구성해 본다.	기본 도형을 사용하여 여러 가지 모양을 구성해 본다.	기본 도형을 사용하여 여러 가지 모양을 구성해 본다.
	기초적인 측정하기	두 물체의 길이, 크기를 비교해 본다.	일상생활에서 길이, 크기, 무게 등을 비교해 본다.	일상생활에서 길이, 크기, 무게, 들이 등의 속성을 비교하고 순서를 지어본다.	일상생활에서 길이, 크기, 무게, 들이 , 시간 등의 속성에 따라 비교하고 순서를 지어 본다.
				임의 측정 단위를 사용하여 길이, 면적, 들이, 무게 등을 재 본다.	임의 측정 단위를 사용하여 길이, 면적, 들이, 무게 등을 재 본다.

내용 범주	내용	3세	4세	5세	5세(2011.9.5.)
	규칙성 이해하기	생활주변에서 반복되는 규칙성에 관심을 갖는다.	생활 주변에서 반복되는 규칙성을 알아본다.	생활주변에서 반복되는 규칙성을 알고 다음에 올 것을 예측해 본다.	생활주변에서 반복되는 규칙성을 알고 다음에 올 것을 예측해 본다.
			반복되는 규칙성을 인식하고 모방한다.	스스로 규칙성을 만들어 본다.	스스로 규칙성을 만들어 본다.
수학적 탐구하기	기초적인 자료 수집과 결과 나타내기		필요한 정보나 자료를 수집한다.	필요한 정보나 자료를 수집한다.	필요한 정보나 자료를 수집한다.
		같은 것끼리 짝을 짓는다.	한 가지 기준으로 자료를 분류해 본다.	한 가지 기준으로 분류한 자료를 다른 기준으로 재 분류해 본다.	한 가지 기준으로 분류한 자료를 다른 기준으로 재 분류해 본다.
				그림, 사진, 기호나 숫자를 사용해 그래프로 나타내 본다.	그림, 사진, 기호나 숫자를 사용해 그래프로 나타내 본다.

출처 : 교육부 · 보건복지부(2019).

4) 2019 개정 누리과정의 자연탐구 영역

교육과학기술부(교육부)와 보건복지부는 2013년 3월부터 유치원과 어린이집에서 3~5세 누리과정을 공통 개정한 후 2019년 3월 개정 누리과정으로 개정하여 공통으로 운영하고 있다. 유아 수학교육과 관련된 내용은 자연탐구 영역에서 제시하고 있다.

(1) 개정 누리과정의 자연탐구 영역의 성격 및 목표

자연탐구 영역은 유아가 호기심을 가지고 궁금한 것을 적극적으로 탐구하는 과정을 즐기며, 생활 속의 문제를 수학적, 과학적으로 탐구해 보면서 생명과 자연환경을 존중하는 내용으로 그 내용으로는 '탐구과정 즐기기', '생활 속에서 탐구하기', '자연과 더불어 살기'의 세 가지 내용 범주로 구성하였다(교육부 · 보건복지부, 2019).

❶ 탐구과정 즐기기

유아가 주변 세계와 자연에 대해 지속적으로 호기심을 가지고, 궁금한 것을 탐구하는 과정에 적극적으로 참여하면서 서로 다른 생각에 관심을 갖는 내용이다.

❷ 생활 속에서 탐구하기

유아가 물체의 특성과 변화를 여러 가지 방법으로 탐색하고, 물체를 세어 수량을 알아보고, 물체의 위치와 방향, 모양을 알고 구별하며 길이와 무게 등의 속성을 비교하고 반복되는 규칙을 찾아보고 모은 자료들을 기준에 따라 분류하며 도구와 기계에 관심을 가지고 생활 속의 문제를 다양하게 탐구하는 내용이다.

❸ 자연과 더불어 살기

유아가 주변의 동식물에 대해 관심을 가지고, 생명과 자연환경을 소중히 여기며, 날씨와 계절의 변화를 생활과 관련짓는 내용이다.

(2) 개정 누리과정의 자연탐구 영역의 목표 및 내용

3~5세 연령별 누리과정의 자연탐구 영역은 '탐구하는 과정을 즐기고, 자연과 더불어 살아가는 태도를 가진다'를 목표로 다음의 하위내용으로 구성되어 있다.

- 일상에서 호기심을 가지고 탐구하는 과정을 즐긴다.
- 생활 속의 문제를 수학적, 과학적으로 탐구한다.
- 생명과 자연을 존중한다.

(3) 개정 누리과정의 유아 수학교육 내용

자연탐구 영역의 '생활 속에서 탐구하기' 내용 범주에서 유아 수학교육 내용을 제시하고 있다. 생활 속의 문제를 수학적, 과학적으로 탐구한다.

❶ 물체의 특성과 변화를 여러 가지 방법으로 탐색한다.

유아가 주변에서 쉽게 발견할 수 있는 친숙한 물체나 물직의 크기, 모양, 색 냄새, 소리, 질감과 같은 기본걱 특성에 관심을 갖는 내용이다. 나아가 그 물체나 물직을 자르고 섞는 등 다양한 방법으로 변화시켜보며, 변화되는 특성과 변화되지 않는 특성이 무엇인지 탐색해 보는 내용이다.

❷ 물체를 세어 수량을 알아본다.

유아가 일상에서 수에 관심을 가지고, 수량을 세어 만고 적음 및 수량의 변화를 알아보는 내용이다.

❸ 물체의 위치와 방향, 모양을 알고 구별한다.

유아가 자신과 물체를 기준으로 앞, 뒤, 옆, 위, 아래, 등 공간 안에서 위치와 방향을 알아가는 내용이다. 유아가 주변 환경에서 네모나 세모, 둥근 기둥, 상자 모양 등을 찾고 다양한 모양에서 공통점과 차이점을 알아가는 내용이다.

❹ 일상에서 길이 무게 등의 속성을 비교한다.

유아가 일상에서 길이나 무게 등 측정 가능한 속성을 알고, 이 속성을 기준으로 물체를 비교하여 순서 지어보는 내용이다. 이 과정에서 유아는 자신의 신체를 비롯하여 다양한 물체를 활용하고, 다양한 비교 어휘를 사용하면서 순서를 지어보는 내용이다.

❺ 주변에서 반복되는 규칙을 찾는다.

유아가 생활 주변에서 사물이나 사건의 양상이 일정한 순서로 반복 배열되는 것에 관심을 갖고 즐기며, 반복되는 배열에 숨어 있는 질서와 규칙을 발견하여 다음에 올 것이 무엇인지 예측하는 내용이다.

❻ 일상에서 모은 자료를 기준에 따라 분류한다.

유아가 일상생활에서 흥미와 고나심에 따라 필요한 자료를 다양한 방법으로 모으고, 수집한 자료의 공통점과 차이점을 탐색하며, 이를 하나 또는 그 이상의 다양한 기준(예: 모양, 크기, 색깔 등)에 따라 정리하고 조직해보는 내용이다.

❼ 도구와 기계에 대해 관심을 가진다.

유아가 일상생활에서 사용하는 다양한 도구와 기계에 관심을 가지고 직접 사용해 보면서, 도구와 기계가 우리의 생활에 어떠한 도움을 주는지에 대해 관심을 가지는 내용이다. (2019 개정 누리과정 해설서)

Chapter 3

영유아 수학교육의 내용

NCTM(2000)은 영유아기에 다룰 수 있는 수학적 개념에 관한 기준과 수학적 과정기술(Mathematical Process Skill)에 관한 기준 10가지를 **표 3-1**과 같이 크게 두 가지로 구분하여 제시하였다. 즉, 수학적 지식에는 수와 연산(수 감각), 공간과 도형, 측정, 규칙성(패턴), 자료 분석(확률과 통계)이 포함되며, 수학적 과정 기술에는 문제해결하기, 추론 및 증명하기, 의사소통하기, 연계하기, 표상하기가 포함된다.

표 3-1 영유아를 위한 수학교육 내용

수학적 지식	• 수와 연산(수 감각) • 공간과 도형 • 측정 • 규칙성(패턴) • 자료 분석(확률과 통계)
수학적 과정 기술	• 문제해결하기 • 추론 및 증명하기 • 의사소통하기 • 연계하기 • 표상하기

출처 : NCTM(2000). *Principles and standards for school mathematics.*

1. 수학적 지식

수학적 지식(mathematical knowledge)이란 상황이나 사물의 관계를 논리적으로 구성하며 형성하는 지식을 의미한다(NAEYC & NCTM, 2002). 여기에는 수와 연산, 공간과 도형, 측정, 규칙성, 자료 분석이 포함된다. 이를 그 하위 내용과 함께 살펴보면 다음의 **표 3-2**와 같다.

표 3-2 '수학적 지식'의 하위 내용

구분	내용	하위내용
수학적 지식	수와 연산 (수 감각)	• 일대일 대응 • 수세기 • 숫자인식 • 더하기와 빼기 • 수의 부분과 전체
	공간과 도형	• 근접상 • 개-폐 • 도형의 인식과 명명 • 도형의 변형과 대칭 • 도형의 합성과 분할
	측정	• 비교하기와 순서 짓기 • 측정하기(길이, 넓이, 부피, 무게, 시간)
	규칙성 (패턴)	• 패턴 인식, 표현하기 • 패턴 따라 만들기 • 패턴 이어나가기 • 패턴 끼워 넣기 • 패턴 창조하기
	자료 분석 (확률과 통계)	• 분류하기 • 그래프

출처 : NAEYC & NCTM(2002). *Early childhood mathematics: promoting good beginnings.*

2. 수학적 과정기술

수학적 과정기술(mathematical process skill)이란 영유아가 수학적 지식을 습득하는 방법과 절차를 의미하는 것으로, 영유아가 수학을 경험하는 과정에서 중요한 수학적 지식을 이해하고 수학적 능력을 향상시키는 데 필요한 기술이다(NAEYC & NCTM, 2002).

1) 문제해결하기

영유아들은 생활에서 여러 가지 문제 상황에 직면하고, 그 해결책을 찾기 위해 자신의 지식과 경험을 활용한다. 그리고 자신과 다른 영유아들의 해결책을 비교해 보고, 설명하는 기회를 통해 다양한 수학적 사고와 문제해결 과정을 경험하는데 그 세부 내용은 **표 3-3**과 같다.

표 3-3 문제해결하기의 세부 내용

수학적 과정 기술	문제해결하기	• 아직 해결 방안이 알려지지 않은 과제에 참여하기 • 새로운 수학적 지식 획득하기 • 수학적 상황이나 다른 상황에서 일어나는 문제해결하기 • 문제해결을 위해 적절한 전략을 다양하게 적용, 선택하기 • 수학적 문제해결하기 과정을 검토하고 반성적으로 사고하기

문제해결하기를 지도하는 방안은 다음과 같다(Copley et al., 2007). 첫째, 일상생활에서 일어나는 다양한 문제 상황을 민감하게 인식하고, 이를 교수할 상황(teachable moment)으로 활용하는 것이 필요하다. 둘째, 개방된 질문과 진술을 활용하여 문제해결하기를 격려한다. 셋째, 문제해결 과정에 대한 모델링을 보여준다.

2) 추론 및 증명하기

추론 및 증명하기(Reasoning)는 통찰력을 발달시키는 수단으로, 영유아들도 제한적이지만 자신의 경험에 근거하여 나름대로 추측을 할 수 있다. 영유아들의 추론 능력의 발달에 기초가 되는 주요 요소는 패턴 인식하기와 분류하기이다(NCTM, 2000). 패턴의 규칙을 찾고 이를 설명하는 것이나, 패턴을 분류하고 그 근거를 말하는 것은 영유아들로 하여금 자신의 사고 과정을 점검하고, 이를 입증할 증거를 찾는 기회를 제공하기 때문에 연역적 추론 능력의 발달을 도울 수 있다. 추론 및 증명하기의 세부 내용은 **표 3-4**와 같다.

표 3-4 추론 및 증명하기의 세부 내용

수학적 과정 기술	추론 및 증명하기	• 수학적 문제에 대한 해결 과정과 답을 정당화시키고 자신의 수학적 사고를 설명하기 위해 사물 또는 사실들 간의 관계와 규칙성을 파악하기 • 수학의 기초로서 추론과 증명 인식하기 • 수학적 추측을 만들어보고 이를 조사하기 • 수학적 논의와 증명을 발달시키고 평가하기 • 다양한 형태의 추론과 증명방법을 선택하고 사용하기

추론하기를 지도하는 방안은 첫째, 성인의 상호작용을 통해 추론을 촉진하기 위해서는 영유아를 관찰하고 그들의 말을 잘 들어야 한다. 둘째, 추론하는 경험을 제공하는 활동을 계획하여 제시해야 한다(Copley et al., 2007).

3) 의사소통하기

수학에서의 의사소통은 수학적 언어와 상징을 사용하여 자신의 수학적 사고를 말하고, 명료화하고, 조직화하며, 견고화하는 것을 말한다. 영유아들은 자신의 수학적 이해나 사고를 언어화 하는 기회가 필요하며, 자신의 언어뿐 아니라 관례적 언어의 사용도 점차 배워야 하는데 세부 내용은 **표 3-5**와 같다.

표 3-5 의사소통하기의 세부 내용

수학적 과정 기술	의사소통하기	• 수학적 아이디어를 언어를 비롯하여 그림, 도표, 그래프, 기호 또는 상징 등을 사용하여 표현하기 • 자신의 수학적 사고를 조직하고 통합하기 • 또래, 교사, 다른 사람에게 분명하고 명확하게 그들의 수학적 사고를 이야기하기 • 다른 사람의 수학적 사고와 전략을 분석하고 평가하기 • 수학적 용어 사용하기

의사소통하기(Communication)를 지도하는 방안은 다음과 같다(Copley et al., 2007). 첫째, 의사소통의 기회를 줄 수 있는 다양한 상황을 제공한다. 둘째, 성인과 영유아, 영유아와 영유아 간 의사소통을 증진하기 위한 방법을 상호작용한다. 셋째, 다양한 의사소통 자원(그림, 사진, 장난감 등)의 사용을 격려

한다. 넷째, 적절한 수학적 어휘 사용을 모델링 한다.

Cooke와 Buchholz(2005)는 유아 교사가 수학적 의사소통을 위해 사용하는 전략으로 수학적 주제나 활동에 대한 유아의 생각을 표현할 수 있는 기회 제공하기, 흥미영역 활동에서 유아들과 상호작용하며 수학적 대화의 촉진자 역할하기, 유아의 사전 지식과 연결하여 새로운 이해 도모하기, 교실의 여러 활동과 일과들을 수학과 연계하기, 유아의 사고와 학습을 자극하는 다양한 질문 사용하기, 유아의 발달에 적합한 수학 용어 사용 격려하기를 제시하고 있다.

4) 연계하기

연계하기는 이전 경험과 새로운 학습을 연관 짓는 것을 의미한다(Copley et al,, 2007). 영유아기 수학은 영유아의 직관적·비형식적인 지식과 형식적인 지식의 연계를 중시해야 한다. 바꾸어 말하면 영유아의 수학적 사고나 지식을 일상생활의 맥락이나 다른 상황에서 적용하여 볼 기회를 제공하는 것이 필요하다. 세부 내용은 **표 3-6**과 같다.

표 3-6 연계하기의 세부 내용

수학적 과정 기술	연계하기	• 일상적 경험을 통해 습득한 비형식적인 수학을 교육기관에서 학습하는 형식적 수학과 연계하기 • 수학적 사고 간의 연관성을 인식하여 이를 적절히 사용하기 • 수학적 지식들이 상호 연관되어 있음을 이해하고 하나의 결합된 전체를 만들기 위해 서로 연계하기 • 수학 이외의 상황에서 수학을 인식하고 적용하기

연계하기를 지도하는 방안은(Copley et al., 2007; NCTM, 2000) 첫째, 영유아가 통합하고 연계를 할 수 있는 기회를 제공하고 격려한다. 둘째, 수학이 적용되는 다양한 통합적 활동을 제공한다. 셋째, 유아교육기관에서의 수학적 활동을 가정과 연계하도록 한다.

5) 표상하기

표상하기(representation)는 의사소통의 방법이며 사고하기를 위한 강력한 도구이다. 영유아들은 언어, 문자, 몸짓, 창안한 상징, 관례적 상징, 그리기 등을 통해 수학적 아이디어를 이해하고 아이디어에 대한 사고를 표상한다(NCTM, 2000). 즉, 영유아들이 수학적 아이디어를 더 구체화시키고 반성(reflection)적으로 사고하기 위해 다양한 표상형태를 경험할 필요가 있다.

표 3-7 표상하기의 세부 내용

수학적 과정 기술	표상하기	• 수학적 지식과 관계를 파악하기 위해 말, 그림, 도식 등 다양한 매개물을 활용하여 자신의 내적 사고를 나타내기 • 수학적 지식을 조직, 기록, 의사소통하기 위해 표상을 만들고 사용하기 • 문제를 해결하기 위해 수학적 표상들을 선택, 적용, 변형시키기 • 물리적, 사회적, 수학적 현상을 해석하고 모델화시키기 위해 표상 사용하기

표상하기를 지도하는 방안은 첫째, 영유아들이 다양한 표상을 사용하도록 지원, 격려, 수용하는 환경을 제공한다. 둘째, 일상에서의 수학적 상황을 의미 있는 맥락으로 연결하여 표상하는 방식을 모델링한다. 셋째, 영유아가 다양한 표상을 시도하도록 질문, 진술, 제안하며 격려한다(Copley et al., 2007; NCTM, 2000).

3. 수학적 태도

영유아들이 생활 속 수학의 상황에 즐겁게 참여하고, 수학을 알아가고, 활용하는 즐거움을 느끼기 위해서는 수학에 대한 긍정적인 태도 형성이 중요하다.

표 3-8 영유아의 수학적 태도

수학적 태도 요소	의미
호기심	수학적 문제해결이나 학습의 동기가 될 수 있으며, 수학적 주제나 내용에 관심을 기울이는 행동
주의 집중	영유아가 수학적 상황이나 활동의 과정에 주의를 기울이는 태도
개방성	수학활동의 과정에서 자기주장에 대한 비판과 같은 타인의 의견을 듣고 수용하며, 활동이나 게임과 같은 상황에서 결과를 그대로 인정하는 태도
적극성	수학과 관련된 활동에 적극적으로 참여하여 열심히 활동하는 태도
지속성	끈기와 유사한 구성요소로 해결되지 않는 문제를 포기하지 않고 지속적으로 해결해 보려는 태도

4. 수학교육의 내용

1) 수 감각과 수 개념

수학은 인간이 사회의 한 구성원으로서 원만한 생활을 영위해 나가기 위한 필수 도구이며, 교과의 기초가 되는 도구로서의 중요성을 지니고 있다. 영아들도 물리적 사물을 가지고 있지 않아도 작은 수에 대해 생각할 수 있다. 영유아에게 있어서 수학은 일상 속에서 발견하는 숫자이거나 자기가 가져가 먹을 수 있는 간식의 개수를 세는 것이라고도 할 수 있다. 이처럼 수 연산은 영유아의 일상생활에 매우 기본적이고도 중요한 개념이라 할 수 있다. 특히 본능에서 배워가는 시기인 영유아기는 기초적인 수학능력 및 소양을 기르는 시기이므로 질적으로 우수한 수학교육이 이루어져야 한다.

유아의 수 개념 발달에 대한 초기 입장은 Piaget 이론으로부터 영향을 받아 유아를 비논리적 존재로 보고 수 개념을 구성하기 어려운 존재로 보았다(이지현, 1999; Baroody, 1987). 그러나 최근 수학적 지식에 대한 연구에서 유아는 일상적인 수학적 상황에 대한 경험을 통해 비형식적 수학개념과 사고능력을 갖고 있으며 수학이 포함되는 일상적인 활동을 통하여 수학적 개념의 이해와 사고능력이 발달한다고 강조하고 있다(조형숙, 2002).

유아 수학교육의 동향을 살펴보면, 미국수학교사협의회(NCTM, 2000)는 '학교수학을 위한 원리와 기준'을 발표하면서 처음으로 pre-K부터 수학교육의 표준을 제정하여 유치원 이전 시기를 수학교육 대상에 새롭게 포함시켰다. 이는 유아기가 수학적 사고 발달의 토대가 되는 중요한 시기이며 그중에서도 가장 급격한 발달이 이루어지고 중요하게 생각되는 영역으로 수 연산을 강조하였다. 또한 미국 뉴욕 주에서는 국가 차원의 수학교육과정(CCSSM)에서도 pre-K단계의 수학교육 내용을 추가로 포함시켰으며 그중 수 개념과 기하 영역을 강조하였다. 영국의 교육과정(Department for Education, 2012)에서도 3세부터 4세까지의 수학교육과정에 수와 실제적인 상황에서의 수 연산을 포함시키고 있다.

이처럼 수학교육의 시대적 흐름으로 볼 때, 수 연산 영역은 영유아기에 학습되어야 하는 기본 영역이며(김민경 외, 206), 특히 이 영역에서 다루어지는 수 개념은 모든 수학 영역의 기반으로 작용되므로 중요하게 다루어져야 한다.

우리나라도 수 연산교육의 중요성을 인지하고 누리과정의 자연탐구 영역에서 수학적 탐구하기 내용 안에 '수와 연산의 기초개념 알아보기'로 제시하여 기존의 내용에서 연산부분이 추가되었다(고경나, 오은순, 2014). 따라서 영유아 수학교육에서 수학적 개념 형성의 토대가 되고 추후 수학적 사고 발달의 기초를 형성하는 수 연산 영역에 대한 중요성을 인지하여 발달수준에 적절한 수 연산교육이 필요하다.

그러면 영유아의 수 연산교육은 언제, 어디서 실행되어야 할까? 효과적인 교육이 되기 위해서는 일반적인 일상활동에서 비롯되어야 한다. 영유아는 일상생활 속에서 매우 다양하게 기회가 주어지므로 일찍부터 수를 인식하게 된다. 말을 시작한 후 얼마 지나지 않아 수와 관련된 단어를 사용하며, 수의 이름을 순서대로 반복하고, 수를 세는 동작을 보이지만, 영유아가 실제로 수를 지칭하는 단어의 의미를 이해하는 것은 한참 뒤의 일이다.

영유아의 발달 단계에 따른 수와 연산 학습 내용을 유아기의 경우 더하기와 빼기라 할 수 있다(유효인, 2015). 2세에서 4세의 유아들은 더하고 빼는 것에 대하여 직각적인 이해가 발달한다(이경희, 2008). 4~5세경에는 비형식적인 더하기와 빼기 계산하기 시작하며, 주로 문제 상황에서 구체물을 사용하여 본보기 만들기 방법을 사용한다(Carpenter, et al., 홍혜경, 2004, 재인용). 유아는 일상생활 속에서 수가 커지고 작아지는 것, 더하여지고 빼어지는 비형식적인 수활동으로부터 유아 스스로의 방법을 터득해가고 점차 형식적인 수활동으로 확장되며 연산하게 된다(최보미, 2015).

3~5세 연령별 누리과정에서는 수 연산에 대하여 '수와 연산의 기초개념 알아보기'를 내용으로 제시하고 있으며, 구체적으로 생활 속에서 사용되는 수의 의미 알기, 물체 세기를 통해 수량 인식하기, 구체물을 사용하여 수들 간의 관계 알기, 구체물을 가지고 더하고 빼는 경험하기 등을 제시하고 있다(교육과학기술부, 보건복지부, 2013).

영유아기 수 감각과 수 개념은 '일대일 대응, 수세기, 숫자인식, 더하기와 빼기, 수의 부분과 전체'로 구분하여 학습 내용을 구성할 수 있다.

(1) 일대일 대응

일대일 대응은 하나의 물체에 하나를 짝지어봄으로써 한 집단이 다른 집단의 수와 같다는 것을 이해하는 것이다(한유미, 2009). 일대일 대응은 식탁 위에 숟가락과 젓가락을 하나씩 놓기, 하나의 의자에 한 사람씩 앉기 등과 같이 영유아들의 일상생활 속에서 쉽게 찾아볼 수 있으며, 수 개념이 형성되기 이전에 수 개념 및 수 세기 능력 발달의 기초가 된다.

두 집합이 결부될 때, 한 집합의 원소들은 다른 집합의 원소들과 일대일 대응을 이루었다고 한다. 하나라는 개념은 이미 취학 이전에 알고 있으므로 하나씩 하나씩 짝짓는 일은 수에 관하여 아무것도 몰라도 할 수 있다. 예를 들어, 남자 어린이에게 여자 어린이와 짝을 지으라고 하면 5세 아동이면 누구나 다 할 수 있을 것이다. 이렇게 하나씩 하나씩 맞추어 세어 보게 하는 것은 수학개념 발달을 촉진하는 좋은 방법이다. 동등한 집합의 개념은 수 개념을 추출하는 기초개념이다.

만일에 병 하나에 컵 하나씩 대응시키라고 한다면 형태가 변하면 그 총수가 같은지를 질문할 수 있다. 좁게 늘어놓거나 넓게 늘어놓거나 그 총수는 변하지 않는다. 이와 같이 외형적인 변화가 있다 하더라도 하나씩 대응시킨 컵과 병의 수가 같다고 할 때 일대일 대응의 개념이 형성된 것이다(홍응선, 1970).

처음에는 동일한 양의 두 집합을 1:1대응을 하고 그 차이를 비교하거나 5개 이하의 사물을 사용해서 1:1대응을 하도록 하고, 점차적으로 사물의 수량을 늘려서 활동하도록 한다.

일대일 대응의 원리는 **그림 3-1, 그림 3-2**와 같다(한유미, 2015).

❶ 물체의 지각적 속성

그림 3-1가와 같이 같은 물체들끼리 대응하는 것보다 다른 물체들끼리 짝짓는 것을 말한다.

❷ 물체의 개수

그림 3-1나와 같이 물체의 수가 많고 물체를 나열한 줄이 구부러져 있을 때 대응이 어렵다. 처음에는 5개 이내에서 시작해서 차츰 개수를 늘려간다.

❸ 물체의 개수 일치 여부

그림 3-1다와 같이 대응할 물체의 개수가 같을 때 대응하기가 쉽다.

❹ 물체들의 연결 여부

그림 3-1라와 같이 대응할 물체들이 서로 연결되어 있을 때 제대로 연결되었는지 확인하기가 쉽다. 초기에는 대응할 물체끼리 선을 긋게 하는 것이 도움이 된다.

가. 물체의 지각적 속성

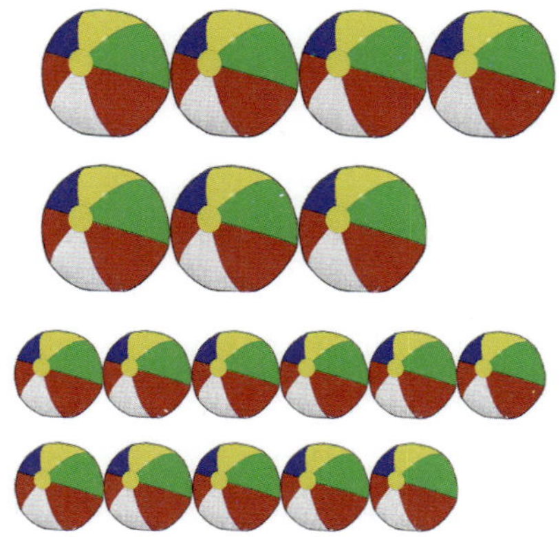

나. 물체의 개수

다. 물체의 개수의 일치 여부

라. 물체들의 연결 여부

그림 3-1 일대일 대응의 원리별 예시

그림 3-2 일대일 대응의 원리의 교구 예

(2) 수세기

수세기는 수 단어 획득과 함께 시작되는데, 영유아는 2세경부터 수 단어를 획득하고 이를 기초로 수에 대한 개념을 배우기 시작한다. 수세기는 실생활의 사물에서 수세계의 사물로, 실제 조작으로부터 수에 대한 상징으로 주의를 전환하도록 돕는 데 중요한 역할을 한다. 뿐만 아니라 수세기 과정은 유아가 수량에 대한 기본 개념을 발달시키는 수단이 되며, 동등성과 비동등석, 수 크기의 순서를 이해하는데 핵심이 된다(이정욱, 유연화, 2006).

Gelman과 Gallistel(1978)은 수세기를 크게 '기계적 수세기'와 '합리적 수세기'로 나누었다. 기계적 수세기는 기억에 의해 기계적으로 숫자의 이름을 순서대로 암송하는 것이며, 합리적인 수세기는 각 사물과 수의 이름을 정확하게 짝지으면서 세는 것이다.

그림 3-3 수세기 교구 예

유아들이 합리적 수세기를 잘 수행하기 위해서는 다음의 다섯 가지 수세기의 원리를 이해해야 한다고 주장한다(Gelman & Gallistel, 1978, 채미영, 이위환, 2006재인용).

❶ 안정된 순서의 원리

나열된 물체를 각 물체에 한 개의 수 단어를 부여하여 수세기를 하더라도 유아가 수 단어를 수 단어의 배열 순서에 맞게 안정적으로 배열하지 못하면 수세기에 대해 이해한다고 볼 수 없다. 즉, '일, 삼, 오, 사' 가 아니고, '일, 이, 삼, 사'와 같이 순서에 맞게 수 단어를 나열할 수 있어야 하며, 수를 셀 때마다 같은 순서로 수 단어를 배열할 수 있어야 한다. 또한, 나열된 물체의 개수 이상에 해당하는 수 단어도 안정적으로 나열할 수 있을 때 수세기에 대해 이해한다고 볼 수 있다. 수를 셀 때마다 수 단어가 동일한 순서로 사용되어져야 함을 말한다.

❷ 일대일 대응의 원리

배열된 각 물체를 셀 때 각 물체에 단 한 개의 수 단어를 부여해야 하는 원리이다. 이때 유아는 수세기의 대상이 되는 물체 중 센 부분과 세지 않은 부분을 분리(partitioning)할 수 있어야 하고, 각 물체에 적절한 수 단어를 부여(tagging)할 수 있어야 하는데 이러한 두 과정이 상호 협응하여 이루어져야 한다.

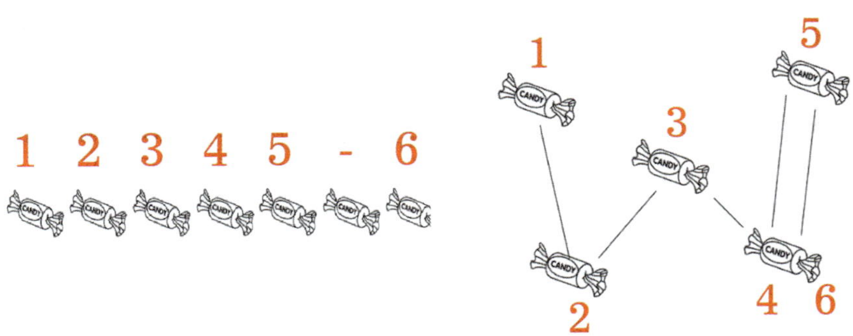

물체를 빠뜨리고 센 경우 두 번 센 경우

그림 3-4 수 세기에서 일대일의 원리

❸ 추상화의 원리

유아가 어떤 것을 셀 수 있는지의 한계를 정하는 것은 당연하지만, 집합 내의 물건들이 똑같아야만 수를 셀 수 있다고 제한하지는 않는다. 이 원리는 시각적으로 확인할 수 있는 구체적 사물 뿐 아니라 시각적으로 확인이 불가한 집합의 수세기도 할 수 있어야 한다는 것이다. 즉, 일련의 사건이나 수의 기능, 또는 유아의 경험 등에도 수세기의 적용이 가능함을 아는 것이다. 예를 들면, 하루 일과의 순서에 대해 이해하거나, 요리활동에서 요리의 순서를 이해면서 활동에 참여할 수 있어야 한다는 것이다.

❹ 기수의 원리

나열된 물체의 수량을 셀 때 가장 마지막의 물체에 부여한 수 단어가 물체의 수량을 나타낸다는 것을 이해해야 한다. 즉, 마지막에 부여한 수 단어가 그 물체에 대응된 수 단어인 동시에 나열된 물체의 전체 수량을 나타낸다는 것을 아는 것이다.

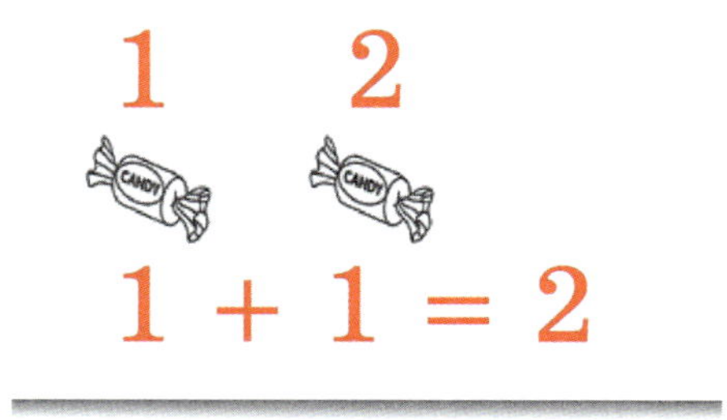

그림 3-5 수 세기에서 기수의 원리

❺ 순서 무관의 원리

배열된 물체를 세는 순서와 물체의 집합의 수량은 무관하다는 원리이다. 즉, 어디서부터 수 세기를 시작하든지 똑같은 기수를 나타낸다는 것이다. 일렬로 배열된 물체를 셀 때 오른쪽에 놓인 물체부터 셀 때와 왼쪽에 놓인 물건부터 셀 때 모두 물체의 총 개수는 같다는 것을 이해해야 하는 것이다.

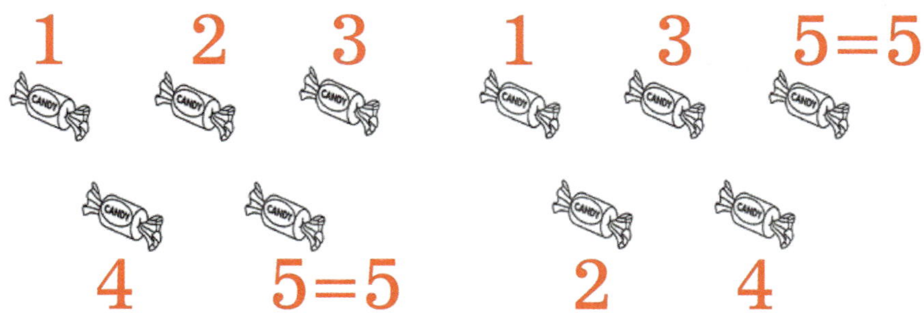

그림 3-6 수 세기에서 순서 무관의 원리

수 세기 능력은 유아의 발달 단계별로 다르며 연령이 증가할수록 높게 나타난다. 3, 4세 유아들이 대부분 1에서 10까지 수 이름을 순서적으로 정확하게 말하여 수 세기를 할 수 있다(Fuson, 1986). 3세 유아는 3까지 세고, 4세 유아는 15까지 세며, 5세 유아는 20까지 합리적 세기를 할 수 있다(신은수 외, 1993).

표 3-9 3~5세의 수 세기 능력

만 3세	• 일반적으로 10까지의 수에서 기계적 수세기, 일대일 대응, 기수의 원리 이해
만 4세	• 30까지의 수에서 기계적 수세기, 일대일 대응이 가능 • 20까지의 수에서 기수의 원리 이해가 가능
만 5세	• 기계적 수세기와 일대일 대응이 100이상의 수에서 가능 • 기수의 원리는 20까지의 수에서 이해하는 유아들이 가장 많음

출처 : 이지혜(2003). 유아의 수 세기 행동 및 수 세기에 대한 생각. 건국대학교 대학원 석사학위논문.

교사는 유아의 수 세기 발달을 도울 수 있도록 일상생활과 다양한 활동을 통하여 관련된 다양한 수 경험을 제공하고, 합리적 수 세기에 대한 이해를 돕기 위하여 교사의 적절한 모델링과 질 높은 수학적 상호작용을 반복적으로 제공하여야 한다. 유아가 물체를 셀 때 다양한 전략(예: 한 개씩 손가락으로 지적하면서 헤아리기, 헤아린 물체를 한 쪽으로 놓아서 아직 헤아리지 않은 물체와 분리하기, 이미 헤아린 물체 표시하거나 없애기 등)을 활용하여 다양한 방법으로 수를 세어볼 수 있도록 돕고, 센 단어에 힘을 주어 한 번 더 말하여 기수

개념의 이해를 돕거나, 특정 수 다음부터 이어서 수 세기를 하여 이어세기를 할 수 있도록 하는 등의 지도방법을 사용하면 효과적이다(이정욱, 유연화, 2006).

(3) 숫자 인식

수량에 대한 개념을 획득해 감에 따라 영유아는 수와 그 수를 상징하는 숫자간의 관계 역시 이해할 필요가 있다. 숫자 인식은 숫자의 모양이 서로 다르다는 것을 알고 숫자를 구별할 수 있는 것이다. 즉, 숫자를 시각적으로 변별하고 그 이름을 기억해야하는 것인데, 흔히 6과 9, 1과 7, 2와 5, 3과 8을 서로 혼동한다.

수개념의 획득은 사물의 양과 수 단어의 관계에 대해 이해하고, 수 단어와 숫자와의 관계를 이해하며, 숫자와 사물의 양과의 관계를 이해 할 수 있을 때 가능하다. 이 중 숫자와 관련된 활동은 숫자의 모양 인식하기, 숫자의 이름 인식하기, 숫자와 수량을 관계 지어보기, 숫자 쓰기 등으로 구분할 수 있으며. 우선 숫자를 시각적으로 분별하고 그 이름을 기억하는 작업이 동시에 이루어져야 한다(이경우, 1995).

수에 이름을 붙일 줄 아는 것은 지각적인 것과 기억하는 과업을 동시에 하는 것이다. 즉, 수를 말하는 것과 모양을 인식하는 능력은 유아가 기억하는 능력이 생기면서 발달한다(임순화, 2008). '1'은 '하나'이고 '5'는 '다섯'이라는 이름을 가지고 있다는 것을 알게 되므로, 수세기와 수개념 이해에 도움이 된다(권영례, 이순형, 2005). 우리나라의 수 단어 체계는 두 가지를 동시에 사용하므로 한 가지 체계를 사용하는 다른 나라에 비해 유아들이 수 단어를 획득하고 사용하는데 어려움을 갖는다(이지현, 2015). 첫째로 각 수 단어 체계에서 수 단어를 알아야하며(예: 하나, 둘, 셋 등의 고유 수 단어와 일, 이, 삼 등의 한자 수 단어), 둘째로 수 단어 체계간의 상호작용 관계를 이해하여야 하며(예: 하나와 일이 같다는 것), 셋째로 각 수 단어 체계의 적용 상황에 대한 관계를 이해해야 하는데(예: 수세기나 서수인 경우 고유 수 단어를 사용하며, 숫자를 말할 경우 한자 수 단어를 사용하는 것, 측정이나 시간인 경우 고유 수 단어와 한자 수 단어를 혼용한다는 것) 어려움이 추가된다(강대은, 2003). 수 단어의 획득은 2세 전후하여 고유 수 단어를 획득하지만 5세경에는 한자 수 단어 획득을 능가하게 된다(성연정, 2007).

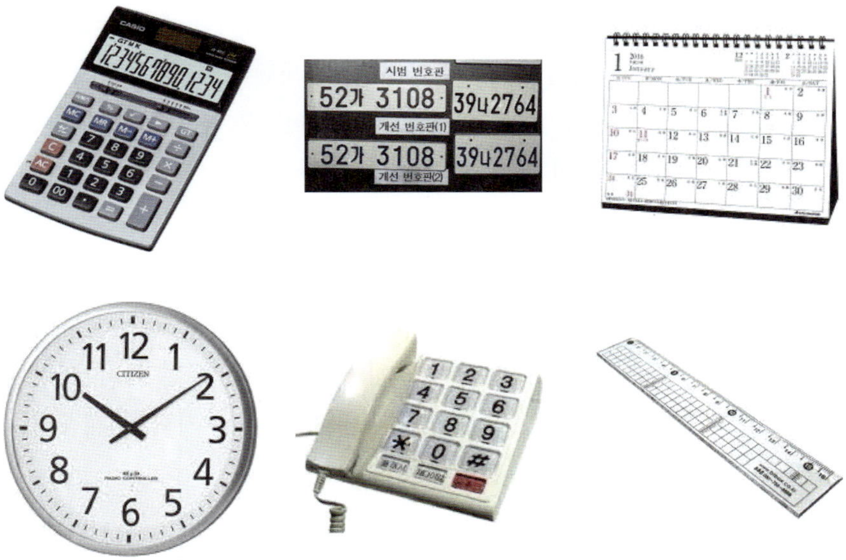

그림 3-7 숫자와 일상생활

유아는 일상생활 속 수학적 상황에서 언어, 제스처, 창안한 상징, 관습적 상징, 그리기 등을 통해 수학적 아이디어의 이해와 아이디어에 대한 사고를 표상한다(NCTM, 2000). 표상은 현존하지 않는 자극이나 사물을 가장 유사하게 재현하는 것을 말하며, 어떤 실체를 뒤따라 마음에 떠올려진 것으로, 예술작품들처럼 특정 실물에서 개인이 발견하는 특징이나 의미를 표현한 것이다. 즉, 수표상은 유아가 내적으로 가지고 있는 수학개념과 수학적 사고를 구체물, 그림이나 기호, 글자와 같은 외형적인 형태로 나타내는 것을 말한다. 수표상을 통해 유아는 자신의 수학적 사고를 그림이나 기호, 언어 등으로 표현해보면서 비형식적인 수개념을 문제 상황에 적용해볼 수 있고, 사고를 조직화하고 확장시켜주며 수학적 의사소통능력을 기를 수 있다

(문병환, 2013).

따라서 교사는 유아들이 수표상을 효과적으로 활용하기 위해서 유아가 수에 대한 이해를 다양한 방법으로 표상할 수 있는 기회를 제공해주는 것이 필요하다. 즉, 숫자를 사용하는 것 외에도 구체물을 사용하거나 그림을 그려서 수량을 나타내거나 수 단어나 수량 관련 어휘를 사용하면서 수에 대한 이해를 발달시켜 나갈 수 있도록 돕는다. 또한 수량적 관계를 표상하는데 어려움이 있는 유아에게 수량과 관련된 어휘를 자주 접하고 사용할 수 있는 기회를 주는 것이 필요하다.

숫자에 대한 인식은 숫자의 모양이 서로 다르다는 것을 알고 숫자를 구별할 수 있으며, 숫자 읽기와 숫자 쓰기의 형태로 나타난다. 숫자를 읽으려면 영유아는 각 숫자에 대해 정신적 이미지를 구성할 수 있어야 한다. 숫자 쓰기 이전에 자연스럽게 나타나는 그림이나 상징적 표현 등을 격려해주고, 여러 매체를 사용하여 수에 대한 이해를 나타내는 기회를 제공해주어야 한다.

유아에게 숫자를 지도하기 위해서는 형식적으로 숫자를 읽거나 쓰도록 지도하기보다 일상생활 속에서 사용된 숫자의 예를 찾아보고 그 의미를 이해하며, 실질적인 용도로 활용해보도록 하는 것이 좋다. 예를 들어, 날짜를 확인하기 위해 달력의 숫자를 관찰하게 하거나 생일이나 나이 등 유아 자신과 관련된 숫자를 말하거나 쓰도록 한다(서동미, 2006).

3세 유아의 숫자인식의 발달은 유아가 수량 개념을 획득해 가면서 수량을 표시하는 방법을 인지하게 된다. 수량을 표시하는 방법은 구체적으로 물체로 표상하기, 수 단어나 수량관련 어휘를 사용하여 언어로 표상하기, 그림으로 그리기, 숫자 쓰기와 같이 여러 가지가 있다(이정욱, 유연화, 2006). 일반적으로 3, 4세 유아는 숫자로 수량을 표상하기보다는 그림으로 많이 나타내며, 5세 유아들은 미숙하기는 하지만 숫자를 순서대로 나열하는 능력을 지니고 있다(홍혜경, 1999).

수학적 표상의 양식은 학자들에 따라 조금씩 다르게 구분하여 제시하고 있다. Bruner(1966)는 표상의 양식을 구체적 표상, 영상적 표상, 상징적 표상의 3가지 형태로, 홍혜경(1999)은 표상을 영상적, 상징적(숫자, 기호), 언어적 표상으로 구분하였으며 다음과 같이 정리할 수 있다.

- **구체적 표상** : 학습자가 구체적인 실물을 조작해보는 것으로 표현양식의 첫 단계의 속하는 기술체계.
- **영상적 표상** : 사진이나 그림, 도표 등과 같이 시각 또는 다른 감각적 심상을 활용하여 수개념에 대한 이해를 나타내는 것.
- **상징적 표상** : 문자, 숫자, 기호 등을 사용하는 것으로 눈으로 보거나 직접 경험하지 않은 것에 대해서도 논리적 사고가 가능하고 가설적인 명제를 조작할 수 있을 때 사용할 수 있는 방법.
- **언어적 표상** : 양적 어휘나 수 단어를 사용하는 등 수 개념에 대한 이해를 말로 나타낸 것.

유아들의 발달 수준에 적절한 표상의 범위 안에서 다양한 방법으로 수학적 표상경험의 기회를 제공하여 유아가 수학적 의사소통과 수에 대한 이해를 효과적으로 할 수 있도록 도와주는 것이 필요하다.

3세 유아는 주로 그림에 의한 영상적 표상을, 4세는 영상적 표상과 언어적 표상을, 5~6세는 언어와 숫자에 의한 언어적, 상징적 표상 능력을 획득하는 과정에 있다. 영유아는 수를 이해하거나 사용하기 전에 숫자에 대해 나름대로의 인식을 갖춘다. 대부분의 영유아는 2~3세에 숫자 10까지의 이름을 말할 수 있지만 실제로 숫자마다 각기 다른 수량을 나타내며 그 양이 변하지 않는다는 사실을 이해하는 것은 4세 이후이다(Charlesworth, 2000).

(4) 더하기와 빼기

더하기와 빼기 능력은 물체를 모두 세어 보거나 남아 있는 것을 세어보는 것(유지은, 2009)으로 수세기 경험의 기본 이해를 통해 발달된다. 더하기와 빼기에서 교육의 목적은 단지 방법을 알게 하는 것이 아니라 각각의 문제 상황을 언제 적용할 것인지 알게 하는 것에 있다. 더하기, 빼기, 나누기 등이 요구되는 수학적 문제 상황에서 유아들은 물체의 수량을 더하거나 빼보고, 나누어보는 구체적인 경험을 통해 수세기를 통한 연산능력의 기초를 형성하게 된다(이정욱, 유연화, 2006).

생후 5개월 영아도 물체 1개에 1개를 더하면 2개가 되어야함을 안다고 보고하고 있으며(Wynn, 2000), 2세에서 4세까지 대부분의 유아들은 더하고 빼는 것에 대한 직관적인 이해를 발달시키기 시작한다(Gelman & Gallistel, 1978, 설은지, 2016 재인용). 3세경에는 물체를 더하면 증가하고, 덜어내면 감소한다는 것을 인식한다(Clements, 2004). 또한 4~5세 정도가 되면 비형식적인 더하기나 빼기 상황에서 계산을 하기 시작하며, 구체물을 '일'부터 전부 헤아려서 해결하는 전략(counting from one)을 주로 사용한다(이정욱, 유연화, 2006).

숫자를 정확히 셀 수 있게 되면 더하기나 빼기의 상황에서 수 세기를 사용하여 해결할 수 있다. 처음에 유아들은 양을 알아내기 위해 전체를 다 세는 모두세기를 한다. 그 다음에는 이어세기 전략을 사용 하는데 만일 6개의 물건에 3개가 더해져서 지금 9개의 물건이 있다면 유아들은 "6, 7, 8, 9."라는 수 세기를 통해 증가된 양을 알아낼 수 있다. 그리고 만일 9개의 물건에서 줄어들어 지금 6개가 있다면 유아들은 9에서부터 거꾸로 "9, 8, 7, 6."이라고 세어봄으로써 차이를 알아내는 빼기전략을 사용한다. 그러나 거꾸로 세는 것, 특히 3개 이상인 경우는 유아들에게 쉽지 않다. 이럴 때 유아들은 감소된 양을 다시 6개의 물건에 채워 넣음으로써 찾을 수도 있고 6부터 9까지 수 세기를 해서 찾을 수도 있다는 것을 알게 되면, 그때부터 빼기는 더하기의 반대라는 것을 확증하여 더하기가 빼기대신 쓰일 수 있다(Clements, 2004).

유아의 더하기, 빼기의 수행과정에서 인지적 전략은 첫째, 가수와 감수의 크기에 대한 정신적 표상과정. 둘째, 큰 수를 비교하여 결정한 후 큰 수 헤아리기와 같은 인지적으로 사용되는 정신적 용량을 줄이는 방법의 고안으로 점차 발달한다(Baroody, 1987).

유아의 더하기의 발달과정은 3단계를 거친다(Baroody, 1987). 초기 단계는 구체적인 물체를 모두세기(counting all)를 하며, 중간단계인 전환 과정은 손가락 혹은 다른 대체물을 세는 것으로 발달하고, 마지막으로 정신적 수세기 전략으로 발달한다. 정신적 표상에 의한 정신적 수세기 전략이 나타나면서 먼저, 첫 가수를 표상한 후, 첫 피가수 다음부터 계속 세기(counting on from first number)로 전환하며, 다음 단계로 첫 가수와 다음 가수를 비교한 후 큰 수를 표상하고, 또한 큰 수 다음부터 계속세기(counting on from larger number)로 발달된 후, 정신적 암산의 전략을 사용한다.

표 3-10 유아들의 더하기 전략의 예

활동전략	활동 방법	예시(3+4=7)
구체물 세기	모두 세기 : 두 집합의 물체를 전부세기	○ ○ ○ + ● ● ● ● → ○○○●●●● 3 4 1 2 3 4 5 6 7
손가락 세기	손가락으로 대신세기	
정신적 세기	이어세기 : 첫 번째 수 다음부터 계속세기	○ ○ ○ + ● ● ● ● → ○○○●●●● 3 4 3 4 5 6 7
	큰 수부터 세기: 두수 중 큰 수부터 계속 세기	○ ○ ○ + ● ● ● ● → ●●●●○○○ 3 4 4 5 6 7

출처 : 유지은(2009). 수학활동을 통한 유아 수학 능력 수행평가 준거 개발 및 적용. 원광대학교 대학원 박사학위논문.

유아들은 작은 수 문제와 큰 수 문제에 대해 다른 전략을 사용하는데, 작은 수 문제에 대한 전체 수를 표상하기 위하여 손가락을 사용하고, 큰 수 문제에 대해 계속 세기 전략을 사용한다. 손가락을 사용하는 것은 보이지 않는 물체를 표상하는 자연적이고 분명한 방식으로, 추상과 구체물을 연결하는데 중요한 역할을 할 수 있다. 즉 손가락의 사용은 수의 관계를 탐구하기 위해 사용되는 수 언어에 구체적인 참조물을 주어 더 추상적인 사용에로 이르게 된다.

빼기는 큰 수에서 작은 수를 제거하고 세어 내려가는 능력으로 수 단어를 거꾸로 짚어가며 세고, 세는 수를 기억해야 하기 때문에 더하기 전략보다 복잡한 수학능력이 요구된다(신은수, 1995). 유아의 비형식적 빼기에서 인지적 전략을 살펴보면, 더하기 전략보다 수 단어의 나열을 거꾸로 짚어가야 하는 어려움과 수를 세는 것을 기억(keeping-track)해야 하기 때문에 복잡한 수학능력이 요구된다(Baroody, 1984).

빼기 전략의 발달 과정(Baroody, 1987)은 2단계로, 초기의 단계는 구체물 세기의 단계로 감수를 덜어내고 나머지를 덜어내기(separating from)와 감수로부터 구체적 물체를 피 감수까지 세어 올라가기(adding on)를 사용한다. 이후 수 세기 전략만으로 감수부터 피 감수까지 세어 올라가기(adding up), 정신적 표상으로 피 감수부터 감수까지 거꾸로 세어 내려가는 전략(counting down)으로 발달한다.

빼기과정은 두 가지 방법의 계산 절차를 사용한다. 첫째 방법은 작은 수에서 큰 수까지 세어 올라가는 방법을 사용하여 큰 수에서 작은 수를 분리하고 나머지를 답이라고 대답하는 것이다(Gelman & Gallistel, 1978). 두 번째 방법은 유아가 1 보다 큰 감수 문제에서 빼내기(take away) 의미로 비형식적 빼기를 위한 구체적인 표현물을 사용하는 방법으로 먼저 피감수 표현하기(더 큰 수), 다음에 감수만큼 제거하고, 마지막으로 대답하기 위해 남은 것을 세는 방법이다(Baroody, 1987).

유아의 더하기, 빼기 문제 해결전략의 선택에 있어서 언제나 일관성 있는 것은 아니다. 즉 몇 가지 유용한 전략들을 가지고 있을 경우에도 그 전략만을 사용하는 것이 아니라 여러 전략들을 상호 교환적으로 사용한다(Carpenter & Moser, 1984). 예를 들어 단순한 덧셈의 문제에서 '큰 수부터 세기'전략을 획득한 아동이 덜 효율적인 '모두세기'를 사용하는 경우가 있다. 이것은 취학 전의 어느 한 시점에서 뿐 아니라 초등학교 입학 후에도 계속된다.

유아의 수 연산 능력은 수학능력의 발달에 기초적인 토대가 되는 영역임은 물론 이후 수학학습에도 결정적인 영향을 미치므로 수 연산 개념을 중요성을 인식하고 이를 유아 수학교육 과정에 반영하도록 해야 할 것이다. 유아의 더하기, 빼기 지도에서 빼기는 더하기의 역 조작이므로 더하기와 빼기의 활동에서 더하기를 먼저 할 것을 권장한다. 일상생활에서 더하기와 빼기의 많은 예를 경험하는데 잃는 것 보다 얻는 것을 좋아하기 때문에 더하기를 좋아하기 때문이다(김소향, 1992; 신은수 외, 1993). 학습지나 학원에서 다루는 상징을 사용한 덧셈식이나 뺄셈식을 반복적으로 제시하는 형식적인 더하기, 빼기 학습은 유아의 수학적 사고 수준에 적합하지 않다(홍혜경, 2013). 따라서 유아들은 형식적인 지도 없이 일상생활에서 의미있는 수학적 경험을 통해 수학능력을 획득하게 되며(Geist, 2009; Ginsburg, 1982), 유아들이 스스로 사전에 획득한 수세기 능력을 활용할 때 연산문제를 효과적으로 해결할 수 있다(신은수, 1995; 이정욱 외, 2001; 홍혜경, 1991).

그러므로 유아교육 현장에서는 유아들이 가진 비형식적인 교육을 통한 수세기 능력의 가치를 인정하고, 유아의 수 연산능력을 발달시키기 위하여 유아의 일상생활이나 놀이 경험 속에서 다양한 수학적 경험의 기회를 제공하여 유아의 수 연산에 대한 이해를 돕도록 해야 한다.

그림 3-8 더하기와 빼기활동 교구

(5) 수의 부분과 전체

부분과 전체란 전체는 여러 부분으로 나누어 질 수 있고, 이 부분들은 다시 전체를 구성할 수 있다는 것을 말한다(이정미, 2010). 부분과 전체의 개념은 단순히 숫자를 세거나 같은 수로 나누거나 물체의 부분과 전체에 대한 이해 이상으로 분수의 개념, 정비례와 반비례의 개념, 다른 수량과 같은 수량으로 나눌 수 있는 개념 등이 포함된 고차원적인 수 개념 형성의 기초가 된다. 유아기에 획득하는 가장 중요한 수 개념 중 하나가 수를 부분과 전체의 관계성으로 해석, 즉 수를 여러 부분들로 분해하여 이해할 수 있어야 한다(Resnick, 1983).

부분과 전체 개념은 전체를 여러 하위(부분)영역들로 나눌 수 있고 또 하위(부분)영역들을 모아 전체를 구성할 수 있다는 의미의 부분과 전체 개념과, 한 전체집합을 여러 부분집합으로 나눌 수 있고 또 이런 부분집합들이 모여 전체집합을 구성할 수 있다는 집합수적인 측면의 부분과 전체 개념으로 생각해 볼 수 있다. 전체를 구성하는 하위 영역들로 부분들을 나눌 수 있고, 이러한 하위 부분들을 모아 온전한 하나의 전체를 완성할 수 있다는 의미의 부분과 전체 개념은, 하위 영역간의 관계를 논리적으로 추론해 보고 조작해보면서 전체를 하위 영역에 따라 여러 부분으로 나누어서 구성할 수 있는 대상으로 이해하는 것이다.

이러한 측면으로 부분과 전체의 관계를 이해하는 부분과 전체 개념은 유목포괄 관계로 접근될 수 있다. 유목포괄이란, 사물을 부분유목에 따라 분류할 수 있고 부분유목들은 더 큰 전체유목에 포함된다는 것을 이해하는 것으로, 사물의 특성에 따른 유목에 대해 부분과 전체를 동시에 비교할 수 있는 능력이다(Piaget & Inhelder, 1964. 이해선 1995. 재인용). 즉, 전체에 대한 부분의 관계를 이해하는 유아는 유목포괄을 이해한다는 것이다.

부분과 전체 개념은 크기와 양의 집합수적 관계로 설명될 수 있다. 집합수적 측면의 부분과 전체 개념은 부분과 전체 도식으로 설명된다. 부분과 전체 도식이란 어떤 한 집합이 다른 집합과 합쳐져서 두 개의 부분집합으로 구성된 하나의 결과 집합이 될 때, 이 결과 집합을 전체로 보면 이 집합은 앞의 집합들을 부분으로 갖게 되는 것을 이해하는 것이다. 예를 들어 유아가 부분과 전체 도식을 가지고 있다면 '7'이라는 전체 집합은 '3'과 '4'라는 부분 집합으로 이루어진 것임을 알게 되고, 또 다시 '2'와 '5'라는 부분 집합으로 이루어진 것임을 이해한다는 것이다(김종은, 2002).

유아가 보다 증진된 수 개념을 갖기 위해서는, 어떤 수를 크기로 하는 집합이 여러 개의 부분집합으로 이루어진 것이며, 그 부분집합은 각각 자신의 크기를 나타내는 수를 가지고 있다는 사실을 이해할 수 있어야 한다(김경철, 1992). 유아가 수세기와 수량적 의미를 연결하기 시작하면서 집합으로 사고하기 시작하게 되며, 수들 간의 관계를 인식하게 된다(이정욱, 유연화

2006). 수들 간의 관계를 이해하는 것은 풍부한 수 개념을 형성함은 물론 이후 수 연산 개념을 이해하는데 기초가 되므로 유아들의 수 관계 이해를 지원하기 위해서는 먼저 더 많은/ 더 적은, 부분과 전체 등의 개념 형성을 지원해야 한다. '더 많은/ 더 적은'의 개념은 두 집합의 물체들을 헤아려서 어느 것이 더 많고, 적은 지를 이해하는 것으로 유아들은 집합을 비교할 때 두 집합의 차이가 시각적으로 큰 경우에는 어느 집합이 더 많고, 더 적은지를 직관적으로 이해할 수 있다.

3세 유아들은 물체가 한 개 있는 것과 여러 개 있는 것의 차이를 이해하며, 물체들의 집합을 비교하여 많고 적음을 아는 것에 흥미를 나타낸다. 3세 후반의 유아들이 6과 2와 같이 두 집합의 차이가 큰 경우에 두 수의 더 많고 적음을 비교할 수 있다(Schickedanz, et al., 1997). 5세 반경에는 두 집합의 차이를 시각적으로 비교하기 어려운 경우 두 집합의 물체들을 1대1 대응을 사용하여 두 집합의 물체를 짝지어보면서 집합의 크기를 비교할 수 있다(Kamii, 1982). 따라서 교사는 유아들이 집합의 비교를 돕기 위해 '더 많고/ 더 적은'의 관계를 탐색할 수 있는 기회를 제공하고, 집합의 크기를 비교할 때 1 대 1 대응을 사용하거나 수 세기를 활용할 수 있도록 격려해야 한다(이정욱, 유연화, 2006).

교사가 유아들의 부분과 전체 개념에 대한 학습을 돕기 위해서는 다음과 같은 사항을 배려할 수 있다(Hohmann, Barnet & Weikart, 1979. 김종은, 2002 재인용).

첫째, 유사한 물건들은 함께 보관하여 둔다. 예를 들어 가위는 가위끼리 풀은 풀끼리 정리하여 두면, 유아들이 가위나 풀을 사용하려고 꺼낼 때나 갖다 놓을 때 전체와 일부의 관계를 자연스럽게 볼 수 있다. 이것은 유아들이 사물의 부분들 간의 같은 점과 다른 점을 파악하고, 이에 따라서 구분지어 보며, 또 부분간의 관계에서 일정한 규칙성을 발견하여 전체를 완성해 보는 능력을 키우는 기회가 된다. 뿐만 아니라, 유아들이 정리하면서 물건 전체가 있는지, 전체가 다 정리되려면 몇개를 더 찾아야 되는지를 생각해 볼 수 있도록 하여 부분과 전체의 개념을 경험하게 하는 기회가 된다.

둘째, 교사는 구체적인 실제 상황 속에서 유아에게 부분과 전체를 나타내는 단어들을 사용하여 그 개념을 명확히 가질 수 있도록 돕는다. 예를 들면, "오늘 소풍을 가는데 친구 몇 명은 첫 번째 차에 타고, 나머지는 두 번째 차에 타고 갈 거야. 모두 두 차에 나누어서 타게 될 거야"와 같이 대화 문장의 맥락 속에서 자연스럽게 부분과 전체의 어휘를 이해할 수 있도록 돕는다.

셋째, 교사는 부분이나 전체의 단어를 사용하여 질문한다. 예를 들면, "전체가 다 풍선을 가졌니?", "전체가 다 앉을 수 있겠니" 등의 질문을 통해서 유아들이 부분과 전체의 의미를 이해하고 있는지를 파악할 수 있다.

마지막으로 부분과 전체의 이해를 돕기 위해서는 종이나 점토 등 연속적인 양을 나눌 때와 피자나 도화지 등 비연속적인 양을 나눌 때도 이를 적용할 수 있도록 계획한다. 예를 들어 피자를 크게 나누어 작은 수의 조각을 낸 것이나 적게 나누어 많은 수의 조각을 낸 것이나 그 양을 측정하여 비교해 보면 같은 양의 피자라는 것을 알게 된다. 이와 같이 부분과 전체의 관계에 대한 이해를 바탕으로 부분들 간의 관계를 직접적으로 비교해보고 측정해보는 경험을 할 기회를 마련한다.

(가) 같은 개수로 나누기 (나) 서로 다른 개수로 나누기 (다) 한 물체를 부분으로 나누기

그림 3-9 여러 방법으로 나누기

| 수 감각과 수 개념활동의 예 ① |

배고픈 애벌레(활동계획안)

생활주제 동물

수학개념 수세기, 일대일대응

활동목표
- 시각을 통해 수를 비교한 후 실제 수를 세어본다.
- 정확하게 수를 셀 수 있는 방법을 생각한다.

활동대상 3세

활동준비 사과모양판, 애벌레인형

활동과정 ① 도입

- 애벌레 손유희를 하며 주의집중을 한다.(애벌레 손유희를 함)
- 애벌레 인형을 보여주며 관심을 끈다.

T: 친구들~ 이게 뭔지 알겠나요?

C: 애벌레요~

T: 그래~ 애벌레 인형이에요. 애벌레는 무엇을 좋아할까요?

C: 나뭇잎이요~ 과일이요~

T: 그렇구나~ 애벌레는 나뭇잎도 좋아하고 과일도 좋아하는구나.

- 사과모양 판을 보여주며 활동에 대하여 이야기 나눈다.

T: 친구들~ 오늘은 선생님이 애벌레가 좋아하는 사과를 가지고 왔어요. 그런데 여기 사과 가운데에 뭐가 있지?

C: 구멍이요

T: 맞아 여기 구멍이 뽕뽕 뚫려있네. 오늘 이 사과와 애벌레를 가

지고 어떤 활동을 할 것 같니?

C: 사과 구멍에 애벌레가 들어갈 것 같아요

T: 그렇구나~ 오늘은 이 사과 모양판이랑 애벌레로 수세기를 해볼 거예요.

② 전개

- 사과모양판에 애벌레를 끼워보며 시범을 보인다.

T: 이 사과에는 구멍이 몇 개 있니?

C: 1개요~

T: 그렇구나~ 그러면 이 사과에 애벌레가 몇 마리 들어가는지 한번 세어볼게. 애벌레인형을 구멍에 끼우며) 하나~ 우와 친구들 말대로 정말 하나네.[구멍 개수가 다른 사과 모양판에 순서대로 애벌레를 끼우며 위의 활동을 반복하며 시범을 보여준다.]

- 유아들이 직접 나와 활동을 해 본다.

T: 이번에는 친구들이 직접 애벌레를 끼워보며 수세기를 해볼 거예요.

C: 네~

T: 이 사과에 애벌레가 몇 마리 들어갈 것 같은지 아는 친구 있나요?

C: 저요 / 4개요.

T: ○○이는 왜 그렇게 생각해?

C: 사과에 구멍이 4개가 있어서요.

T: 그러면 ○○이가 나와서 끼워볼까?

C: 네!

T: ○○이가 사과구멍에 애벌레를 잘 끼워주었어.
애벌레 몇 마리가 사과 속에 쏙 들어갔는지 다시 세어볼까?
(숫자 순서대로 위의 활동을 반복한다)

③ 마무리

- 평가 후 활동을 마무리하며 사과 판은 조작영역에서 사용할 수 있도록 한다.

T: 오늘 어떤 활동을 해봤지요?

C: 애벌레 구멍에 넣기요 / 사과 구멍세기요.

T: 맞아~ 오늘 우리 친구들이 사과 속에 들어간 애벌레가 몇 마리인지 같이 세어보는 활동을 했었어. 어떤 활동이 재밌었니?

C: 애벌레를 구멍에 끼울 때요!

T: 그렇구나~ 친구들이 애벌레를 사과 구멍에 쏙 넣고 숫자도 잘 세어 주었어요.

T: 이 교구는 수조작 영역에 둘 테니 자유롭게 활동해 보아요.

C: 네~

유의사항

- 사과모양판의 구멍이 잘 보일 수 있는 거리에서 수업을 진행한다.
- 애벌레인형의 개수가 충분하도록 준비한다.

확장활동

- 판의 개수를 여러 가지로 늘린다.
- 사과모양판과 애벌레인형으로 친구들과 게임을 해 본다.

개정 누리과정 관련요소

자연탐구 〉 생활속에서 탐구하기 〉 물체를 세어 수량을 알아본다.
자연탐구 〉 자연과 더불어 살기 〉 주변의 동식물에 관심을 가진다.
의사소통 〉 듣기와 말하기 〉 상대방이 하는 이야기를 듣고 관련해서 말한다.

배고픈 애벌레(교재교구제작서)

생활주제 동물

수학개념 수세기 / 일대일대응

활동목표
- 시각을 통해 수를 비교한 후 실제 수를 세어본다.
- 정확하게 수를 셀 수 있는 방법을 생각한다.

활동대상 3세

활동준비 우드락, 펠트지, 뽕뽕이, 눈알모형, 상자, 글루건

제작방법
- **사과모양판**
  - 우드락을 사과모양으로 자른다.
  - 자른 우드락에 펠트지를 붙인다.
  - 우드락에 구멍을 낸다.(1~5개)
  - 사과모양 윗부분에 잎사귀를 붙이고 그 위에 숫자를 붙인다.
- **애벌레**
  - 뽕뽕이를 글루건으로 이어 붙인다.
  - 이어붙인 뽕뽕이 앞쪽에 눈알을 붙인다.

활동방법
- 사과모양판과 애벌레인형을 보여주며 활동에 대해 이야기 나눈다.
- 유아들이 직접 사과모양판에 애벌레인형을 끼우며 수세기를 해 본다.

그림 3-10 애벌레와 사과

| 수 감각과 수 개념활동의 예 ② |

딸기를 세어보아요(활동계획안)

생활주제 건강과 안전

수학개념 빼기, 더하기, 수세기

활동목표
- 활동을 통해 빼기, 더하기의 개념을 경험한다.
- 딸기의 수를 세어볼 수 있다.

활동대상 5세

활동준비 펠트지, 솜, 상자, 실, 바늘, 글루건, 밸크로, 우드락, 코팅지, 색지

활동과정 **① 도입**

- 노래를 부른 후, 지난시간에 읽은 동화에 대해 이야기를 나눈다.

T: 우리 오늘 아침에 읽었던 '케이크 파티' 책 기억나니?

C: 네.

T: 책에 어떤 것들이 나왔었어?

C: 케이크요. 초콜릿이요, 딸기요. 지니와 비니요.

T: 책에서 나온 것 중에 무엇이 먹고 싶었니?

C: 딸기요. 초콜릿이요.

T: 그렇구나. 근데 우체통에 편지가 온 것 같은데 어떤 내용인지 같이 펼쳐볼까?

C: 네~~

T: (편지를 펼쳐봄) 아~ 편지에~ 지니와 비니가 너희가 아침시간에 동화를 잘 들어줘서 선물을 문 앞에 두고 갔대! 어떤 선물을 보내줬을까?

C: 장난감이요. 빵이요. 초콜릿이요 등등.

T: 선생님이 어떤 선물인지 문 앞에서 가져와 볼게.

② 전개

• 딸기 케이크를 탐색한다.

T: 짜잔! 얘들아 이게 뭘까?

C: 케이크요!

T: 케이크가 어떤 모양으로 생겼어?

C: 동그랗고 크게 생겼어요!

T: 케이크의 색깔은 어때?

C: 흰색이요!

T: 케이크의 맛은 어떨 것 같아?

C: 달콤할 것 같아요/맛있을 것 같아요/초콜릿 같을 것 같아요.

T: 그렇구나~ 케이크 위에 어떤 과일이 올라가 있어?

C: 딸기요!

T: 맞지 딸기지요. 너희들 딸기를 먹어본 적 있니?

C: 네~ 엄마가 어제 밤에 씻어줬어요!/생크림에 찍어먹어 봤어요!

T: 너희 모두 딸기를 먹어본 경험이 있구나. 딸기의 모양이 어땠니?

C: 씨가 많았어요./빨간색이에요./딸기 머리에 초록색 머리카락이 있었어요!

T: 너희 모두 딸기의 모양이나 색깔을 잘 기억하고 있구나~

• 딸기의 수를 세어본다.

T: 우리 이제 케이크에 올라가 있는 딸기의 개수를 세어볼까?

C: 네(교사가 하나씩 떼면서 함께 세어봄.)

T: 케이크에 붙어있던 딸기를 세어보니 몇 개였어?

C: 다섯 개요~

T: 너희가 잘 세었는지 같이 확인 해볼까?

C: 네(케이크에 붙이면서 같이 세어봄).

T: 우와 너희 정말 딸기의 숫자를 잘 세었구나~

• 딸기로 빼기의 개념을 경험한다.

T: 선생님이 점심을 먹고 나니까 딸기가 너무 먹고 싶어서 하나 먹어볼게.

C: 싫어요. / 저도요. / 같이 먹어요.

T: (먹음) 이제 케이크 위에 딸기가 몇 개 있는지 세어볼까?

C: (같이 손으로 세서) 네 개가 있어요.

T: 선생님이 먹었으니까 친구들도 딸기를 먹어볼 거예요. 딸기 먹고 싶은 친구 있니?

C: 저요!

T: 그럼 ○○이가 먼저 먹어볼까? ○○아 딸기 맛이 어떠니?

C: 맛있어요. / 새콤해요.

T: 처음에 딸기가 몇 개 있었지?

C: 5개요

T: 지금 선생님이랑 ○○이가 딸기를 하나씩 먹었지?

C: 네

T: 케이크 위에 딸기가 몇 개 남아 있는지 세어볼까?

C: (손으로 세어봄) 세 개요!

T: 잘 세었구나~ 처음에 5개 딸기 중에 2개를 먹으니까 3개가 남았네. 이번에는 딸기를 두 개 먹을 건데, 다 먹을 수 있는 친구 있어요?

C: 저요.

T: △△이가 나와서 딸기 두 개를 먹어보자.

T: △△이가 두 개를 먹었는데 이제 케이크 위에 딸기가 몇 개 남았는지 세어볼까?

C: 하나요.

T: 잘 세었네~ 케이크 위에 남은 3개의 딸기 중 △△이가 2개를 먹으니 1개가 남았네.

• 딸기로 더하기의 개념을 경험한다.

T: 아직 딸기를 먹지 못한 친구도 있지? 선생님이 딸기를 케이크 위에 두 개 더 올려볼게. 그럼 다시 몇 개가 되는지 세어볼까?

C: 세 개요.

T: 그래 잘 세어주었어. 1개였던 딸기에 2개를 더 올려주니까 총 3개의 딸기가 있구나. 이번에는 □□이가 나와서 케이크에 딸기를 하

나만 더 올려볼까?

C: (올림)

T: 딸기가 몇 개가 되었지?

C: 네 개요.

T: 맞아. 케이크 위에 세 개가 있었는데 □□이가 하나 더 올려서 네 개가 되었지? 우리 친구들이 숫자를 참 잘 세어주는구나.

③ 마무리

- 활동을 회상 후 평가해 본다.

T: 얘들아 오늘 어떤 활동을 해보았지?

C: 딸기 케이크를 먹었어요. / 딸기 숫자를 세었어요.

T: 그래. 오늘 우리 딸기 케이크에 있는 딸기의 수를 세어보았지?

C: 네.

T: 오늘 활동을 하면서 재미있거나 어려웠던 점은 어떤 것이 있었니?

C: 딸기를 직접 먹어서 재밌었어요. / 딸기를 못 먹어서 슬퍼서 슬펐는데 다시 선생님이 올려줘서 좋았어요.

T: 그랬구나. 오늘 활동을 모두들 열심히 참여해 주어서 선생님은 너무 기뻐요. 이 딸기 케이크는 선생님이 수과학영역에 놓아둘게. 자유선택놀이시간에 친구들과 함께 활동해보자.

C: 네.

유의사항

- 딸기를 정해진 숫자 이상으로 올리지 않게 유의한다.
- 딸기를 친구에게 던지지 않도록 한다.

확장활동

- 숫자카드를 만들어서 수학기호(더하기, 빼기)를 이용해 활동할 수 있다.

개정 누리과정 관련요소

자연탐구 〉 생활속에서 탐구하기 〉 물체를 세어 수량을 알아본다.
자연탐구 〉 탐구과정 즐기기 〉 탐구과정에서 서로 다른 생각에 관심을 가진다.
사회관계 〉 더불어 생활하기 〉 친구와 서로 도우며 사이좋게 지낸다.

딸기를 세어보아요(교재교구제작서)

생활주제 건강과 안전

수학개념 더하기 빼기

활동목표
- 동화를 통해 더하기 빼기의 개념을 경험한다.
- 딸기의 수를 셀 수 있다.

활동대상 5세

활동준비 케이크 : 상자, 우드락, 펠트지, 풀, 가위, 실, 바늘, 글루건, 양면 테이프, 벨크로 / 딸기 : 펠트지, 솜, 실, 바늘

제작방법
- **케이크**
  - 적절한 크기의 상자를 흰색 펠트지로 감싼다.
  - 감싼 케이크 위에 흰색 뽕뽕이로 장식한다.
- **딸기**
  - 빨간색 펠트지위에 딸기 모양의 도안을 그린다.
  - 모양대로 오린 딸기 도안을 구멍을 조금 남겨두고 바느질한다.
  - 바느질한 딸기 도안에 솜을 넣는다.
  - 마감한다.
  - 초록색 펠트지로 딸기 꼭지를 붙인다.

활동방법
- 딸기의 수를 세어본다.
- 딸기로 더하기, 빼기의 개념을 경험한다.

그림 3-11 딸기 케이크

2) 공간과 기하

공간의 모양과 관계를 학습하는 기하는 물리적 세계를 이해할 수 있도록 하며, 유아로 하여금 주변의 세계에 적응하는 방법을 제공해 준다. 공간은 위치, 방향, 거리 등과 관련된 것으로 위상학적 기하라고 하며, 도형은 점, 선, 면, 모양, 크기 등의 형태를 다루는 것으로 유클리드 기하라고 한다(황의명 외, 2014).

공간과 기하(spatial sense and geometry)의 이해는 자기 주변과 그 안에 있는 물건들에 대한 직관적 느낌이라 할 수 있는 공간 개념과 우리가 살고 있는 세상의 공간적 패턴(spatial pattern), 형태(shapes), 움직임(movement)을 일컫는 기하학을 이 해하는 것이다(안진경, 2002).

감각 운동기의 영아는 물체를 시각적으로 따라가고 물체에 도달하고 잡는 것을 학습하게 된다. 8~12개월 된 영아는 몸을 움직여 시야 밖에 있는 물체를 찾는 것을 학습하며, 물체를 공간 속에서 조작하는 것을 학습하게 된다. 12~18개월 사이의 걸음마 시기의 영아는 자신이 공간 속에서 위치하는 것과 다른 물체와 관련하여 물체의 위치 변화를 학습하게 된다. 18~24개월 된 영아는 정신적으로 공간을 표상하는 능력을 발달시키게 된다. 그리하여 3, 4세의 전조작기 유아는 물체를 멀리 떨어져 놓아보거나 맞추어 보고 공간을 배치, 재배치하면서 능동적으로 근접성과 분리 관계를 탐색해 간다. 근접성과 분리 관계 같은 위상적 공간 개념은 공간 이해의 기초가 되며, 8~11세의 구체적 조작기에 이르면 아동은 많은 공간적 관계를 다룰 수 있게 된다(이영자 외, 1998).

유아기에 다루어지는 공간에 대한 내용으로는 공간 속에 있는 사물의 방향과 위치, 공간 내에서의 물체의 조망, 그리고 크기의 변화에 따라 모양이 어떻게 변화하는지에 초점을 맞춘 활동 등이 포함된다. 기하의 내용은 기하학적 모양(geometric shape)과 관련지어 원, 사각형, 삼각형 동의 종류와 방향, 크기, 여러 가지 특성에 대해 인식하고 경험하는 것으로 구성될 수 있다(NAEYC & NCTM, 2002). 기하에 대한 경험은 유아가 물리적 세계를 더 잘 알 수 있도록 돕는다고 하였다(Bredekamp & Rosegrant, 1995, 권영례 외, 1998 재인용).

유아에게 3차원 세계를 묘사하고 분석해볼 수 있는 공간과 기하와 관련된 다양한 내용들도 유아기 수학교육 내용으로 포함하여야 한다. 영유아기의 공간과 기하의 구체적인 수학적 지식과 관련된 내용은 '물건이 놓인 위치와 방향 말하기, 시각적 위치 기억하기, 입체도형과 평면도형(원, 삼각형, 사각형, 오각형, 구, 육면체 등)의 모양 인식하기, 기본도형으로 구성하기' 등을 들 수 있다.

(1) 공간

공간이란 물체가 점유하지 아니한 곳으로, 물체의 위치, 방향, 크기에 대한 직접적인 경험을 통해 얻은 상식적인 개념으로 상하, 전후, 좌우 3방향으로 퍼져 있는 빈 곳으로 정의된다. 유아의 공간에 대한 개념은 자신의 몸에 대한 지각에서부터 시작된다. 한 사물에 대한 유아의 최초의 공간적인 지식은 촉각경험과 연관되어 있는 것으로, 사물이 그의 입 속에 넣어짐으로써 시작된다. 유아의 몸을 둘러싼 공간은 그 몸 자체로부터 매우 천천히 구별되어지며, 사물들은 유아가 만지고 가까이 함으로써 점차 인식되어진다. 그러나 유아에게 있어서 공간은 여전히 유아가 접촉할 수 있는 것들에만 한정되어 있다(권현정, 1998).

유아들은 자신의 눈을 통해 물체의 패턴, 형태, 위치와 움직임을 인식하고, 외부세계와 사람들에 대한 감각 정보를 모두 통합하여 주변과 물체에 대해 지각하고 발견한다. 이러한 능력을 포괄하여 공간능력(spatial skills) 한다.

공간능력의 정의는 공간 감각(spatial sense), 공간 지각(spatial perception), 공간적 추리(spatial ratiocination), 공간적 방위(spatial orientation), 공간적 시각화(spatial intelligence)을 포괄하는 용어로 학자들마다 여러 가지 다양한 관점에서 정의하고 있다. 교육적 관점에서는 공간적 능력을 평면과 입체 형태와 그 특징 형태 간의 상호관계, 형태 변화의 효과에 대한 직관력과 통찰력을 의미하는 공간감으로 보고 있다. 즉, 공간감이란 '한 사람의 주변 환경과 그 주변 환경 내에 존재하는 물체들에 대한 직관적인 느낌'이다(NCTM, 1989).

유아의 경우는 인지 구조가 발달함에 따라 공간에 대한 지각이 달라지는데, 유아를 대상으로 공간개념을 가장 체계적이고도 포괄적으로 연구한 사람은 Piaget와 Inhelder이다. 이들은 유아의 공간개념 발달의 순서는 위상적 개념에서 사영적 개념, 유클리드적 공간개념으로 발달한다고 했다. 위상적 공간개념은 근접성(proximity), 분리(separation), 순서(order), 연속(succession), 주위(surrounding)와 같은 특성을 기초로 하며 3세 정도에 획득되어 개방적 모양과 폐쇄적 모양을 구별하게 된다고 했다. 사영적 공간개념은 물체를 개인의 관점과 관련지어 생각할 때 발생한다고 하였다. 끝으로 유클리드적 공간개념은 평행, 각도, 비율의 개념을 기초로 하여 참조체계와 수평과 수직의 조정축(co-ordinate)을 사용하여 발달한다고 했다. 사영적 공간 개념과 유클리드적 공간개념은 구체적 조작기의 후반에 획득하는데 공간지각이 미치는 영향이 크다.

Piaget 이론에 의하면 유아는 삼각형, 사각형, 원, 마름모 등과 같은 유클리드 기하학의 모양을 분별할 수 있기 전에 근접성, 분리성, 안과 밖, 위와 아래, 개·폐와 같은 위치와 관련된 기하학을 먼저 알게 되므로 위상학을 유아들에게 먼저 소개해야 한다고 보았다. 어린 유아들이 실제 생활에서 접하게 되는 공간에 대한 경험은 어떤 고정된 형태나 크기, 선분(길이)으로 지각되기보다는 물체를 접하게 되는 각도의 차이에 따라 그 물체의 형태가 다르게 지각되기 때문이다(김숙자, 1997).

Piaget는 공간개념의 발달단계를 3단계로 구분하고 있는데, 탐구자세가 소극적이며 직선과 각의 구별이 불가능한 단계, 사각형이나 원과 같은 단순한 유클리드 기하를 분별하는 단계, 가역적인 사고 작용이 가능하여 여러 가지 모양의 분별이 가능한 단계로 보았다. 그러므로 유아의 공간개념 발달을 위해서는 주변의 물리적 세계가 지니고 있는 특성을 단지, 보고 듣는 것에만 국한시킬 것이 아니라 직접적으로 경험할 수 있는 운동적 활동을 통한 방법이 이루어져야 한다고 보았다.

NCTM(1989)는 공간 개념 중 기하학의 기초가 유아들에게 제공되어야 하는 이유를 네 가지로 제시하였다. 즉, 기하학은 어린이의 세계와 연결되어 있으며 본질적으로 흥미 있는 것이고, 공간적 감각을 증진시키며 수학적 개념을 발전시키는 하나의 수단이고 수학적 문제를 풀기 위한 풍부한 자료이며, 문제해결 능력을 증진시키는데 가치가 있다는 것이다.

Del Grande(1990)은 공간적 능력이란 눈을 통해 물체의 패턴, 모양, 위치, 움직임 등을 파악하고 공간적 지각능력, 다른 관련 감각 기관과의 협응, 과거 경험의 반영 등의 7가지 공간능력을 포함하며, 이 7가지 공간능력은 다시 7개의 하위 공간지각으로 구분할 수 있다고 보았으며, 구체적으로 7개 구성 요소를 다음과 같이 구분할 수 있다고 보았다.

표 3-11 공간 지각의 구성요소

공간지각구성요소	개념	활동 예
눈-운동 협응 (Eye-Motor Coordination)	신체의 움직임과 시각이 협응하는 능력, 기하하적 아이디어나 개념을 지각하거나 이해하는데 필요.	기하종이의 점과 점을 이어 형태 만들기, 선 따라 그리기, 그림이나 형태 안에 색칠하기, 미로 찾기 등
형태-바탕지각 (Figure-Ground Perception)	어떤 상황에서 특수한 요소를 인식하는 시각적 행동으로서 가려지거나 겹쳐져 있는 복잡한 바탕에서 형태를 지각하는 것. 이 능력은 때로 '배경에서 전경을 구별해내는 것'으로 묘사되기도 하며 마루 위에 튀어 오르는 공을 구별하여 지각하는 것으로 설명되기도 함.	숨은 그림 찾기, 조각들을 모아 형태 만들기(탱 그램, 패턴블록활동), 부분그림 완성하기 등.
지각 항상성 (Perception Constancy)	공간에서의 다양한 위치, 크기, 질감, 명암의 변화에 관계없이 어떤 기하형태의 유사성과 동일성을 변별하고 인지하는 것	같은 형태지만 크기가 다른 것 찾기, 다양한 위치와 방향에서 같은 형태 찾기, 크기에 따라 물체 순서 짓기 등.
공간 내에서의 위치 지각 (Position-In-Space Perception)	공간 내에서 물체와 자신과의 관계 인식을 의미하여 앞, 뒤, 위, 아래 등의 관계를 포함함.	문자나 숫자 형태의 구별(6과 9, 가와 나), 위치에 의한 패턴활동 등.
공간관계의 지각 (Perception of Spatial Relationship)	둘 또는 그 이상의 물체간의 관계를 인식할 수 있는 능력	주어진 그림에 따라 블록 쌓기 등.
시각적 변별 (Visual Discrimination)	사물간의 차이를 변별하여 인식하는 능력으로 위치와는 독립적임.	같은 물체 찾기, 여러 가지 분류활동, 같은 것끼리 짝짓기 등.

시각적 기억 (Visual Memory)	보지 않고도 정확하게 물체를 회상할 수 있는 능력을 의미.	주어진 그림에 있는 물체 기억하기, 교사가 모양을 만들어 제시한 지오보드(기하판, gioboard)를 보고 유아 자신의 지오보드에 모양 만들기 등.

출처 : Del Grande, J. J.(1990). Spatial sens. *Arithmetic Teacher*, 37(6). 14-20.

위상학적 기하는 수축이나 확장 등의 변형에도 불구하고 변화하지 않는 특성을 일컫는 것으로 정의된다. 즉, 크기나 모양은 변하지만 근접, 순서, 개폐, 분리 등의 불변하는 특성을 포함한다.

사영기하는 공간의 다른 관점에서 투사된 경우, 크기와 모양은 변하지만 위상학적 특성과 직선성은 보존된다는 특성이 있다. 즉, 물체를 다양한 관점에서 투사시켰을 때 그 물체의 그림자의 모양이나 크기, 길이, 근접, 분리 등의 속성을 비교하여 봄으로써 불변, 변형되는 특징을 이해할 수 있다. 따라서 유아들에게 그림자놀이를 통해 다양한 물체의 그림자 변화를 관찰할 기회를 제공하는 것이 필요하며 그림자와 물체 짝짓기, 어떤 그림자가 될까 예측해보는 활동 등은 관점의 변화에 따른 변형의 이해를 돕는 데 도움이 되는 활동이다.

유클리드 기하는 회전하거나 뒤집거나 이동 등의 변형의 경우, 위치는 변하지만 위상학적, 사영학적 특성 외에 크기, 모양, 각도 등의 특성은 변화하지 않고 보존된다는 특징이 있다. 기하학습에서는 평면 도형보다 입체 도형을 먼저 소개하고, 일상의 입체적인 물체 탐색을 통해 기하학적 모양을 인식하게 하는 것이 자연스런 과정이다(Bruni & Seiderstein, 1990).

❶ 근접성

근접성(proximity)은 위치, 방향, 거리에 대한 유아에게 최초로 나타나는 위상학적 개념으로 물체의 위치에 관한 인식을 뜻한다. 근접성에 해당하는 내용은 앞으로－뒤로, 원－근, 빙빙 돌아서－관통해서(around-through), 위－가운데－아래, 위로－아래로, 좌－우 등 유아 자신의 관점에서 비교하게 되고 그 다음에 상대방 관점에서 비교, 마지막으로 3자 관점에서 비교하게 된다. 유아가 어리면 어릴수록 자기 자신에게 가정 근접한 사물에 대하여 공간개념을 먼저 발달시킨다. 점차 유아는 더 가까운 것과 더 멀리 떨어져 있는 것들이라는 어휘에 관한 차이점을 분간해 낸다.

교사는 문에 가장 가까이 또는 멀리 있는 사람이 누군지, 그림을 보면서 가장 가까운 것과 멀리 있는 것이 무엇인지 등의 질문을 하거나, 지시에 따라 물체를 가까이, 멀리 놓도록 하는 활동을 제공할 수 있다. 교사는 다음과 같은 상황에서 유아의 근접성 개념의 형성을 촉진할 수 있다.

- **일상생활 상황에서 근접성의 예**

  "창 밖에 뭐가 보이니? 나무가 있어요."
  "저기 자전거 옆에 의자에 앉은 할아버지께 인사드리러 갈까?"
  "문에서 제일 가까이 있는 친구에게 이 책을 보내주세요."

- **공간적 관점에서 근접성의 예**

  "그네 위에서 아파트가 보이니? 어떻게 보이니?"
  "모두 하늘보고 누워보자. 나뭇가지와 잎을 보자. 어떻게 보이니?"
  "곰 인형을 보고 그려보자. 앞, 뒤, 위, 아래 등에서 그려보자. 어떻게 달라지나?"

- 놀이나 게임을 통한 근접성의 예
  - 신체놀이
    미끄럼틀 위에 올라갔다가 아래로 내려오고, 다시 돌아서 계단 앞까지 가보기
  - 수조작영역
    윷놀이하면서 서로의 말이 가깝거나 멀게 차이를 두며 움직이게 하기
  - 미술영역
    책상 위에 요구르트가 있다고 말하면 다른 아이들이 설명한대로 그리기

❷ 개–폐

동그라미, 네모 등의 모양을 구별할 수 있기 이전에 개방되거나 폐쇄된 곡선의 이해가 전제되어야 한다. 개폐의 개념을 이해하는 데는 두 가지 교수전략이 있다. 그려진 선을 따라갈 때 시작하는 점에 돌아올 수 있으면 "닫혀있고", 시작한 점에 돌아올 수 없으면 "열려있다"라는 것을 이해시키는 방법과 유아가 선을 넘지 않고도 밖으로 나올 수 없으면 "닫혀 있는"것이라고 이해시키는 방법이다(이경우 외, 1997).

유아가 가끔 'ㄷ'자와 'ㅁ'자를 혼동하는 이유는 '열려있다', '닫혀있다'의 위상학적 곤란도가 해결되지 않기 때문이다. 개–폐 관계의 이해를 돕기 위해 촉각적, 시각적 경험의 활용이 효과적이다. 털실이나 모루로 폐곡선이나 개방곡선 등을 만들어 보거나, 도형판에 열리고 닫힌 모양 만들고 비교하기, 적목으로 울타리 쌓기 등의 활동을 제공할 수 있다(Barron, 1979).

- 개–폐 이해시키기 위한 예
  닫힌 문은 열고 들어오고 들어 와서 닫는다.
  병에 담긴 주스를 먹으려면 뚜껑을 열어야 하고, 남긴 음료수는 뚜껑을 닫아야 한다.

- **일상생활 상황에서 개 - 폐활동 예**

  "과자를 먹으려면 과자 봉지를 어떻게 하나요?".

- **놀이나 게임을 통한 개 - 폐활동 예**

  찍찍이 다트 던지기 : 원 안에 들어갔는지, 밖에 떨어졌는지, 경계선에 떨어졌는지 관찰한다.

- **미술활동을 통한 개 - 폐활동 예**

  모루글자 만들기 : 여러 가지 자음과 모음을 만들며 자연스럽게 폐곡선이나 개곡선을 만들어본다.

그림 3-12 개 - 폐 이해활동 교구 예

(2) 도형

유클리드 기하는 평면 및 입체 도형에 관한 것으로 이차원 및 삼차원 공간에서 점, 선, 원과 구, 삼각형과 삼각뿔, 정사각형과 정육면체, 직사각형과 사각뿔과 같은 여러 평면 및 입체 도형에 대해서 다룬다. 도형의 교육 내용은 입체도형과 평면도형, 도형의 이동과 대칭을 나누어 살펴 볼 수 있다(황의명 외, 2014). 도형능력은 평면도형과 입체도형의 인식과 명명, 도형의 이동(대칭, 변형)을 통한 시각적 변별, 합동, 도형 구성과 분해 능력으로 나누어 설명할 수 있다.

도형지도에서 유의할 점은 원, 삼각형, 직사각형, 정사각형 등의 정형화된 도형을 제공하여 각 도형의 이름을 알아보거나 분류해 보는 등의 단순한 학습에서 벗어나 유아들에게 입체도형과 평면도형을 포함한 다양한 도형의 형태를 교육시키는 것이 필요하다(홍혜경, 2010a).

❶ 도형의 인식과 명명

유아들은 입체도형은 일상의 사물을 다루는 동안 학습할 수 있다. 유아 주변의 사물들은 3차원의 입체물로 이루어져 있으며, 주변 사물과의 상호작용을 통해 입체도형에 대해 비형식적으로 이해하게 된다. 점토를 가지고 노는 유아들은 구와 긴 원기둥을 만들기도 하고, 블록 놀이를 하면서 원기둥과 정육면체의 차이를 발견하기도 한다. 그러나 유아들이 입체도형의 이름이나 특징을 말하지 못하는 것은 유아기 교육 경험이 주로 평면도형에 집중되어 있기 때문이다(Clements, 2000). 따라서 기하학적 개념이 발달하는 시기인 유아기에 입체도형에 대한 탐색을 통해 비형식적인 지식을 확장시킴과 동시에 평면도형과 연계된 교육을 해야 한다.

유아들은 입체의 정육면체도 네모라고 부르고, 삼각기둥이나 삼각뿔의 블록도 다 세모라고 부른다. 이는 교사들이 도형에 대해 교수할 때, 도형의 특성에 대하여 명확하게 상호작용하지 않기 때문인 것으로 나타났다. 기하 개념과 관련되어 어린 유아들은 두 도형이 같은 것 인지에 대한 지각에 기초하여 모양에 대한 생각을 형성하기 시작한다. 그러나 4세의 유아는 도형이 같은 것인지의 판단을 위해 이를 확인하는 전략적 시도도 할 수 있게 되며, 이어 점차 모양의 속성 간의 차이점에 초점을 두는 것으로 옮겨가고, 초등학교 1학년쯤에는 복합적인 속성과 그들의 공간적 관계를 고려하게 되며 포개는 것도 사용할 수 있게 된다고 보고하고 있다(Clements, 2004).

Piaget는 도형인식 능력의 발달을 크게 3단계로 보았다(권현정, 1998).

제1단계는 두 시기로 나눌 수 있는데 제1시기(3세~3세 6개월)에서는 친숙한 사물은 인식하나 기본적인 기하학적 모양은 인식하지 못한다. 그리고 제2시기(3세 6개월~4세)에서는 기하학적 모양을 인식하기 시작한다.

제2단계에서는 도형적인 모양이 인식되기 시작한다.

제1단계 제2시기와 제2단계 제1시기 사이(4세~4세 6개월)에서는 곡선적인 모양(원, 타원형 등)과 직선적인 모양(정사각형, 직사각형 등)을 구별하기 시작한다. 제2단계의 제1시기(4세 6개월 ~5세 또는 5세 6개월)에서는 각과 크기에 따라서 모양의 차이를 점진적으로 구별할 수 있다. 그러나 사각형들 중에서 직사각형, 정사각형, 마름모 등을 구별하는 것은 불가능하다. 제2단계의 제2시기(5세~6세 6개월)에서는 마름모와 사다리꼴을 분간할 수 있고 복잡한 형태에서는 많은 오류가 있으나 십자형과 별 모양을 구별하기 시작한다. 제3단계(6세 6개월~7세)에서는 복잡한 형태를 구별할 수 있고 동시에 거리와 순서를 구별한다(권현정, 1998).

Van Hiele(1986)은 Piaget의 도형발달단계의 입장을 수용하면서 기하학적 사고는 기초에서부터 기하의 완성수준까지 4수준에 거쳐 순차적으로 발달한다고 제시하였다. Piaget와는 달리 기하학적 사고수준은 연령과 어느 정도 관련이 있기는 하지만 환경, 개인의 탐구능력, 그리고 안내된 학습과정에 영향을 받아 다양하게 이루어질 수 있다고 하였다(김민경 외, 2006).

0수준 : 시각적 인식수준(recognition)으로 도형학습의 초보 단계로써, 주변의 구체물을 외형적인 형태로 인식하는 수준이다. 따라서 간단한 도형이라도 그 구성 요소에 관해서는 생각할 수 없고, 전체적인 형만을 변별한다.

1수준 : 기술적 / 분석적 인식수준(analysis)으로 구체물에서 벗어나 도형이 학습 대상이 되고 도형이 갖는 성질이 분석의 방법이 되는 단계이다.

2수준 : 관계적 / 추상적 인식수준(ordering)으로 도형의 구체물에서 완전히 벗어나 순수한 도형의 입장에서 그 성질을 파악할 수 있다. 도형의 외연적 개념이 수학적인 명제로 접근할 수 있는 수준이다.

3수준 : 형식적 연역 수준(deduction)으로 수학적 명제가 연구의 대상이 된다. 이들 명제들의 관계가 학습방법이 됨으로 연역적 추론이 가능한 수준이다.

4수준 : 엄밀한 수학적 수준(rigor)으로 기하학의 발달과정과 그 구조를 이루는 논리와 이론이 연구의 대상이 되므로 논리를 엄밀하게 분석하고 추론함으로써 일반적인 도형의 성질을 발견할 수 있다.

유아들은 대부분 0수준에, 일부 유아들은 1수준에 해당된다.

여러 가지 도형 중 영유아에게 친숙한 기본 도형인 원, 삼각형, 사각형 등의 성질을 살펴보면 다음과 같다(심정화, 2004).

- **원** : 평면상의 한 정점에서 거리가 일정한 점의 집합을 말한다. 원은 꼭짓점이나 변이 없으며 어느 쪽에서 보더라도 똑같은 모양이다.
- **삼각형** : 세 개의 선분으로 둘러싸인 내용을 말한다. 삼각형은 세 개의 꼭짓점과 세 각, 세 변이 있다. 또 세변의 길이와 세 각의 크기가 같은 삼각형을 정삼각형이라고 한다.
- **사각형** : 사각형에는 특별한 이름이 많다. 가장 흔한 것이 직사각형, 정사각형, 마름모이다. 사각형은 네 개의 꼭짓점이 있고, 대각선이 두 개 있다. 네 개의 변과 네 개의 각이 똑같이 이루어진 닫힌 도형을 정사각형이라고 한다. 또한 네 각이 모두 직각인 사각형을 직사각형이라고 한다.

입체도형의 이름과 인식을 위해서 평면도형의 이름을 활용하는 것이 아니라, 입체도형의 명칭과 어휘를 사용하여야 한다. 그래야만 유아들이 도형의 속성에 대해 명확하게 인식할 수 있어 오개념을 방지할 수 있다. 관련된 입체도형 모형, 다양한 종류의 블록 등을 활용하여 입체도형으로 된 물건 찾아보기, 입체도형의 특징 비교하기, 다양한 입체도형 조작하는 활동을 경험할 수 있다.

그림 3-13 도형 인식활동 교구 예

❷ 도형의 이동

도형의 이동은 모양에 대한 인식뿐 아니라 변형과 대칭에 대한 초기의 개념을 발달시킨다. 도형의 이동 교수학습은 다양한 평면도형의 이동을 지도하고 이후 사물을 이용한 입체도형의 이동을 지도하는 것이 적절할 것이다.

도형의 이동은 공간 시각화 능력 및 공간추론 능력과 관련 깊다. 공간 시각화는 차원과 차원 공간에서 물체의 움직임에 대해 정신적으로 상을 만들어 조작하고 변형하며 추상적 관계를 시각적 표상으로 바꾸는 것이다. 즉 물체나 어떤 대상을 마음속이나 정신으로 조작하여 나타나는 형, 관계, 변환을 인지하는 능력을 말한다(최연, 이정욱, 2006).

도형의 이동은 움직임에 따른 위치의 변화에 의해 공간에서 모양이 어떻게 나타나는지에 초점을 둔다. 도형의 모양이나 크기는 변하지 않고 위치만 변환시키면서 공간을 구조화하는 경우로 옮기기 또는 밀기, 뒤집기, 돌리기가 있다(최정남, 2002; NCTM, 2000).

밀기, 뒤집기, 돌리기의 변형은 아주 어린 시기에 배울 수 있는 데, 이중 유아들에게 가장 쉬운 변형은 밀기이고, 그 다음으로 뒤집기와 돌리기가 나타난다(Perham, 1978). 그러나 과제가 단순할 경우, 만 4~5세 유아도 돌리기를 시킬 수 있다. 영유아는 퍼즐을 맞추면서 직관적으로 기하학적 변형을 사용하기도 한다.

- **옮기기 · 밀기**(slide) : 도형을 상 하 좌 우 등 어느 한 곳으로 있는 그대로 이동하는 것을 말한다. 이때 위치만 이동되는 것일 뿐 모양과 크기는 변하지 않는다. 밀기는 다른 말로 평행이동이라고 한다.
- **뒤집기**(reflection / flip) : 도형을 뒤집는 활동으로 도형을 오른쪽이나 왼쪽으로 뒤집으면 도형의 오른쪽 부분은 왼쪽으로 왼쪽 부분은 오른쪽으로 바뀐다. 또 도형을 위쪽이나 아래쪽으로 뒤집으면 도형의 위쪽 부분은 아래쪽으로 아래쪽 부분은 위쪽으로 바뀐다. 뒤집기는 다른 말로 선대칭 도형이라고 한다.
- **돌리기**(rotation / turn) : 도형을 시계방향이나 반시계 방향으로 돌리는 것을 말한다. 도형을 시계방향으로 돌리면 도형의 모양은 위쪽 부분이 오른쪽 → 아래쪽 → 왼쪽 → 위쪽으로 바뀌고 도형을 시계 반대방향으로 돌리면 위쪽 부분이 왼쪽 → 아래쪽 → 오른쪽 위쪽으로 바뀐다. 즉 일정한 각도(90도, 180도, 270도 360도)만큼 회전하게 되므로 보는 모양은 변하지만 크기는 변하지 않는다. 돌리기는 다른 말로 회전이동이라고 한다.

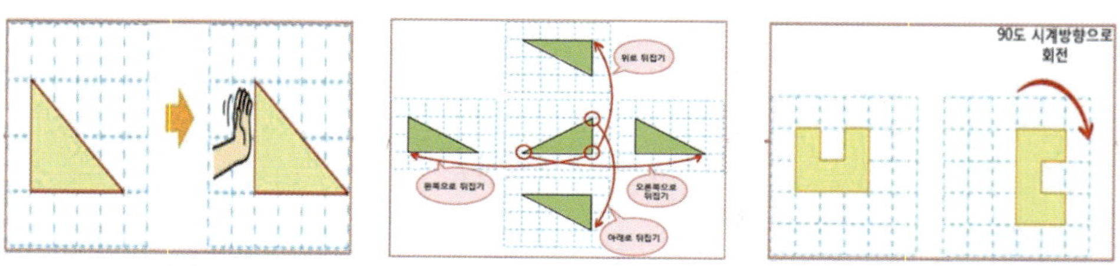

밀기 뒤집기 돌리기

그림 3-14 도형 이동의 예

그림 3-15 도형의 변환과 대칭 이해활동 교구의 예

❸ 도형의 합성과 분할

도형을 모으고, 나누는 활동에 대한 용어는 도형 모으기, 도형 합성, 도형 결합, 도형 조합이나 도형 분할, 도형 분해, 도형 나누기 등의 용어가 혼용되고 있다. 초등수학교육에서의 용어와 연계를 고려하여 도형의 모으기를 합성으로 도형의 나누기를 분할로 사용하는 것이 적절하다(이정욱, 2005; 홍혜경, 2004).

도형을 여러 가지로 만드는 활동을 통해 구성과 분해의 경험을 할 수 있다. 이러한 활동을 통해 도형들을 구성하고 분리한 결과를 탐구하고 예측하는 경험을 할 수 있다. 다양한 모양들을 이용한 구성활동은 패턴블록, 탱그램, 폴리오미노, 삼각형 블록, 유니트 블록 등의 자료들을 활용한 활동이 있다. 다양한 모양 분할하기(자르기) 활동으로 점토로 만든 피자 또는 케이크 자르기, 초콜릿 모형 자르기, 도형 분할하기 등을 할 수 있다. 이러한 활동을 통해 도형의 모양에 따라 똑같은 면적(또는 부피)으로 등분해 보고, 도형을 분리하는 경험을 통해 도형에 대한 인식을 도울 수 있다. 그 외에 종이접기 등의 활동을 할 수 있고, 패턴블록과 유니트 블록을 가지고 활동하면서 하나의 도형이 여러 개 모여서 다른 도형의 형태를 이루는 것을 경험할 수 있다.

도형의 합성개념은 크기와 모양이 같은 것을 의미하는데, 유아들은 좀 더 유사한지를 지각적으로 살펴서 합성을 판단하지만, 만 4세 이하의 유아들은 합성을 확증하기 위해 가장자리를 맞춰보는 전략(edge matching strategy)을 사용하여 탐색하기도 하고, 유치원이나 1학년 정도에 유아들은 겹쳐놓기(superposition)를 사용하기 시작한다. 합성개념을 증진시킬 수 있는 활동으로는 종이를 겹쳐서 여러 모양을 잘라 섞은 후, 같은 모양을 고르게 하거나, 지오보드 상의 모양을 그대로 복사하는 활동을 들 수 있다(Smith, 1997, 2001).

한편 유아의 발달에 따른 합성과 분할 수준을 홍혜경(2004)은 다음과 같이 범주화하고 한 도형을 다른 도형으로 대치하여 합성하는 것이나 새로운 도형구성은 유아에게서 잘 나타나지 않는다고 하였다.

표 3-12 도형의 합성 · 분할에 대한 사고 수준별 범주

도형 합성		도형 분할	
수 준	행동 특성	수 준	행동 특성
전 합성자 (pre composer)	도형을 모아 놓기를 거부하거나, 도형을 붙여 놓지 못함.	전 분할자 (pre decomposer)	도형의 분할을 거부하거나, 6각형 도형만을 놓음.
조각 조립자 (piece assembler)	도형조각을 붙여 놓으나 시행착오를 통해 형태를 연결, 도형을 전체로 인식하고, 부분간의 기하학적 관계를 보지 못함. 제한적인 뒤집기, 회전을 사용함.	조각 분할자 (piece decomposer)	도형을 2~3조각으로 나누어 대치하여 분할하기가 출현하나 대체적으로 1~2 경우만 가능하고 중복된 분할이 있음.
그림 제작자 (picture maker)	그림을 맞추기 위해 도형을 붙여 놓으며, 형태적 외곽을 사용함. 단순 기하학적 속성만(예: 변 길이)만 고려하며, 시행착오로 해결. 뒤집기 · 회전은 사용하고 기존의 배열된 여러 면의 윤곽이 있을 때 그 도형을 찾을 수 있음.	중복 분할자 (repeating decomposer)	도형을 시행착오를 통해 다른 도형으로 분할하고 대치하여 놓을 수 있으나 이미 만든 배열을 : Z~3개 중복된 분할을 함.
도형 합성자 (shape composer)	의도성과 기대성을 갖고 새로운 형태를 만들기 위해 도형을 합성함. 길이와 각도를 고려하여 도형을 선택함. 혼합도형의 상이 발달함.	도형 분할자 (shape decomposer)	의도성과 기대성을 갖고 도형의 분할을 할 수 있으며, 가능한 모든 경우를 찾을 수 있고 중복된 분할은 없음.

도형 합성	
수 준	행동 특성
대치 합성자 (substitution composer)	도형 간의 대치적 관계를 인식 사용함.

출처 : 홍혜경(2007). 유아의 기하도형 합성과 분할의 발달적 수준. 유아교육연구, 27(6), 165-185.

3~4세 유아들은 전 합성자에서 대치 합성자 수준이며, 5세의 경우 조각 조립자에서 대치 합성자 수준으로 나타났으며, 3~5세 유아의 기하도형 분할의 발달적 수준은 전 분할자, 조각 분할자, 중복 분할자, 도형 분할자로 구분될 수 있었다. 3세경에 기하도형의 분할이 출현하기 시작하며, 4~5세경에는 기하도형의 가능한 분할을 탐색할 수 있게 되며, 5세정이후에는 기하도형의 분할이 가능한 것을 찾을 수 있게 발달되어 감을 볼 수 있다. 또한 5세 유아의 대부분이 기하도형의 합성수준에서 합성과 대치가 가능한 수준인 반면, 분할 수준에서는 1 / 3 정도만이 분할이 가능한 수준으로 나타나 유아들의 도형 합성 수준은 분할 수준보다 앞서고 있는 것으로 나타났다(홍혜경, 2007).

그림 3-16 도형의 분할과 합성활동 교구 예

| 기하 활동의 예 ① |

과일을 찾아라(활동계획안)

생활주제 과일

수학개념 기하

활동목표
- 보물을 숨긴 위치를 지도 위에 표시해 본다.
- 지도를 읽고 숨겨진 보물을 찾아본다.

활동대상 5세

활동준비 눈알, 실, 바늘, 펠트지, 융지, 폼보드, A4용지, 필기도구

활동과정 **① 도입**

- 손유희를 하며 유아들을 집중시킨다.

T: 아빠별이 올라갑니다~ 엄마별이 올라갑니다~ 둘이서 만났습니다~예쁘게 내려옵니다~ 친구들 다 모였나요?

C: 네.

- 과일에 대해 이야기 나누며 활동을 소개한다.

T: 예쁘게 다 앉아주었구나~

친구들! 친구들이 좋아하는 과일은 어떤 것들이 있나요?

C: 수박이요! 배요! 딸기요! 등

T: 수박이랑 배, 딸기도 좋아하는구나~ (과일들을 보여주며) 짠! 선생님이 친구들이 말한 과일들을 준비해보았어요~ 이것들로 무엇을 할 것 같나요?

C: 가지고 놀아요, 과일 던지기 놀이요! 등

T: 채빈이는 과일 던지기 놀이를 할 것 같구나~

오늘은 이 과일친구들을 숨기고 찾아보는 과일 찾기활동을 할 거에요~

② 전개

• 활동방법 설명 후 교실 탐색하기

T: 이 과일 찾기활동을 하려면 먼저 두 팀으로 나눈 뒤 우리 반을 잘 보고 교실지도를 그려야 해요. 교실지도를 그리려면 어떻게 해야 할까요?

C: 교실을 둘러봐요!

T: 그래요~ 다예 말대로 교실을 잘 둘러보고 미술영역은 어디 있는지 화장실은 어디 있는지 잘 살펴봐야 해요~ 팀은 지난번에 시장놀이 할 때 나누었던 치킨팀과 피자팀으로 나누도록 해요~ 그럼 모두 일어서서 교실을 한 번 둘러볼까요? (교실을 둘러본다.)
자, 이제 우리 반 지도를 그려보자~ (팀별로 앉아 팀당 하나의 지도를 그린다.)

C: 네~ (아이들이 잘 그리지 못할 경우 선생님이 도와준다.)

• 보물(과일)찾기를 진행한다.

T: 다 그렸니?

C: 네~

T: 그럼 이제 대표를 정해야 해요.
대표 친구는 과일을 숨기고, 숨긴 곳을 지도에 표시하는 역할을 할 거예요.
대표는 하고 싶은 사람이 할 수 있도록 하는데 둘 다 하고 싶을 경우에는 서로 이야기 나눈 후 정할 수 있도록 해요~

C: 네~

T: 대표 다 정했나요?

C: 네!

T: 그럼 선생님이 지금부터 노래를 틀 건데 노래가 끝날 때까지 대표 친구들은 과일을 숨기고 지도에 표시하고 대표 친구들이 숨기는 동안 남아있는 친구들은 절대 뒤를 돌아보지 않기로 선생님과 약속을 해요~

C: 네~

T: 햇님반 친구들 모두 잘 지켜줄 거라 믿어요! 그럼 대표 친구들 시작!

(노래가 끝날 때 까지 대표는 과일을 숨기고 지도에 표시한다. 나머지 유아들은 뒤돌아보지 않도록 한다.) (열(10)의 노래 재생)

(노래 끝)

T: 자 이제 나머지 친구들은 뒤돌아서 대표 친구들이 표시한 지도를 보고 과일을 찾아보도록 하자! 노래가 끝날 때까지 찾아야 해요~

(노래가 끝날 때까지 대표들은 어디에 숨겼는지 알려주지 않도록 한다.)

C: 네!

(노래 끝 찾은 과일들을 각각 바구니에 담는다.)

• 보물(과일)찾기 후 개수를 다 같이 세어본다.

T: 친구들 모두들 잘 찾아주었어요~ 자리에 앉아볼까요?

C: 네~

T: 치킨 팀과 피자 팀이 찾은 과일 개수를 세어볼까요?

C: 네!

T: 먼저 치킨팀~ 하나 둘 셋 넷! 네 개 다 찾아주었구나~ 다음은 피자팀 하나 둘 셋 넷~ 피자팀도 네 개 다 찾았네~ 와! 모든 과일을 다 찾았어요~ 다 같이 박수 쳐볼까요? 짝짝짝

C: 와~~

③ 마무리

• 활동을 마무리 하며 활동에 대해 이야기를 나눈다.

T: 오늘 우리가 어떠한 활동을 했지요?

C: 과일찾기요~!

T: 그래요~ 과일 찾기를 하면서 어떤 점이 제일 재밌었나요?

C: 과일 찾을 때요. / 숨길 때요. / 지도 그릴 때요. /

T: 그럼, 활동할 때 어려웠던 점이 있었나요?

C: 과일 찾기가 어려웠어요.

T: 과일 찾기가 어려웠구나~ 그래도 모두 열심히 찾아줘서 선생님은 너무 기뻐요. 이제 간식 시간이니깐 모두 손을 씻고 와서 먹을 수 있도록 해요!

C: 네~

유의사항

- 지도 그리기 할 때, 어려워하는 유아가 있을 경우 도와준다.
- 대표가 과일을 숨길 때 교사는 나머지 유아가 뒤돌아보지 않도록 계속 지도를 한다.
- 못 찾은 과일들은 다 같이 찾아본다.

확장활동

- 과일을 가지고 수 세기와 측정을 할 수가 있다.

개정 누리과정 관련요소

자연탐구 〉 탐구하는 과정 즐기기 〉 궁금한 것을 탐구하는 과정에 즐겁게 참여한다.
자연탐구 〉 생활속에서 탐구하기 〉 물체의 위치와 방향, 모양을 알고 구별한다.
신체운동 · 건강 〉 신체활동 즐기기 〉 신체를 인식하고 움직인다.

과일을 찾아라(교재교구제작서)

생활주제 과일

수학개념 기하

활동목표
- 보물을 숨긴 위치를 지도 위에 표시해 본다.
- 지도를 읽고 숨겨진 보물을 찾아본다.

활동대상 5세

활동준비 다양한 색상의 펠트지, 눈알, 실, 바늘, 융지, 폼보드, A4용지

제작방법
- **과일 인형**
  - 펠트지를 과일 모양에 맞게 오린다.(앞, 뒤로 2개)
  - 여러 과일 모양을 여러 색의 펠트지를 사용하여 꾸민다.
  - 뒷면과 겹쳐서 솜과 함께 꿰맨다.
  - 완성된 과일 인형에 눈알과 까슬이를 붙인다.

- **융판, 숫자 카드**
  - 폼보드에 융지를 붙인다.
  - 숫자를 A4용지에 인쇄한 후 코팅하고 자른다.
  - 숫자 카드에 까슬이를 붙인 후 융판에 붙여 활용한다.

활동방법
- 지도를 그리고 보물의 위치를 표시한다.
- 융판에 찾은 과일인형을 붙인다.

그림 3-17 모양과 크기가 다른 과일

3) 측정

측정(measurement)은 일정한 기준을 가지고 물건의 양을 수치화하는 작업을 말하며 연속적인 속성을 가진 사물에 수를 부여하는 것이다. 측정은 주로 자나 저울 같은 측정 장비를 통하여 이루어지는데, 이들 장비에는 도량형의 기준과 비교하도록 눈금이 매겨져 있다.

유아기의 측정 지도는 비형식적 비교로 시작하며, 다음은 클립이나 연필들을 이용하여 재어 보는 비표준화 단위를 사용한 측정을 경험하게 한다. 이후에 자, 저울 등을 이용한 표준 측정 단위를 소개해 줄 수 있다. 이를 통해 수학 개념 및 관계 파악, 과업의 개념적인 면과 각 과정 사이의 연계성을 확립시킬 수 있다. 측정을 통해 유아는 스스로 자신의 수학적 능력에 확신을 갖고 수학적으로 문제를 해결하고 수학적으로 의사소통하며 수학적으로 추론하는 수학의 추상적 가치를 발달시키는 중요한 영역이다(NCTM, 1989).

초기 측정의 경험은 두 물체를 나란히 놓고 아무런 측정 도구 없이 비교해 보는 직접적 비교와 끈과 같은 매개체를 이용한 간접적 비교에 초점을 맞추고 비숫자적 측정 기술을 익히게 한다(이기숙, 1992). 즉 실제 측정 도구를 사용하기보다는 작고 익숙한 실제 물체로 큰 물체를 재어보는 활동으로 시작되어야 한다.

측정활동을 통해 유아는 사물의 측정뿐만 아니라 사물들을 대응시켜 보고 비교하기, 측정결과 토의하기, 공간적인 관계 이해하기, 수세기, 문제해결 및 문제해결을 위한 수학적 관계와 과정에 대한 개념 적용하기 등을 학습할 수 있는 좋은 기회를 제공한다(Althouse, 1994).

Piaget는 유아들이 측정을 하려면 거리와 길이에 대한 보존개념 혹은 불변성의 원리를 인식했을 때라야 가능한 것으로 수 개념보다 늦게 발달한다고 보았다. 그는 측정과 관련된 유아의 수준을 3수준으로 나누어 제시하였는데, 1수준은 측정 도구 없이 시각적 판단에 의해 사물을 비교하고 측정하는 단계, 2수준은 유아 자신의 신체 부위를 이용하여 측정에 관한 문제를 해결하는 단계, 3수준은 치환과 대체의 단계로 측정의 단위를 정하고 인식하며 계열과 순서가 포함된 측정을 하는 단계로 보았다.

유아 단계와 초등학교 저학년에서 측정을 소개할 때는 비형식적 비교, 비표준화 단위를 사용한 측정, 표준 측정단위의 소개, 표준 측정단위를 사용한 측정의 순서를 고려해야 한다(Barron, 1979). 유아들은 놀이를 하는 동안 즐기면서 구체적인 활동을 통하여 여러 가지 측정을 하게 되며, 범주와 계열 순서를 포함한 총체적인 개념으로서 거리와 길이의 보존개념이나 불변성의 원리를 토대로 해야만 인식 가능하다. 또 측정의 과정에 포함될 수 있는 수학적 개념 또는 일반적 전략으로 비교, 이행성의 원리, 보존 그리고 단위 사용을 들 수 있다(김숙자, 1997).

비교는 길이, 무게, 부피 등의 측정활동에 사용되는 가장 기초적인 방법으로서 두 물체의 속성이 가시적인 관찰로도 측정 가능한 경우에 활용된다. 이 과정에서 '보다 짧다', '보다 작다'와 같은 속성, 위치, 비교에 대한 다양한 수학적 언어를 습득하게 되는데 이러한 수학적 언어는 수학의 중요성과 잠재성을 지닌 용어로 수학적 사고를 신장시킬 수 있기 때문에 측정활동에 많이 사용될 수 있도록 유도해야 한다.

이행성은 측정활동 중에 다루어질 수 있는 중요한 개념으로서 적어도 비교할 물체나 대상이 셋 이상으로 '…보다 길다, …보다 밝다, …보다 크다, …보다 넓다' 등의 여러 속성이 비교될 때 사용된다. 즉, A 가 B보다 크며 B가 C보다 클 때, A는 C보다 크다는 연역적 논리등식이 성립 될 때 A와 C의 관계를 이끌어 주는 사고방식을 말한다.

보존개념을 통해 측정될 수 있는 내용들은 길이, 면적, 부피 등으로 동등관계의 이행성 원리를 성립시킬 수 있는 것을 말한다. 즉, C=A이고, C=B이면, A=B라는 연역적 논리 등식을 성립시킬 수 있는 것이다.

단위개념은 측정에서 가장 일반적으로 사용되는 전략으로, 유아기에는 표준적 측정단위보다 비표준적 단위의 사용을 우선적으로 경험할 수 있도록 해야 한다. 왜냐하면, 연필이나 책 등의 물체는 자나 저울보다 유아들이 주변에서 흔히 접하기 쉬운 것이고 또한 단위의 크기에서 볼 때 유아들이 느끼는 정도는 비표준적 단위가 보다 적합하며, 나아가 유아들에게 어떤 갈등상황을 유발해 줄 수 있기 때문이다. 또한 갈등상황은 미터법과 같은 표준적 단위의 측정을 설명해 줄 수 있는 계기를 마련해줄 수 있기 때문이다.

이와 같이 측정이란 한 집합 또는 물체의 연속적인 양을 정하는 과정으로 거리와 길이의 보존개념이나 불변성의 원리를 인식해야만 가능한 개념이다. 특히 측정활동에서 사용되는 수학적 언어는 유아들의 수학적 사고를 신장시켜주기 때문에 많이 사용될 수 있도록 격려되어야 한다. 그러나 보존개념이 형성되지 않은 영유아에게는 m나 g 같은 표준 단위를 사용하는 것보다 한 가지 속성에 두 가지 물체를 비교하거나 세 가지 이상의 물체를 순서를 지어 보는 활동부터 시작하는 것이 바람직하다.

(1) 비교하기와 순서 짓기

유아들은 수집물을 비교하거나 동등한 수집물들을 만들어내는데 있어 물체와 수 세기를 서로 연결하면서 배워나간다. 또 특정 속성에 기초하여 물체를 비교하는 일은 유아들의 생활 속에서 자연스럽게 이루어지고 특히 '~보다 크다,~보다 작다'의 크기 비교는 유아들이 일찍부터 경험하게 된다. 유아들은 두 가지나 그 이상의 수집물을 센 다음 어떤 수집물 이 더 큰지를 결정하기 위해 수를 사용하여 양을 알아내고 그런 다음 수집물에 포함된 양의 크기에 따라 순서 지을 수 있다(Clements, 2004).

유아들은 크기 비교를 통해 여러 사물 간의 속성을 반복적이고 연속적으로 비교하여 방향성 있는 배열을 이루는 순서 짓기를 하게 된다(김효실, 2004). 비교하기와 순서 짓기는 크기 비교라는 특성상 구체물 조작을 통해 이루어지는 것이 적합하며(최혜진, 2003), 일상생활에서의 다양한 경험을 통해 비형식적인 비교와 순서 짓기활동이 이루어져야 한다.

순서 짓기활동은 대부분 교사가 제시한 준거에 따라 순서 짓기를 하도록 요구하지만, 때로는 유아 자신이 준거를 결정하여 순서짓는 기회를 주어 다양한 인지적 사고를 요구하는 활동을 제공하는 것이 필요하며(이경우 외, 1997), 다양한 상황을 비교하는 데 있어서 상황적인 언어는 복잡하므로 유아들은 문제를 비교하여 풀어가고 이야기를 비교하는 것을 듣고 말하는 데 있어서 상당한 비형식적 경험이 필요하다(Clements, 2004).

❶ 비교하기

비교하기(comparison)는 어떤 속성에 따라 두 개의 물체를 관계 짓는 것을 말한다. 즉, 비교를 하려면 비교의 기준이 되는 속성이 있어야 한다. 영유아가 비교 기준으로 사용하는 것은 "더 긴－더 짧은", "보다 큰－보다 작은", "더 무거운－더 가벼운", "더 빠른－더 느린", "더 높은－더 낮은", "더 뜨거운－더 차가운" 등 일상생활 속에서 흔히 찾아볼 수 있다.

- 야구공이 축구공보다 더 작다.
- 아이스크림이 물보다 더 차갑다.

이와 같이 비교하기는 여러 가지 속성에 따라 두 개의 물체를 관계 짓는 것을 말한다. 즉, 비교를 하려면 비교의 기준이 되는 속성이 있어야 한다. 예를 들어 두 대의 자전거중 어느 것이 더 빠른가를 알기 위해 비교를 한다면, 우리가 관심을 갖고 있는 속성은 속력이다. 사물이나 사람 또는 사건을 비교할 때에는 다양한 속성에 따라 비교가 이루어질 수 있다. 비교의 기준이 되는 속성들 중에는 어떤 것은 객관적이고(키, 연령), 어떤 것은 주관적이며(외모, 성격), 상황에 따라 객관적일 수도 주관적일 수도 있는 속성도 있다(지능, 재산)(Tucker et al., 2006).

이렇듯이 비교하기는 두 대상의 속성이 가시적인 관찰로 측정될 수 있을 때 활용된다. 예를 들어 "장미꽃이 민들레보다 높다"고 말하는 영유아는 실제 두 꽃을 엄밀하게 측정하기 보다는 크기나 키를 눈대중으로 비교한 것이다. 이러한 과정에서 영유아는 수학적 용어를 습득하게 된다.

영유아의 비교하기는 다음과 같은 다양한 상황에서 경험하도록 지도할 수 있다.

- **일과를 통한 비교하기 경험**

  "누구의 가방이 가장 클까요?"

  "영희는 양치를 했는데 철호는 아직 양치를 하지 않았네."

- **사물의 '같다'와 '다르다'의 경험**

  "비슷한 블록을 모아보자. 무엇이 비슷해서 모았니?"

- **대상 간의 속성에 따라 비교 분류하는 경험**

  –꼬리가 긴 동물과 꼬리가 짧은 동물

  –날개가 있는 동물과 없는 동물

- **정교한 비교하기 경험**

  –두 물체를 나란히 대어 보기

  –측정도구(자, 저울) 사용해 보기

그림 3–18 비교하기 경험의 교구 예

❷ 순서 짓기

순서 짓기 또는 서열화(seriation)는 사물의 어떤 특징적 속성이 차이 순서대로 배열하는 것을 말한다. 순서 짓기에는 시작과 방향이 있고, 일관된 규칙이 적용되고 있어야 한다. 즉, 어느 쪽(예 : 좌 또는 우, 상 또는 하)에서 순서

짓기를 시작해도 좋지만 중간에 진행 방향을 바꾸어서는 안 된다. 왼쪽에서 오른쪽으로 순서를 짓는 것은 읽기에 도움이 되고, 오른쪽에서 왼쪽으로 순서 짓는 것은 가역적 사고에 도움이 된다(권영례, 2003). 순서 짓기는 다른 사물과 다른 사건들과의 관계 속에서 모든 사물이나 사건의 위치를 의미하는데 이는 비교하기 보다 더 높은 수준의 활동으로 볼 수 있다. 서열화는 한 속성의 차이점을 인식하고 차이의 정도를 분별하여 배열하는 과정이 요구된다. 일반적으로 사물을 서열화하기 위해서는 사물간의 반복적이고 연속적인 비교가 요구되어지며, 비교에 의한 배열이 나타나고, 방향을 갖게 될 뿐 아니라 규칙이 반영되게 된다(이경우 외, 1997).

Charlesworth & Lind(2007)에 의하면 서열은 2세 전에 시작된다고 설명한다. 한 살에서 두 살 된 유아는 쌓기 놀이를 할 때 큰 블록과 작은 블록을 구분할 줄 안다. 또한 속이 빈 상자의 크기를 인식하여 포개어 나간다. 세 살과 네 살 된 유아는 쌓기 놀이에서 두 살 된 유아보다 더 많은 블록을 사용하여 쌓기를 하고, 상자를 포갤 때도 더 많은 수의 상자를 사용한다.

대부분의 5세 유아는 일정한 규칙(예: 높이, 크기 등)에 의해서 물체를 순서지을 수 있게 된다. 순서 짓기활동의 예는 다음과 같다.

- 높이가 다른 물체를 짧은 순서 또는 긴 순서로 배열한다.
- 길이가 다른 막대를 점진적으로 쌓는다.
- 크기가 다른 물체를 순서대로 놓는다.

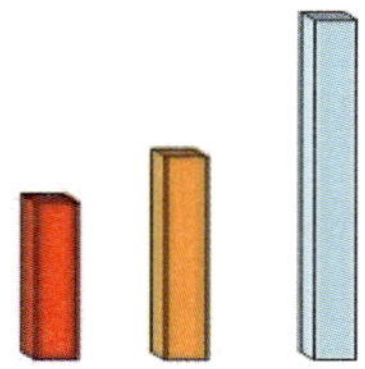

대, 중, 소의 막대를 주었을 때 : 유아는 시행착오를 거쳐 서열화 한다.

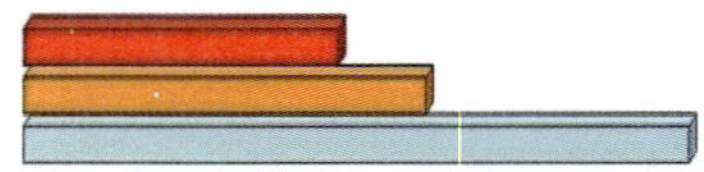

4, 5세 사이의 유아는 길이의 한쪽 끝에 유의하여 서열화한다.

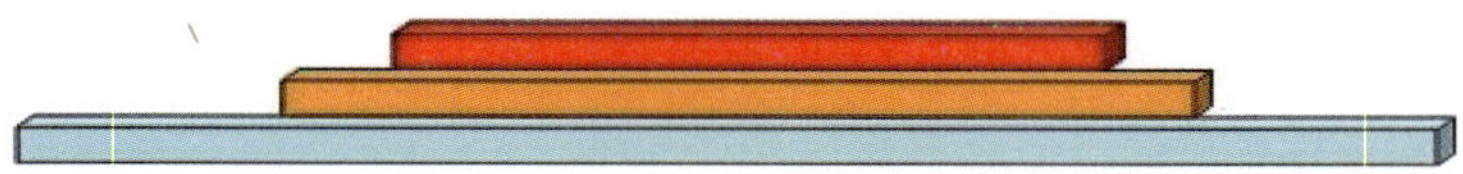

6, 7세 사이의 유아는 양쪽 끝에 유의하여 막대를 층계처럼 쌓는다.

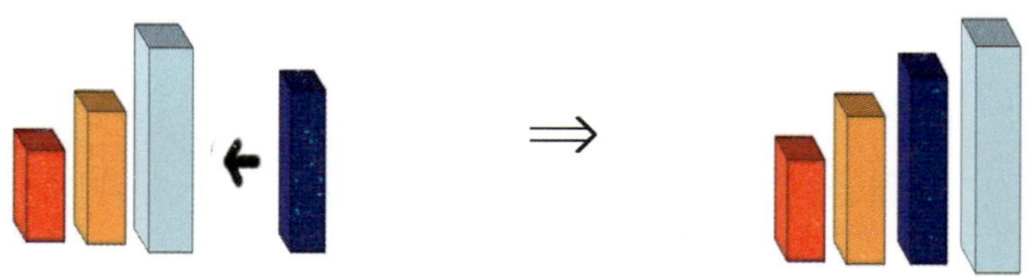

구체적 조작기의 아동은 변화성과 가역성을 모두 고려하여 막대 하나를 추가해도 다시 크기를 생각해서 서열화할 수 있다.

그림 3-19 연령별 순서 짓기의 특성

(2) 측정하기

길이, 무게, 부피 등이 측정활동에 사용되는 가장 기초적인 방법으로서 두 물체의 속성이 가시적인 관찰로도 측정 가능한 경우에 활용된다. 이 과정에서 '보다 짧다', '보다 작다'와 같은 속성, 위치, 비교에 대한 다양한 수학적 언어를 습득하게 되는데 이러한 수학적 언어는 수학의 중요성과 잠재성을 지닌 용어로 수학적 사고를 신장시킬 수 있기 때문에 측정활동에 많이 사용될 수 있도록 유도해야 한다. 측정은 어떤 속성을 대해 비교할 수 있도록 물체에 숫자를 부여하는 것이다(Charlesworth, 2000).

측정의 발달과정은 다음과 같은 5단계를 통해 발달하는데, 대개 3~4세 영유아는 첫 번째와 두 번째 단계에 속하고, 5세 영유아는 두 번째 단계에서 세 번째 단계로 발달하는 시기에 있다(전희영, 2001; Charlesworth, 2000).

❶ 놀이와 모방(play and imitates) 단계

출생부터 시작하여 감각운동기–전조작기까지 계속되는 단계로 영유아는 자기보다 나이 많은 사람을 모방한다.

놀이활동의 예로 마카로니 등을 한 쪽 그릇에서 다른 쪽 그릇으로 옮겨 부으면서 부피의 속성을 탐색한다. 자기보다 키가 큰 유아들이 높은 곳의 물건을 잘 찾아 활동을 할 수 있음을 발견하면서 길이에 대해 알게 된다. 또한 뜨거운 것과 찬 것을 경험하면서 온도에 대해서도 배우게 된다.

❷ 비교(comparisons) 단계

감각운동기와 전조작기에는 더 긴, 더 짧은, 무거운 것과 가벼운 것, 큰 것과 작은 것, 뜨거운 것과 차가운 것 등 비교하기를 좋아한다. 그러나 아직 보존개념이 형성되지 않아서 지각에 의존한 측정을 한다.

길이가 같은 두 개의 연필의 길이를 비교할 때 양쪽 끝의 관계를 생각하지 못하고, 한쪽 끝만 보고 판단한다.

❸ 임의적 단위 사용(arbitrary units) 단계

전조작기 말과 구체적 조작기 초에 오는데 유아는 소위 임의적 측정 단위를 사용하여 측정을 배운다.

예를 들어 자신의 키가 연필로 몇 개의 길이인가 또는 주전자에 물을 다 채우려면 몇 컵을 부어야 할까를 알아내려고 하는 경우 연필의 길이나 컵의 부피를 임의적 단위라고 할 수 있다. 임의적 측정 단위를 사용하는 단계를 통해 영유아는 표준적 단위의 필요성을 느끼게 된다.

❹ 표준 단위의 필요성 인식(need for standard units) 단계

구체적 조작기에는 표준 단위 사용의 필요성을 느낀다. 교사는 다른 사람들이 쓰는 것과 같은 단위를 공통으로 사용해야 됨을 인식시켜야 된다. 유아는 두 번째 단계에서 3, 4단계로 전환하는데 여러 가지 다양한 방법으로 구체적인 측정 경험을 제공하여 보존 단계로 잘 발달할 수 있도록 지도해야 된다.

예를 들어 유아가 "얼굴만한 넓이의 종이를 주세요"라고 말하는 경우 다른 사람들은 유아의 얼굴을 측정하지 않는 한 같은 폭의 종이를 찾을 수 없다.

❺ 표준적 단위 사용(uses standard units) 단계

구체적 조작기 유아는 cm, m, L, g 등의 표준적 측정 단위를 사용하고 이해하고 사용하기 시작한다.

- **길이**(length) : 사람의 키(height), 연필의 길이(length), 거리의 폭(with), 허리둘레(circumference), 집과 유치원의 거리(distance), 물의 깊이(depth)는 길이와 같이 평가될 수 있는 다양한 상황이다(한유미, 2003). 두 지점 간의 거리로 정해지는 속성으로서 다음과 같이 일상생활의 다양한 상황과 관련 있다(Troutnam & Lichtenberg, 1972).
  - **높이**(height) : 토끼 인형의 키는 얼마나?
  - **길이**(length) : 이 막대는 얼마나 기니?
  - **폭**(width) : 유치원 마당과 유치원 교실 중 어느 길이 더 넓니?
  - **둘레**(circumference) : 인형집 둘레는 얼마나 되니?
  - **거리**(distance) : 교실문에서 현관까지는 얼마나 떨어져 있니?
  - **깊이**(depth) : 어항 속이 얼마나 깊니?

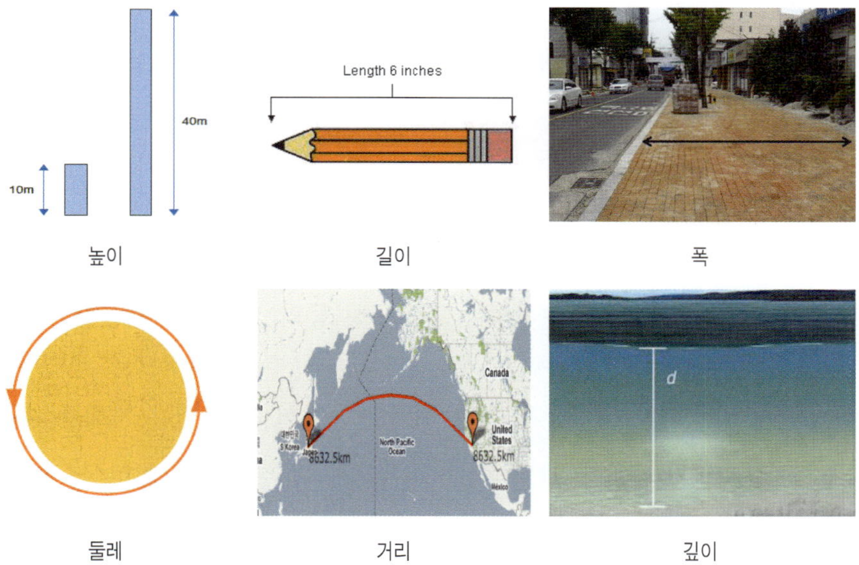

그림 3-20 길이와 관련된 상황들

- **넓이**(area) : 이차원적인 공간으로 정해지는 속성으로, 이차원적인 단위를 이용하여 하며, 곱셈 공식이 적용되므로 면적 공식을 배우지 않은 유아는 넓이를 측정하는 것이 어렵다고 생각한다. 그러나 면적 공식을 배우지 않은 유아도 구체물을 이용하여 면적을 측정할 수 있으며, 넓이 측정교육을 통해 면적 공식을 이해하는 데 도움이 된다.

  유아는 동일한 타일의 개수를 가지고 여러 가지 모양을 만들었을 때, 모양이 상이하면 넓이가 다르다고 생각하는 경우가 있다. 따라서 격자무늬 위에 물체를 올려놓고 측정하거나, 동일한 수의 타일을 가지고 다양한 형태를 만들어 보는 기회를 제공할 필요가 있다(한유미, 2003).

  ▸ **넓이의 활동의 예**

  – 전지 위에 블록을 대고 그려 보고 몇 번이나 그릴 수 있는지 알아본다.

  – 서로 다른 넓이의 종이를 여러 장을 제시하고 가장 넓은 종이부터

순서대로 포개게 한다.
- 한 장의 종이 위에 자신의 손바닥 몇 번이나 들어갈 수 있나 알아 본다.

- **부피**(volume) : 3차원적인 공간으로 정해지는 속성이다. 고체일 경우에는 부피라는 용어를, 액체일 경우에는 용량(capacity)이라고 한다. 부피를 이해하기 위해서는 높이 · 길이 · 폭 등의 요소를 관련지을 수 있어야 하는데, 이러한 능력은 유아의 수준에서는 대체적으로 어렵다. 따라서 일상적인 놀이상황 속에서 부피를 경험할 수 있는 기회를 제공하는 것이 좋다. 예를 들면 한 용기에서 다른 용기로 물 · 콩 · 모래를 붓거나, 상자 안에 몇 개의 블록이 들어가는지 넣어 보거나, 동일한 양의 우유를 다양한 컵에 부어보는 기회를 통해서 유아는 부피와 용량에 대한 경험을 갖게 된다.

▸ **부피의 일상생활에서의 예**

- 크기가 다른 통 속에 블록이 몇 개 들어가는지 알아본다.
- 종이컵으로 다양한 크기의 용기 안에 곡류를 넣어 본다.

- **무게**(weight) : 물체가 얼마나 무거운지를 나타내는 속성이다. 유아는 물체의 무게를 측정하기 위하여 물체를 직접 들어보거나, 저울과 같은 표준화 도구를 이용한다. 유아들은 일상생활 속에서 무게라는 단어를 자주 듣고 사용할 수 있게 된다. 물체의 무게를 비교하기 위해서는 단지 물체를 보는 것만으로는 판단할 수 없으며, 양손에 각각 하나의 물체를 올려놓거나 가방에 담아 들어보는 전략들로 판단할 수 있다(Cruikshank & Sheffield, 1988). 유아는 물체의 무게가 밀도와 관련 있다는 사실을 이해하지 못하여, 물체의 무게를 물체의 크기와 혼돈 하는 경향이 있다. 따라서 크기가 다양한 여러 가지 물체를 직접 측정해 보거나, 저울로 측정해 볼 수 있는 기회를 제공하는 것이 좋다. 무게를 측정할 때 제공되는 저울은 물체의 무게를 비교할 수 있는 기회를 주며, 균등에 대한 개념을 이해하는데 도움을 준다.

비표준 단위를 이용한 무게 측정 시 저울은 무게가 무거운 쪽으로 기울며 무게가 같은 경우에는 평형을 이룬다는 개념이 형성되지 않았거나 비표준 단위인 구슬을 더하거나 덜어내면서 저울이 평행이 되도록 조절하지 못할 때 무게 측정에 실패할 수 있다.

▸ **무게의 일상생활에서의 예**

- 블록을 바구니에 담아 무게를 저울을 사용하여 재어 본다.
- 체중계에 올라보면 아빠의 몸무게와 나의 몸무게가 차이가 나는 것을 알 수 있다.

• **시간**(time) : 시간은 추상적인 개념으로서 다른 측정 교육보다 유아가 이해하기 어렵다. 시간에 대한 개념은 단순히 시계를 볼 수 있는 그 이상을 의미한다. 유아기에는 정확한 시간을 읽게 하기 보다는 일상생활 속에서 물체 · 사건 · 자신의 변화와 관련지어 시간의 흐름을 경험하게 하고, 사건의 순서를 인식하여 나열해 보는 활동이 바람직하다(교육부, 1998). 또한 제시한 개인적인 경험의 시간에서 사회적인 활동시간으로, 그런 후에 문화적인 시간의 순서로 소개하는 것이 좋다(Charlesworth, 2000).

이러한 시간의 개념에는 순차적 시간(sequence)과 시간 간격(duration)의 두 가지 측면이 있다(한유미, 2003). 순차적 시간은 사건을 시간의 흐름에 따라 차례대로 나열하기와 같이 순서와 관련된 개념이다. 시간 간격은 사건이 지속된 시간으로서 사건이 얼마나 오래 걸렸는지(초, 분, 시간, 일, 주, 월, 년)와 관계가 있다(Charlesworth, 2000).

영아기는 '전', '앞'의 사건관계를 경험함으로써 시간의 흐름을 인식한다. 일시적인 경험에 의해 파악한 감정의 경험을 한다(이경우 외, 1997 재인용). 영유아에게 시간 개념을 소개할 때에는 생일과 같은 행사를 중심으로 날짜를 소개하는 것이 적절하다. 특별한 날짜를 중심으로 달력을 이용할 때 유아는 현실적인 맥락에서 시간의 개념을 이해하며, 측정할 수 있다. 영유아는 대개 초, 분, 월, 년 등의 시간 간격보다 먼저 사건의 순서에 기초하여 시간 개념을 이해한다(Charlesworth, 2000)

▸ 시간의 일상생활에서의 예

–아침밥을 먹고 다음 다시 밥을 먹을 때가 점심때이다.

–만화영화는 20분 동안 볼 수 있다(시간 간격).

Piaget에 의하면 영유아들의 시간 개념 발달은 다음과 같은 세 단계를 거쳐 발달한다고 하였다(김영선 외, 1997; 김영선, 2002).

- **1단계**(0~2세)**감각운동기** : 시간은 물체에 따라 변하는 시간이며, 또 공간적 순서와 혼돈되는 국소화된 시간(localized time)으로서, 단위적 시간이 아니라 행위의 조정으로서 행위와 동일시되는 개념이다. 시간의 가장 기초적인 형태는 감각 운동기에 나타나는 데, 아기가 배가 고파서 울 때, 지속의 개념을 처음 경험하게 되고, 떨어져 있는 물체를 잡으려 적당한 도구를 사용하게 될 때, 방법과 결과 사이의 원초적인 순서를 알게 된다. 이 단계의 영아는 시간을 지각된 현상의 순서로서 주관적이며 부정확한 것으로 지각하고 있으며, 외계의 현상에서 얼어난 사건들을 재구성할 능력이 없다.

  다시 말하면, 영아는 사건을 경험했던 순서에서 보았던 것을 실행한다는 것이다. 예를 들어, 영아가 가지고 놀던 장난감을 방석 밑에 감추었다가 다시 꺼내어 다른 방석 밑에 감추었을 때, 영아는 장난감을 처음 보았던 곳으로 가서 찾는다. 그 곳에서 장난감을 찾지 못하면 찾는 것을 멈춘다. 영아는 사건을 순서적으로 기억하지 못하며, 첫 번째 방석 다음 것에 대해 사고할 융통성(the flexibility)도 없다. 좀 더 나이가 들어야 둘째 방석에서 찾게 된다. 감각운동기의 영아는 전·후의 사건관계를 경험함으로써 시간의 흐름을 인식한다. 즉, 일시적인 경험에 의하여 막연한 감정의 경험을 하게 된다. 예를 들면 배가 고파서 울면 엄마가 나타나고 곧이어 우유를 먹게 된다는 것을 알게 됨으로써 사건이 차례로 일어난다는 것을 학습하게 된다.

- **2단계**(2~7세)**전조작기** : 직관적 시간 (intuitive time)으로서, 이러한 시간은 지각되고 대상 및 운동과 완전히 결부되어 있다. 예컨대, 더 먼 거리를 간 사람은 더 가까운 거리를 간 사람보다 속도에 관계없이 더 많

은 시간을 필요로 한다. 즉 시간과 공간의 거리를 하나로 인식한다. 이 단계의 유아는 전조작기가 시작되는 2세경에 사건의 순서와 실제적인 면에서 지속의 기간(예: "저녁 먹을 시간이다." "잠 잘 시간이다.")을 인식한다. 그러나 이때의 사고는 아직 자기중심적(ego centric)이고, 자신의 필요와 욕구에 집중되어 있다.

Paget는 이러한 사고를 유아의 시간에 대한 자기중심적 개념 작용의 원인으로 해석하고 있다. 즉 이 시기의 유아는 주관적인 직관(subjective intuition)과 객관적인 현실(objective reality)을 혼동하고 있는 것이다. 다시 말하면 이 시기의 유아는 연속(succession)이나 지속 (duration)의 개념은 파악하지만 이 둘의 개념을 통합할 줄을 모른다. 따라서 전조작기의 유아는 이러한 사고의 가역성(reversibility)이 없으므로 사건의 연속적인 개념을 획득할 수 없으며 아직 사건을 구성할 능력이 없다.

- **3단계**(8세 이후)**구체적 조작기** : 이 단계의 유아는 논리적인 조작에 의거하여 시간을 이해하며, 논리적인 시간의 집단화(grouping)를 할 수 있다고 한다.

Paget는 시간개념을 연속(끊이지 않고 계속함)과 지속(어떤 두 연속된 지점을 한 간격으로 한 것으로 두 지점이 연속적이 아닌 경우, 지속은 0으로 동시성이 된다. Paget. 1969)의 두 개념 발달을 통하여 분석하였는데, 이 두 개념을 조정할 수 있을 때, 비로소 조작적인 시간개념을 갖는다고 하였다. 즉 시간개념은 사건의 연속순서와 시간 간격의 지속에 기초하여 발달하므로 이 두 개념이 통합되어져야만 논리적 시간개념을 이해할 수 있게 된다.

그림 3-21 시간 측정활동 교구들

| 측정활동의 예 ① |

우리 반 친구들의 키(활동계획안)

생활주제 우리 반과 친구들

수학개념 측정

활동목표
- 길이의 개념을 경험한다.
- 친구들의 키를 물체를 이용하여 측정해 볼 수 있다.

활동대상 4세

활동준비 동화, 종이 블록(벽돌 블록), 블록 사진, 그래프 판, 이름표

활동과정 **① 도입**

- 손유희로 주의집중을 한다.

  ○○별이 올라갑니다. 반짝!
  ○○별이 올라갑니다. 반짝!
  둘이서 만났습니다. 어떻게 내려올까?
  춤을 추며 내려옵니다. 비행기타고 손은 무릎에 착! 착! 착!

- 키와 관련된 동화 "얼마나 길까?"를 듣고 이야기 나누기

  T: 얘들아, 선생님이 동화책을 준비해왔어요. 같이 한 번 볼까? 제목을 한번 읽어볼까? '얼마나 길까?' 동화 나와라 뚝딱!

(읽은 후)

T: 동화 속에서 누가 나왔지?

C: 상어요. 독수리요. 비단뱀이요. 공작이요.

T: 상어, 독수리, 비단뱀, 공작이 나왔지. 모두 잘 기억하고 있구나. 어떤 이야기의 동화였나요? 손을 들고 말해볼까?

C: 돈으로 독수리 길이를 쟀어요! / 우리 이로 상어 이빨을 쟀어요!

T: 그래 돈으로 독수리의 길이를 재기도 하고, 상어의 이빨을 우리 사람의 이로 재보기도 했었지.

- 키를 재본 경험 이야기 나누기

T: 선생님은 이 동화를 읽고 우리친구들의 키가 어떤지 궁금해졌어요. 친구들은 키를 재본 경험이 있나요?

C: 네!

T: 키를 어떻게 쟀었니?

C: 병원에서 키 재는 걸로 쟀어요! / 아빠랑 이렇게 키를 재봤어요.

T: 병원에서 재보기도 하고, 아빠랑 키를 비교해서 재본 적도 있고, 친구랑 키를 서로 비교해보기도 했었구나.

- 활동 소개

T: 그런데 오늘은 친구들이 재봤던 방법 말고, 다른 방법으로 친구들의 키를 재보는 활동을 해 볼 거예요.

② 전개

- 키를 재는 방법 이야기 해보기

T: 어떤 방법으로 키를 재볼 수 있을까?

C: 동화에서처럼 물건으로 재봐요. 벽에다 키를 재봐요.

T: 그래 동화에서처럼 물건으로 재볼 수 있겠구나!

T: 동화에서는 사람의 이로 재보기도 하고, 막대젤리, 돈으로 재보기도 했었어. 그럼 우리는 어떤 물건을 활용하면 좋을까?

C: 색연필이요! / 지우개요 / 블록이요.

T: 그래 우리 친구들 말처럼 색연필, 지우개, 블록으로 활용할 수 있겠다.그럼 오늘은 ○○이가 말해준 것처럼 벽돌블록을 이용해서 친구들의 키를 재볼 거예요. 벽돌블록을 이용해서 어떤 방법으로 재볼 수 있을까?

C: 쌓아요. / 옆으로 길게 놔 봐요.

T: 그래요. 벽돌블록을 쌓아서 재볼 수 있겠지?

(쌓아서 키를 재는 시범을 보여준다.)

T: 먼저 선생님이랑 같이 한 번 재 볼 거예요. 어떤 친구의 키를 재볼까?
C: 저요! 저요!
T: ○○친구가 나와서 키를 한번 재볼까?
C: 네!
T: 선생님이 ○○친구 키만큼 블록을 쌓을 건데 쌓으면서 블록을 하나씩 같이 세어보도록 하자.
C: 네~
T: (○○이의 옆에 블록을 하나씩 쌓으면서 같이 세어본다.) 하나, 둘, 셋, 넷, 다섯, 여섯, 일곱, 여덟
C: 하나, 둘, 셋, 넷, 다섯, 여섯, 일곱, 여덟
T: ○○ 친구의 키는 벽돌블록 몇 개인가요?
C: 8개요!
T: 그래요. 8개지? 이번에는 다른 친구들의 키도 재 볼 건데, 자기의 키를 혼자 재려면 힘들겠지? 선생님이 2명씩 짝을 지어줄 거예요. 짝이 된 친구들이 서로의 키를 한 사람씩 재 주도록 해요.
C: 네!

<활동> 둘이 짝을 이루어 벽돌 블록으로 서로의 키를 재본다.
(선생님이 먼저 해볼 친구를 정해 준다.)
T: 벽돌 블록을 짝꿍의 키만큼 쌓아 보자!
T: 다들 짝꿍의 키만큼 블록을 쌓았니?
T: 이번에는 다음 친구가 쌓아보자.
T: 짝꿍의 키만큼 블록을 쌓았니?
T: 모두 잘 해주었어요. 자기의 키를 쌓은 블록 옆으로 서보자.

(서로 측정한 키(벽돌 블록 수)를 세어 본다.)

T: 다 쌓은 블록이 몇 개인지 세어볼까?

C: 하나, 둘, 셋, 넷, 다섯….

T: 몇 개인지 세기 어려운 친구는 선생님과 같이 세어보자.

T: ○○이의 키는 벽돌블록이 몇 개일까? 선생님이랑 같이 세어보자. 하나, 둘, 셋, 넷, 다섯, 여섯, 일곱.

C: 하나, 둘, 셋, 넷, 다섯, 여섯, 일곱.

T: ○○이의 키는 벽돌블록 7개와 같구나.

T: ○○이의 키는 벽돌블록 10개와 같구나.

(키를 그래프 판에 나타내어 비교해 본다.)

T: 이번에는 친구들의 키를 한번 앞에 보이는 그래프에 나타내 보자.
(한 명씩 이름표를 붙여 나타내본다.)

T: ○○이의 키는 벽돌 블록 9개와 같구나. ○○이와 키가 같은 친구는 누구지?

C: ○○이요! ○○이도 있어요!

T: 그렇구나. ○○이와 ○○이와 ○○이가 벽돌블록 9개로 키가 같구나.

T: ○○이는 벽돌블록이 몇 개이지요?

C: 10개요!

T: 10개지. 그럼 ○○이보다 벽돌블록이 많은 친구는 누가 있을까?

C: ○○이요!

T: 그렇구나. ○○이는 벽돌블록이 몇 개니?

C: 11개요!

T: 그렇지. ○○이는 벽돌블록 11개이고 ○○의 벽돌블록 10개구나. 그래서 ○○는 ○○보다 벽돌블록이 1개 더 많구나.

T: 그럼 키가 벽돌블록 7개와 같은 친구는 누구일까?

C: ○○이요!

T: 그래 ○○는 벽돌블록 8개와 같고 ○○와 벽돌블록 개수가 같은 친구는 ○○이고, ○○보다 벽돌블록이 많은 친구는 11개로 ○○의 친구이구나.

③ 마무리

• 활동 후 느낀 점을 나누기

T: 자 얘들아 이렇게 키를 그래프로 나타내어 보았어. 어떻게 그래프로 나타낼 수 있었지?

C: 벽돌블록을 쌓아서 키를 재봤어요.

T: 그래 벽돌블록을 키만큼 쌓아서 키를 알아보았지.

T: 활동을 하면서 가장 기억에 남는 것이 있다면 이야기해 볼까?

C: ○○이가 제일 컸어요!

T: 그렇구나. ○○이는 키가 제일 큰 친구가 기억에 남는구나.
그럼 활동을 하면서 어려웠던 점이나 새롭게 알게 된 점은 없었니?

C: 친구들의 키를 비교할 때 어려웠어요. / 블록으로 키를 재보는 걸 알았어요.

T: ○○이는 친구들의 키를 비교해 보는 게 어려웠구나.
○○는 블록으로 키를 잴 수 있다는 걸 새롭게 알게 되었구나.
그래. 벽돌블록 말고 다른 장난감이나 물건으로 우리 키를 재 볼 수도 있고 벽돌블록으로 키 말고 책상이나 다른 여러 가지의 길이를 재 볼 수도 있어.
물체의 길이가 궁금하면 다양한 물건을 활용해서 언제든지 길이를 재어보는 활동을 해보도록 해요.

유의사항

• 벽돌 블록의 수를 셀 수 있는지 평가해 보도록 한다.
• 측정한 길이를 비교할 수 있는지 평가해 보도록 한다.

확장활동

• 벽돌블록 10개를 색칠 및 수로 벽돌블록 10과 같다고 써주기

개정 누리과정 관련요소

자연탐구 〉 생활속에서 탐구하기 〉 일상에서 길이, 무게 등의 속성을 비교한다.
자연탐구 〉 생활속에서 탐구하기 〉 도구와 기계에 대해 관심을 가진다.
신체운동 · 건강 〉 신체활동 즐기기 〉 신체를 인식하고 움직인다.

우리 반 친구들의 키(교재교구제작서)

생활주제 우리 반과 친구들

수학개념 측정 : 길이의 측정

활동목표
- 길이의 개념을 경험한다.
- 친구들의 키를 물체를 이용하여 측정해 볼 수 있다.

활동대상 4세

활동준비 동화 '얼마나 길까?', 종이 블록이름표, 블록 사진, 개인 사진
그래프 판 : 하드보드지 2개, 융지, 펠트지, 찍찍이
숫자카드 : 펠트지

제작방법

- **그래프 판**
  - 하드보드지 2개를 붙인다.
  - 붙인 하드보드지의 앞면을 융지로 감싼다.
  - 펠트지를 얇게 잘라 그래프의 선을 만든다.
  - 뒤에 찍찍이를 붙인다.
  - 완성된 그래프 선을 융지에 붙인다.

- **숫자카드**
  - 검은색 펠트지로 1~12까지 숫자를 모양대로 자른다.
  - 다양한 색의 펠트지를 동그랗게 오린다.
  - 자른 펠트지 안에 솜을 넣고 꿰맨다.
  - 숫자를 동그란 펠트지 위에 글루건으로 붙인다.

활동방법

- 둘이 짝을 이루어 벽돌 블록으로 서로의 키를 재본다.
- 서로 측정한 키(종이 블록 수)를 세어 보고그래프 판에 나타내어 비교해 본다.

그림 3-22 키 그래프

4) 규칙성

규칙성은 사물의 모양이나 현상이 일정하게 반복되는 형태를 의미한다(이경우 외, 1997). 흔히 패턴(pattern)으로도 불리는 것으로서 유아가 패턴을 지각하는 것은 규칙성을 의식하는 행동으로 인지적 기술이며, 유아의 수추리능력의 토대가 될 수 있다(Gelman & Gallistel, 1978). 패턴을 인식하는 능력은 현상에 대한 통찰력을 갖게 하는 기본을 제공하며, 여러 사물과의 관계를 파악하고 관련된 특성을 찾아내며 일반화시키고 예측하는 능력을 학습하는데 도움을 준다(이경우 외, 1997). 일상생활에서 유아들은 규칙적인 관계를 포함하는 사례를 많이 볼 수 있다. 이를테면 자연물인 꽃이나 조개에서, 건축물인 다리나 건물에서, 벽지나 포장지에서, 다양한 종류의 음악 등도 일정한 규칙적 관계를 포함하고 있다(홍혜경, 2004).

7개월의 어린 영아도 ABB와 ABA의 패턴의 차이를 인식하는 대수적 사고가 발달하기 시작하며 이러한 능력이 점차 확장되고 심화되어 추후 학습에 오랫동안 기여하게 된다(Marcus et al., 1999). 영아들은 글자를 터득함에 있어 패턴을 통해 음절과 어순의 규칙을 인식하고 이러한 문법적인 규칙은 다른 규칙과 관련되어져서 규칙을 이해하는 능력이 더욱 발달된다(Seidenberg & Elman, 1999). 또한 유아들은 일상생활 속에서 규칙을 인식하는 능력이 발달하는데 만 4세 유아는 AB 또는 AABB유형 같은 단순한 패턴을 인식하고 그대로 따라 할 수 있다(최혜진, 2003; Jablon et. al., 1994). 만 5세 유아들은 패턴을 그림과 글로 표상할 때 90%의 유아들이 AB, ABC, ABB, AAB 패턴에 성공하여 규칙을 적용하고 전이활동이 가능하다(이상명, 2001).

이처럼 규칙을 통한 수학적 사고의 발달은 영아기부터 발달하며 영아들은 어휘의 획득 등을 통해 규칙을 적용해 봄으로써 시작됨을 알 수 있다. 또한 언어발달이 미숙한 3세 정도의 유아들은 관찰과 모방 행동에 의해 패턴을 배우고 즐기게 되는데 이런 활동에서의 즐거움은 수학활동에 대한 거부감을 줄이고 자신감을 갖게 한다. 이 시기의 유아는 자신이 규칙의 일부분이 되는 것을 좋아하며 자연스럽게 노래활동을 통해 리듬과 몸의 움직임, 동물 소리의 반복을 통해 자연스럽게 패턴을 따라하고 이해하게 된다(NCTM, 1993). 4세 정도의 유아들은 그들 주변의 규칙을 보고 이름을 부르기 시작하여 다소 간단한 규칙을 찾아 인식하고 이를 적용할 수 있으며, 5세 유아들은 더 복잡한 규칙을 인식하여 '작다, 중간 크다, 크다' 등의 표현을 할 수 있으며 또는 "내 옷은 녹색-파랑색-노랑이다. 나는 가장 많은 과자를 가졌다, 너도 나 다음으로 많은 과자를 가졌다"와 같은 대수적 사고와 관련된 어휘의 사용과 사물과 사물에 관계되는 말을 이용하여 대수적 사고의 발달을 진행시킨다(김병무, 박재명, 2003).

3세에서 6세 유아의 수학영역에 대한 지식의 기술 중 패턴/대수영역에 있어 3세 유아는 '길고, 짧고, 길고, 짧고, 긴' 것과 같은 단순하게 반복하는 패턴을 인식하고 6세로 거슬러 올라갈수록 규칙을 인식하고 논의할 수 있다(NAEYC & NCTM, 2002). 유아기가 수학적 사고의 기초를 형성하기 위한 적절한 시기이지만, 아주 짧은 시간에 형성될 수 있는 개념이 아니다. 즉 다양한 수학적 사고를 요하는 활동 등을 통해서 자신들이 관찰한 것을 설명하고 규칙에 대해 이야기 하도록 격려되어야 한다.

(1) 규칙의 표현 양상에 의한 유형

패턴은 어떤 속성을 패턴화 하는가, 그리고 어떠한 방식으로 패턴을 구성하는가에 따라 유형을 구분할 수 있다.

- **시각적 패턴** : 실제 물체와 그림이나 상징을 사용해 패턴을 찾는 것이다 예를 들면 벽지, 포장지, 옷감 등과 같이 시각을 통해 패턴을 찾는 것으로서 미술영역에 있어서 구성 능력을 길러 준다.
- **청각적 패턴** : 박수, 음악(악보)에 따라 노래하기, 반복적인 동물의 소리 등 청각을 통해 일정한 패턴을 찾는 것으로서 운율적 규칙을 파악하는 능력을 길러 준다.
- **운동적 패턴** : '오른손 내밀기－왼손 내밀기, 왼손 내밀기－오른손 내밀기; 앉기－서기, 서기－앉기' 등과 같이 자신의 신체를 움직여서 패턴을 찾는 것으로 신체표현 능력을 길러준다.

(2) 패턴의 생성 방식에 의한 유형

패턴을 어떠한 방법으로 패턴화 하는가, 즉 패턴을 구성하고 있는 관계에 따라 반복패턴, 증가패턴, 대칭에 의한 패턴, 카오스 현상에 의한 패턴으로 구분할 수 있다(김상미, 1997; 김지영, 2004; 최신애, 2000).

- **반복 패턴** : 기본단위나 기본 규칙이 변화 없이 그대로 유지되면서 반복되는 형태이다. 복잡한 정도에 따라 매우 다양하게 표현될 수 있으나 가장 기본적인 유형은 두 가지 항목을 포함하고 있는 ab 유형의 패턴이다. 좀 발전된 패턴은 abb, abc, aab 또는 1,2,3, 1,2,3, 1,2,3, 1,2,3…… 또는 ◆◇◆◇◆◇◆◇◆…… 등의 더 복잡한 패턴이 만들어진다.
- **증가 패턴** : 기본단위나 기본 규칙이 증가 또는 변형되면서 만들어지는 패턴으로서, 패턴을 구성하고 있는 요소가 어떤 규칙에 의해서 끊임없이 일정량이 감소되거나 증가되는 형식으로 반복되는 유형이다. 증가패턴의 가장 단순한 형태는 1씩 증가하는 수세기이며, 감소패턴의 가장 단순한 형태는 1식 감소하는 거꾸로 세기이다. 이를테면 1, 1, 2, 1, 1, 2, 3, 2, 1, 1, 2, 3, 4, 3, 2, 1……, 3, 6, 9, 12, 15……, 손뼉치기–발구르기, 손뼉치기–손뼉치기–발구르기, 손뼉치기–손뼉치기–손뼉치기–발구르기와 같이 패턴을 구성하는 요소가 증가하는 패턴으로 만들어진다. 이러한 증가패턴으로 유아들은 패턴의 연장뿐만 아니라 패턴의 일반화를 찾고 패턴에서 제공되는 대수적인 관계를 찾아보는 경험을 제공하게 된다(최신애, 2000).
- **관계 패턴** : 두 개의 세트 사이에 어떤 연결이 이루어지는 것이다. 예를 들어 크레용 1상자에 8개가 들어있다면 1–8, 2–16, 3–24와 같이 두 개의 조합 간에 연관성이 만들어진다.
- **회전 패턴** : 기본단위나 기본규칙이 회전되면서 만들어지는 패턴이다. 예를 들면 ↑↓↑↓↑↓ 또는 ⬆➡⬇⬅⬆➡⬇……의 경우이다.
- **대칭 패턴** : 기본 단위가 대칭되면서 만들어지는 패턴의 유형이다. 이를테면 ◁▷◁▷◁▷……, < > < > < > < > < > < > < >……,

1, −1, 2, −2, 3, −3, 4, −4, 5, −5, 6……를 만들 수 있는 패턴유형이다.

- **카오스 패턴** : 자연 현상에서 비정규적으로 만들어지는 규칙이다. 단기 예측은 가능하나 장기예측은 무리가 발생한다. 예를 들면 대기의 흐름이나 일기예보, 밀물과 썰물의 흐름, 기타 사회현상이 있다. 일기예보의 경우 현재의 일기를 관측하지만 그 상황을 완전하게 관측할 수 없기 때문에 관측오차가 커지고 장기예측이 어려워진다. 또한 수도꼭지를 틀었다 잠그면 물이 뚝뚝 떨어지며 이것을 적당히 조정하면 그 리듬이 불규칙해지는 현상과 과 같은 것이다.

(3) 패턴의 도구 및 지도 방법에 따른 유형

- **실물 패턴** : 유아의 주변 물건이나 교구를 이용하여 만들어지는 규칙이다. 즉 구체적인 물체로 반복적인 규칙을 만드는 것을 말한다. 칼, 지우개, 연필, ( ), 지우개, 연필, …….
- **신체 패턴** : 유아의 신체를 이용하여 만들어지는 규칙이다. 허리, 어깨, 무릎, 발, 허리, ( ), 무릎, 발, …….
- **상징 패턴** : 점, 선, 문자 기호 배열을 이용하여 만들어지는 규칙이 해당된다. ×, +, ÷, ×, ( ), ÷…….
- **수를 이용한 패턴** : 수열이나 수 배열표 등의 수를 이용하여 만들어지는 규칙이다. 3, 7, 5, 9, ( ), 11, 9, 13, …….

이러한 유형의 패턴활동은 원리는 동일하지만 실물을 이용하여 패턴을 만드는 것이 영유아에게 가장 쉽다. 신체를 이용해서 패턴을 만들 경우에는 영유아가 신체활동에 너무 몰입하면 원래의 의도(패턴)를 망각할 수 있다. 책상 위에서 실물로 구성된 패턴을 관찰할 때와 달리 영유아 자신이 패턴 속에 포함되어 있기 때문이다. 초등학교에 들어가면 패턴을 비교하거나 수의 패턴을 학습하고, 패턴을 복합하게 확장하는 등 어려운 패턴 학습으로 전이하게 된다(Charelworth & Lind, 2007, Smith, 1997).

영유아들이 패턴을 학습해 가는 방법은 패턴 만들기활동을 하기 전, 주어진 패턴을 가지고 다양한 경험을 해 보는 것이다. 이 시기 영유아들은 자신의 주변에서 보고, 들은 것을 중심으로 자신의 선체로 직접 표현하거나 말로 규칙을 탐구하고 표현한다. 유치원 과정에서는 언어와 수학적 개념, 사회 · 과학적 지식, 미술, 음악을 자연스럽게 통합하는 활동을 하기 때문에 주위에서 탐구하는 직관적 · 감각적 소재를 많이 활용해야 한다. 다양한 방법으로 패턴을 관찰하고 묘사하며 확장시켜 보는 것은 규칙성을 파악하는데 중요하며, 패턴을 순서 짓고 구성하는 것은 논리적 구성력과 함께 수에 대한 이해는 물론 읽기의 기초를 발달시킨다. 또한, 유아 시기의 모든 활동에 언어적 요소가 강하기 때문에 아동들이 관찰하고 탐구한 것을 설명할 수 있도록 지지해 주어야 한다.

패턴이해의 능력은 패턴 인식 및 묘사하기, 패턴 따라 하기, 패턴 이어가기, 패턴 끼워 넣기, 패턴 전이하기, 패턴 창조하기를 할 수 있는 능력을 말한다. 패턴 이해의 발달 수준별 특성은 다음과 같다(채현주, 2006).

- **패턴 단순 인식 및 묘사하기** : 주어진 패턴의 규칙을 알고 말로 설명하는 능력이다. 예를 들어 '아침, 점심, 저녁, 아침, 점심, 저녁'과 같은 일상생활이나 미술작품 또는 전통문양 등의 예술에서 패턴을 관찰하고 패턴 규칙을 말로 표현해 본다.
- **패턴 따라 하기** : 주어진 패턴을 보고 모방하는 능력이다. 특히, 유아에게 패턴 과제를 말로 설명하는 것은 어렵기 때문에 처음에는 교사가 만드는 패턴을 그대로 따라해 보게 하는 것이 효과적일 수 있다.
- **패턴 이어가기** : 주어진 패턴을 보고 순서대로 연장하는 능력이다. 예를 들어 책, 연필, 지우개, 책, 연필이 있을 때, 다음에는 무엇이 와야 할지 예측해 보는 것이다.
- **패턴 끼워넣기** : 제시된 패턴이 중간쯤에서 일부분이 비워졌을 때 알맞게 끼워 넣는 능력이다. 예를 들어 책, 연필, 지우개, 책, ( ), 지우개가 있을 때, ( ) 안에 무엇이 와야 할지 예측해 보는 것이다.
- **패턴 전이하기** : 한 가지 유형으로 표현된 패턴을 다른 유형으로 바꾸

어서 표현하는 능력이다. 즉 AB패턴을 BA패턴으로 바꿀 수 있을 뿐만 아니라 구체적 표상을 영상적 표상으로 전이시킬 수 있다.

- **패턴 창조하기** : 스스로 규칙을 세워 패턴을 구성하는 능력이다.

영유아의 패턴 이해의 발달 수준별 특성을 보면 다음과 같다(차현화, 홍혜경, 2005).

- **수준 1 : 패턴 인식 전 단계**

  이 수준의 유아들은 규칙적 관계를 구체적, 영상적, 언어적으로 표상하지 못한다.

- **수준 2 : 패턴의 단순 인식 및 따라하기 단계**

  이 수준의 유아들은 규칙을 인식하고 그대로 따라 나열하는 행동을 보인다. 패턴 유형과 동일한 패턴만을 단순히 모방하여 배열할 수 있다.

- **수준 3 : 패턴의 구성 및 전이 출현 단계**

  이 수준의 유아들은 패턴을 여러 가지 방식으로 놓아 볼 수 있으며 다른 유형으로 바꾸어 표현할 수 있다. 영상적 표상으로 전이할 때 새로운 유형으로 패턴으로 표현할 수 있다.

- **수준 4 : 복합적 패턴 구성 및 전이단계**

  이 수준의 유아들은 자발적으로 패턴을 새롭게 구성하여 표상과제를 해결하며 구체물에서 영상적 표상으로 영상에서 상징적으로 패턴을 전이할 수 있을 뿐만 아니라 색, 크기 두 요인을 동시에 패턴으로 표현할 수 있다. 또한 구체적 표상에서 나타냈던 패턴과 다른 새로운 유형으로 영상적 표상을 할 수 있으며 이를 언어적 표상으로 나타낼 때에도 두 가지 속성을 동시에 언어적으로 표상할 수 있다.

전체적으로 패턴의 연령적 특성을 보면, 3세 유아는 50% 정도가 패턴의 관계를 인식하지 못하는 1수준이며 패턴에 대한 인식이 출현하는 수준 2에 있다. 패턴의 단순 인식 및 따라 하기의 수준 2는 4세 유아의 70%가 이 수준의 발달적 특성을 가지고 있다. 패턴의 구성 및 전이 출현단계인 수준 3에서는 5세 유아들이 높은 비율을 가지고 있다. 복합적 패턴 구성 및 전이 단계인 수준 4에서는 6세 유아들이

38%, 5세는 10% 정도 나타난다. 전체적으로 3~6세 유아들이 패턴이해를 함에 있어서 점진적인 발달 과정에 있다고 볼 수 있다(차현화, 홍혜경, 2005).

유아의 패턴 이해능력 발달을 보면, 3세 정도의 언어발달이 미숙한 유아들은 관찰과 모방 행동에 의해 패턴을 배우고 즐기게 된다. 이 시기의 유아는 자신이 패턴의 일부분이 되는 것을 좋아한다. 또한 유아들이 좋아하는 음악에 어울리는 패턴을 만들고 연결하는 것도 좋은 패턴활동이 된다. 심지어 패턴을 설명할 수 있기 전에, 유아들은 리듬과 노래로서 패턴을 탐색한다. 노래는 유아들이 노래속의 반복되는 리듬과 몽 움직임. 동물 소리의 반복을 통해 자연스럽게 패턴을 따라하고 이해하게 된다(NCTM, 1993).

4세 유아는 AB 또는 AABB유형 같은 단순한 패턴을 인식하고 그대로 따라할 수 있다. 수세기 전 단계에 있는 유아들도 지각적인 패턴을 토대로 적은 수효들을 분별할 수 있다. 유아들은 적은 수량의 집합체에서 수를 세지 않고 수효를 지각하게 된다. 이것은 유아들의 패턴이해는 수세기라는 구체적인 기술 습득 이전에 단순한 지각적 작용에 의해서도 형성 될 수 있음을 의미하는 것이다.

5세 유아는 패턴 인식 및 묘사하기 패턴 따라잡기 외에도 패턴 이어가기, 패턴 끼워 넣기, 패턴 전이하기 패턴 창조하기의 경험을 할 수 있어야 한다. 매일 1~2가지 활동을 소개하고 패턴활동에 익숙해지면 활동의 수를 늘려 한 가지 패턴활동을 8~9가지 방법으로 다양하게 변형시켜 보는 경험을 하게 하는 것이 좋다.

표 3-13 패턴 이해 검사 채점표와 패턴 검사의 예

유치원명		생년월일	
성별		이름	
검사	사전검사, 사후검사	총점	

번호	검사		질문	비고	
1	정	오	1 1 2 1 1 3 1 1 4 1 1 ( )	패턴 이어 가기	관계적 속성
2	정	오	○ ☆ ♡ ○ ☆ ♡ ○ ☆ ♡ ( )		기하학적 속성
3	정	오	◕ ◔ ◕ ◔ ◕ ◔ ◕ ◔ ◕ ( )		물리적 속성
4	정	오	1 5 5 1 4 4 1 ( ) 3 1 2 2	패턴 끼워 넣기	관계적 속성
5	정	오	△ ☆ ○ △ ☆ ○ ( ) ☆ ○		기하학적 속성
6	정	오	☜ ☞ ☜ ☞ ☜ ☞ ☜ ( ) ☞		물리적 속성
7	정	오	3 5 1 3 5 1 3 5 1 ⇒ 2, 4, 1숫자로 만들기	패턴 전이 하기	관계적 속성
8	정	오	△ ○ □ △ ○ □ △ ○ □ ⇒☆ ♡ ♤ ☆ ♡ ♤ ☆ ♡ ♤		기하학적 속성
9	정	오	◱ ◲ ◱ ◲ ◱ ◲ ◱ ◲ ◱ ⇒ ◵ ◶ ◵ ◶ ◵ ◶ ◵ ◶ ◵		물리적 속성
10	정	오	1 3 5 7 9 11 13	패턴 설명 하기	관계적 속성
11	정	오	♡ △ □ ♡ △ □ ♡ △ □		기하학적 속성
12	정	오	◰ ◳ ◲ ◱ ◰ ◳ ◲ ◱		물리적 속성
13	정	오	숫자로 패턴 만들기	패턴 만들 기	관계적 속성
14	정	오	도형으로 패턴 만들기		기하학적 속성
15	정	오	◰ 으로 패턴 만들기		물리적 속성

패턴 검사 도구

패턴 검사의 모습

출처 : 채현주(2006). 수학과 통합된 미술활동이 유아의 패턴 이해 능력에 미치는 영향. 덕성여자대학교 대학원 석사학위 논문.

| 규칙성활동의 예 ① |

꼬치 만들기(활동계획안)

생활주제 음식

수학개념 규칙성

활동목표
- 제시카드를 보며 꼬치를 순서대로 끼울 수 있다.
- 꼬치를 만들면서 1부터 6까지 셀 수 있다.

활동대상 4세

활동준비 꼬치막대, 꼬치그림자료, 낱말카드, 색모형, 꼬치에 꽂을 그림자료, 상자

활동과정 **① 도입**

- 수수께끼를 통해 주의집중을 한다.

T: 얘들아 선생님이 내는 문제를 같이 맞춰볼까요?
나는 음식이에요.
나는 맛있어요.
나는 긴 막대에 음식들이 꽂혀있어요.
내 몸에는 떡이 있기도 하고, 닭고기 있기도 하고, 여러 가지 재료들이 섞여있기도 해요.
나는 누구일까요?

C: 몰라요. / 닭꼬치요. / 떡꼬치요. / 꼬치요.

T: 나는 꼬치예요.
○○이가 수수께끼를 잘 맞춰주었어요. 오늘은 꼬치에 대해 이야기를 나누고, 꼬치를 만들어 볼 거예요.

② 전개

- 재료를 탐색한다.

T: 선생님 앞에 무엇이 놓여있지?

C: 긴 막대요. / 상자요. / 음식재료요

T: 맞아. 이것으로 무엇을 할 수 있을까?

C: 막대에 음식을 꽂아요. / 모르겠어요. / 칼싸움이요.

T: 그렇구나. 오늘을 꼬치를 만들어 볼 건데 먼저 꼬치의 재료를 살펴보자.

C: 네~

T: 재료의 색에는 무엇이 있니?

C: 빨간색이요. / 하얀색이요. / 갈색이요. / 노란색이요.

T: 이 빨간색은 어떤 음식일까?

C: 맛살이요. / 모르겠어요.

T: 그렇구나.
(낱말카드를 붙여주며) 이것은 맛살이라고 해.
그럼 하얀색은 어떤 음식일까?
버섯이요. / 모르겠어요.

T: 그렇구나.
(낱말카드를 붙여주며) 이것은 버섯이라고 해.
갈색은 어떤 음식일까?

C: 햄이요!!

T: 그렇구나.
(낱말카드를 붙여주며) 이것은 햄이라고 해.
노란색은 어떤 음식일까?

C: 단무지요. / 계란말이요.

T: 그렇구나.
(낱말카드를 붙여주며) 이것은 단무지라고 해.
초록색은 어떤 음식일까?

C: 파요. / 미역이요. / 모르겠어요.

T: 그렇구나.
(낱말카드를 붙여주며) 이것은 파야.

• 규칙성을 배운다.

이제 이것들을 긴 막대에 꽂아서 꼬치를 만들 건데 선생님이 만들어진 꼬치 사진을 보여줄게. 꼬치의 재료가 어떤 순서대로 꽂혀있는지 같이 살펴보자.

C: 파, 단무지, 햄, 파, 단무지.

T: 그렇지? 파, 단무지, 햄, 파, 단무지가 반복해서 나타나지. 이번에는 우리 친구들이 꼬치에 꽂혀있는 재료의 색을 순서대로 말해보자.

C: 초록색, 노란색, 갈색, 초록색, 노란색.

T: 그렇구나. 초록색, 노란색, 갈색, 초록색, 노란색 순으로 나타나지. 그 다음에는 어떤 재료를 꽂을 수 있을까?

C: 햄이요. / 모르겠어요.

T: 그렇구나. 햄을 꽂을 수 있겠지? 이렇게 초록, 노랑, 갈색이 반복되어 나타났지. 이렇게 반복되어 나타나는 것을 패턴이라고 해.

• 활동 전 약속을 정한다.

T: 선생님이 여러 가지 꼬치의 패턴 사진을 가지고 왔어. 우리가 오늘 패턴에 맞게 꼬치를 함께 만들어 볼 텐데 활동을 하기 전에 어떤 약속을 할 수 있을까?

C: 꼬치로 친구를 찌르지 않아요. 꼬치를 휘두르지 않아요. 재료를 던지지 않아요.

T: 맞아요. 친구가 다칠 수 있으니까 꼬치를 휘두르거나 찌르지 말고 재료를 막대에 꽂도록 해요. 모두 잘 지킬 수 있지요?

C: 네~.

• 제시된 패턴사진을 보며 활동을 한다.

T: (사진을 보여주며) 어떤 패턴이 나타나 있지?

C: 흰색 두 번, 노란색 두 번이 반복돼요.

T: 그렇구나. 그러면 패턴을 잘 기억하고 선생님이 보여준 사진의 꼬치를 만들어볼까?

(여러 개 해 본다.)

• 직접 패턴을 만들어 꼬치를 완성한다.

T: 이제는 친구들이 패턴을 직접 만들어서 꼬치를 완성해 볼 거야.

선생님이 색깔 모형을 나누어 줄 텐데 친구들이 생각하는 패턴을 만들어보자.

C: 네~.(만들기를 한다.)

T: ○○이는 어떤 패턴을 만들었니?

C: 빨강, 노랑, 초록의 패턴을 만들었어요.

T: 그렇구나. 이제는 색깔에 맞는 재료를 막대에 꽂아 꼬치를 완성해보자. 모두 활동을 잘 해주었어.

③ 마무리

• 활동을 마무리하며 활동에 대해 이야기를 나눈다.

T: 우리 오늘 어떤 활동을 했지?

C: 그림을 보고 꼬치를 만들었어요.

T: 그래. 우리 오늘 꼬치를 만들어 봤어. 가장 재미있었던 점은 무엇이니?

C: 막대에 재료들을 꽂는 것이 제일 재미있었어요.

T: 재료를 막대에 꽂아서 꼬치를 만들게 제일 재미있었구나. 그럼 제일 어려웠던 점은 무엇이니?

C: 순서대로 꽂기요. / 규칙 찾기가 어려웠어요.

T: 그랬구나. 그러면 이제는 규칙을 찾아서 꼬치를 만들 수 있겠니?

C: 네! 이제 제가 만들 수도 있어요.

T: 오늘 활동한 교구는 수 조작영역에 둘 테니 자유선택놀이 시간에 더 다양한 패턴을 만들어 꼬치를 꽂아보는 활동을 해보자.

유의사항 • 꼬치로 다치지 않도록 뾰족하게 깎지 않는다.

확장활동 • 미술 영역에서 패턴을 만들어 꼬치 그림을 그려본다.
• 친구가 만든 패턴을 가지고 꼬치를 완성하는 게임을 한다.

개정 누리과정 관련요소

자연탐구 〉 생활속에서 탐구하기 〉 물체를 세어 수량을 알아본다.
예술경험 〉 창의적으로 표현하기 〉 다양한 미술재료와 도구로 자신의 생각과 느낌을 표현한다.
의사소통 〉 듣기와 말하기 〉 자신의 경험, 느낌, 생각을 말한다.

꼬치 만들기(교재교구제작서)

생활주제 음식

수학개념 수 규칙성

활동목표
- 제시카드를 보며 꼬치를 순서대로 끼울 수 있다.
- 꼬치를 만들면서 1부터 10까지 셀 수 있다.

활동대상 5세

활동준비
- 꼬치 만들기 재료: 하드보드지, 시트지, 나무젓가락, 마스킹테이프, 백업, 재료사진자료, 완성된 꼬치사진자료, 색깔 도형
- 상자 만들기 재료: 상자, 우드락, 마스킹테이프, 시트지, 재료 낱말카드

제작방법
- **꼬치 만들기**
  - 나무젓가락 밑에 백업을 끼우고 백업 밑 부분은 마스킹테이프로 감싼다.
  - 재료사진자료, 낱말카드, 꼬치사진 등을 오려 코팅한다.
  - 하드보드지를 1.5cm×7cm로 자르고 반은 펀치로 가운데를 뚫는다.
  - 자른 하드보드지 중 뚫은 것 2개와 뚫지 않은 것 2개를 마스킹테이프로 연결한다.
  - 연결한 것을 시트지로 감싼다.
  - 5에서 만든 것의 앞, 뒤로 재료사진자료를 붙인다.

- **상자 만들기**
  - 상자를 시트지로 감싼다.

－우드락을 이용해 칸을 나눈다.

활동방법
- 주어진 사진을 보고 꼬치를 끼워보는 활동을 한다.
- 직접 패턴을 만들어 꼬치를 끼워보는 활동을 한다.

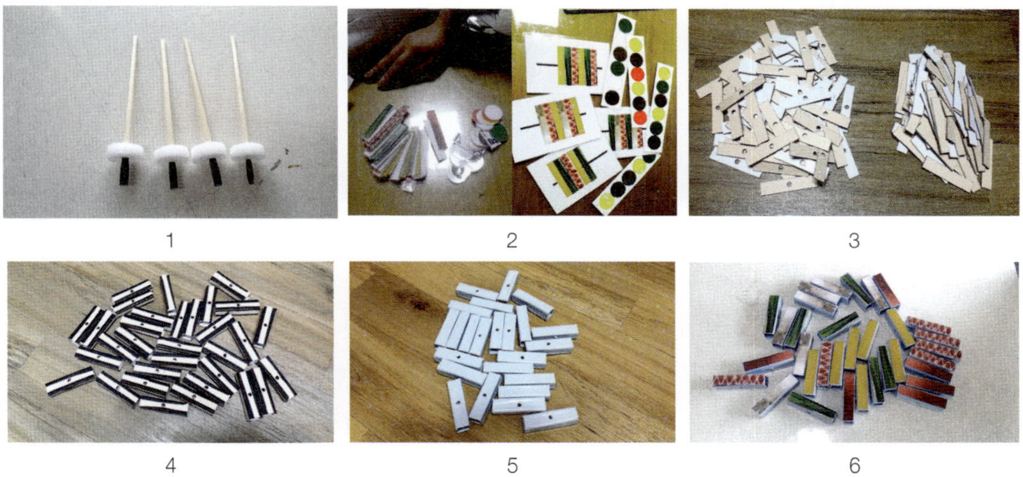

그림 3-23 꼬치 만들기

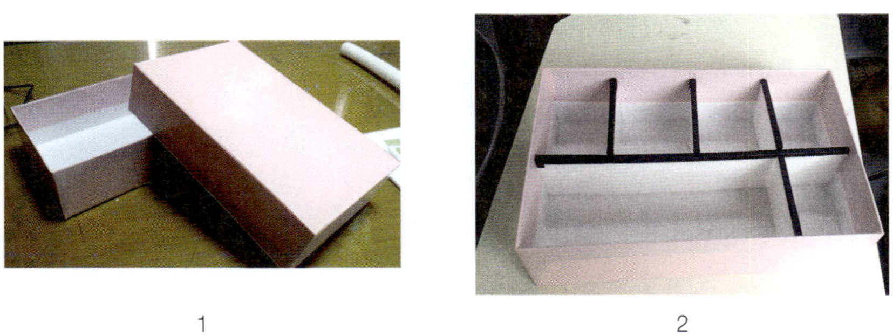

그림 3-24 상자 만들기

5) 자료 분석

자료 분석은 수집된 자료를 분류, 정리, 요약하여 자료가 내포하고 있는 특성을 이해하는 단계이다.

자료 정리 및 분석은 유아기에 다루어져야 할 통계와 확률에 대한 내용으로 정보와 지식을 논리적이고 체계적으로 재구성하고 이를 효과적으로 나타낼 수 있도록 돕는 기초로서 자료 모으기, 자료 분류하기, 자료 나타내기(그래프)를 살펴 볼 수 있다.

(1) 분류하기

분류(classification)는 물체가 여러 속성을 가질 수 있음을 이해하여야 하며 물체간의 공통성에 기초하여 관계성을 찾는 것이다(홍혜경, 2009). 따라서 분류는 사물을 어떤 기준이나 속성에 따라 일정한 범주나 영역으로 서로 구분하고 유목화하는 지적 과정이다(Ault, 1982, 1989). 분류하기 능력은 속성의 공통성이나 관계성을 기초로 자료를 처리하는 능력으로 정보사회에서 활용적 가치가 큰 능력이라 할 수 있다(이경우 외, 1997). 분류능력은 유아가 새로운 사물을 접할 때마다 새롭게 적응하기 위해 겪게 되는 혼란을 제거해 준다(Elkind, 1961). 즉 분류개념의 획득이 유아로 하여금 새롭게 접하게 되는 환경을 경제적, 효율적으로 다룰 수 있는 구조적인 틀로 작용되기 때문이다(Elkind & Flavell, 1969).

유아들의 분류 능력은 유아들이 사물들을 짝짓는 능력과 함께 시작되어, 일상생활의 반복적인 놀이패턴에서 구분 짓기 작업을 통하여 차츰 발전하게 된다(김숙자, 김현정, 2005). 즉 유아들은 자신들의 환경을 탐색하면서 사물을 인식하는 방법과 대상에 따라 다르게 반응하는 것을 학습하고 유아 자신만이 알 수 있는 특정의 논리를 사용하여 다양한 대상들을 도식적 집합으로 구분함으로써 분류하기를 시작하는 것이다(Micklo, 1995).

분류 능력의 발달을 연령별로 살펴보면, 영아들은 행동과 그 물체를 탐색하기 위해 만지고 흔들고 빨고 하는 탐색적 행동을 통해 물체의 특성에 대한 이해와 함께 같은 또는 유사한 속성을 가진 물체가 있음을 알게 된다(홍혜경, 2005). 4세경의 유아는 처음에는 색상으로 분류하고 그 다음에는 형태에 의해 분류하는 것처럼 자의적으로 분류하기 시작한다. 5, 6세경의 유아들은 형태 또는 색상에 의해 분류하거나 또는 형태와 색상 두 가지 준거에 의해서도 분류할 수 있다. 그러나 크기에 의해 분류하는 것은 다소 어려울 수 있다(Copeland, 1984). 왜냐하면 사물을 분류하는 능력은 관계성에 기반하기 때문이다. 유아들이 사물들을 집합으로 분류하려면 사물들 간의 공통된 특성을 알고 있어야 하고 사물들이 특정 집합에 속하는가 속하지 않는가에 따라 그룹 지어지도록 하는, 관련성을 결정짓는 작업인 분류활동은 분명히 이후 모든 활동의 기초가 된다(Richardson et al., 1980). 또한 유아들은 크기나 색상과 같은 명백한 외형적 특징에 의해 사물들을 분류해 본 후에, 다양한 방법으로 사물들을 분류하는데 점차적으로 숫자가 사용되어질 수 있음을 인식하는 것을 도움 받을 수 있게 될 것이다(Baroody & Benson, 2001).

모든 유아들은 일정치는 않으나 여러 번의 시행착오를 통해 한 단계에서 다음 단계로 발달하듯이 분류개념의 획득도 단순분류에서 복합분류 더 나아가서 분류포함의 순으로 발달한다(Copeland, 1979).

- **단순분류**(simple classification) : 크기, 모양, 색과 같이 한 가지 속성에 따라 사물을 분류하는 것을 의미한다. 2, 3세경의 영유아는 사물의 유사성이나 차이점과는 관계없이 사물을 무분별로 분류하게 된다. 이때는 자기중심적 사고가 지배적이기 때문이다. 3~5세 유아는 색이 모양보다 우선하고, 실물에서는 색보다는 모양에 반응한다. 선택 준거는 모양→색→모양의 순으로 바뀐다. 크기는 조작적 단서를 덜 제공함으로써 분류의 준거로 잘 사용되지 않는다.
- **복합분류**(multiple classification) : 복합분류는 한 번에 두 가지 이상의 속성을 고려하여 사물을 유목별로 나누는 것을 의미한다(Brained, 1978). 이를 위해서는 한 물체가 여러 속성을 가질 수 있음을 이해하고 있어

야 한다. 복합 분류의 이해를 돕기 위해서는 한 물체를 다른 방법으로 사용하기, 또 다른 준거로 재분류해보기, 두 속성을 묘사하는 것을 듣거나(예: 파랗고 작은 구슬), 두 속성에 의한 정돈(예: 빨갛고 길이가 짧은 화살끼리 모으기)을 해보는 기회가 필요하다. 또한 복합분류의 개념은 한 물체를 한 가지 준거로 분류해 보고, 또 다른 준거로 재분류해보는 활동 기회를 통해서 이해될 수 있다(권영례, 2003).

- **분류포함**(class inclusion) : 사물을 유목에 따라 분류할 수 있고 그 유목들은 더 큰 유목에 포함된다는 것을 이해하는 것이다. 사물의 특성에 따른 유목에 대해 부분과 전체를 동시에 비교할 수 있는 능력이며, 구체적 조작기 초기인 8~12세에 걸쳐 나타난다. 그러므로 분류능력은 취학 전 아동의 인지 발달의 기초로서 개념 획득에 영향을 미치며 보존개념이나 사물간의 논리적인 관계 이해와 새로운 자극과 접하는 활동 등 다른 지적인 활동에 적합하다고 간주하여 인지적 구조에 영향을 미친다(오순복, 1985).

그림 3-25 분류 측정 도구의 예

출처 : 조승희(2003). Montessori 감각교육이 유아의 분류 능력에 미치는 영향. 대구카톨릭대학교 대학원 석사학위논문.

(2) 그래프활동

그래프는 유아가 흥미를 갖는 여러 가지의 수집된 자료의 분류를 기초로 체계적이고 조직적인 결과를 나타내는 표나 그래프활동을 하게 된다. 그래프활동은 다양한 정보를 조직하고 기록하는 하나의 방법으로 사용되며, 문제해결의 도구로 사용된다. 자료의 정리단계에 해당하는 여러 가지 그래프 활동은 자료의 수집 및 분류 단계에서 조직한 자료를 그래프에 표상하는 단계로 비교하기, 세어보기, 더하기와 빼기의 기술은 물론, 어떤 흐름 내지는 경향을 발견하도록 하고 자료를 조직하는 기능이 필요하다.

만 5세 유아의 경우 수집 결과를 그래프로 나타낼 수 있고, 수량적인 관계에 대해서 결과를 설명할 수 있게 된다. 5세 유아는 수집한 자료의 결과를 다른 사람들도 알아보기 쉽게 그래프로 나타낼 수 있고, 그래프가 보여주는 결과를 설명할 수 있다. 유아는 그래프를 보고 알 수 있는 사실들을 이야기하고, '가장 많은', '가장 적은', '~보다 많은', '~보다 적은' 등의 수량적 관계를 말로 설명할 수 있다. 그래프의 작성과 해석 과정을 통해 유아는 처음에 탐구하고자 했던 문제가 '기초적인 자료 수집과 결과 나타내기'를 통해 어떻게 해결되었는지를 확인할 수 있다(교육과학기술부, 보건복지부, 2013)

교사는 다음과 같이 유아들이 그래프로 나타낸 자료를 분석하고 해석하도록 도와줄 수 있다.

– "이 그래프(그림)에서 무엇을 알 수 있을까?"
– "이 그래프를 보고 생각한 것을 말해 보자."

그래프를 그리고 이해하는 데에는 실물 그래프, 그림그래프, 상징 그래프, 막대그래프, 높은 수준의 그래프(다이어그램, 꺾은 선 그래프) 등의 5단계의 발달을 거친다. 유아기에는 위의 5단계 중에서 3단계까지 혹은 교사의 도움을 얻어 4단계 그래프활동을 진행하기 적절하다(Charlesworth & Lind, 2007).

❶ 실물그래프(real object graph)

실물 그래프는 실내・외에 그래프 판을 그려 놓고 직접 해당 사물을 놓아서 만드는 그래프이다. 영유아 자신이나 소지품 또는 각종 물건을 범주에 따라 분류하여 그래프를 완성할 수 있어 흥미롭게 활동할 수 있다. 예를 들어 옷의 색에 따라, 과일이 좋은 사람과 고기가 좋은 사람, 과자 종류에 따라 좋아하는 사람 등 다양한 기준을 세워 그래프를 완성할 수 있다.

❷ 그림그래프(picture graph)

그림그래프는 유아의 시선을 쉽게 끌 수 있고, 크기나 모양, 색깔을 달리하여 나타낼 수 있어서 의미 파악이 쉽다. 그림그래프는 실물대신 실제적 그림이나 사진을 이용하여 그림이나 사진의 크기와 개수로 수 값의 크기를 나타내는 그래프이다. 예를 들어 교통기관의 그림을 색칠하여 좋아하는 교통기관에 붙일 수도 있다. 여러 가지 그림을 사용한 그래프는 아름답고 보기 쉽지만, 상세한 수 값을 알기 위해서는 다른 그래프 보다 못하다.

그림그래프를 바르게 해석하기 위해서는 각 대상이 얼마만큼의 양을 표현하는지 파악해야 한다(Reys et al., 1998).

❸ 상징그래프(symbolic graph)

실물과는 거리가 있는 기호나 별도의 표시로 그래프판에 표시하는 것이다. 예를 들어 토끼를 좋아하는지 아닌지를 O, X로 표시하거나 여러 동물 중에 좋아하는 동물을 기호 표시하는 것 등을 들 수 있다.

❹ 막대그래프(bar graph)

막대그래프는 직사각형의 높이를 통하여 양적인 정보를 보여주는 그래프이다. 각 막대그래프에서 막대의 폭은 데이터 값과 상관없으며 높이가 높을수록 데이터 값이 크다. 따라서 막대그래프를 그릴 때는 모든 혼란을 피하기 위해 막대들의 폭을 같게 그려야만 하고 막대의 수는 8개나 그보다 적은 것이 적합하다(권기욱, 2001).

막대그래프는 보통 세로 축에 양적인 눈금이 오고, 가로 축에는 항목이나 연속적인 눈금이 오기 때문에(이성균, 이봉우, 2008), 자료의 범주를 시각적으로 빠르게 비교하는 데 효과적이다(황현미, 2007).

❺ 높은 수준의 그래프

다이어그램은 자료를 상징화하여 2차원적 기하학 모델을 시각화하여 한눈에 비교하여 볼 수 있는 양적 표현에 적합하며, 꺾은선 그래프는 x축과 y축이 만나는 지점에 표시한 점을 서로 연결하여 나타내는 것으로 기온이나 강우량, 출생률 등의 변화를 한눈에 비교하여 보기 좋은 것이다.

| 자료분석활동의 예 ① |

어디서 파는 걸까요?(활동계획안)

생활주제 음식

수학개념 자료분석－분류

활동목표
- 가게의 종류를 알 수 있다.
- 파는 곳에 따라 물건을 분류할 수 있다.

활동대상 3세

활동준비 우드락, 그림 · 가게 이름이 프린트된 종이, 융지 색지, 코팅지, 시트지, 벨크로 가위, 풀, 칼, 펀치, 고리링

활동과정 ① 도입

- '시장잔치' 노래에 맞추어 손유희를 한다.

T: 친구들 지난 시간에 무슨 노래를 배웠지요?

C: 시장잔치요.

T: 그래요 선생님이 간단한 율동도 준비했어요. 우리 친구들 잘 따라할 수 있겠지요?

C: 네~

<수박 수박이 나~왔어요. 커다란 수박이 뚱뚱해요. 참외참외가 나왔어요. 샛노란 참외가 꿀맛이예요. 내일은 못사요. 빨리빨리 사가세요. 내일은 못사요. 다떨어집니다.>

T: 우리 친구들 동작도 크게 잘 따라해주었어요.

• 물건을 사러 간 경험을 이야기 한다.

T: 물건을 사러 가본 적이 있나요?

C: 네.

T: 다들 사러 가본 경험이 있군요. 친구들 어떤 물건을 사러 갔었나요?

C: 장난감이요. 과자요. 텔레비전이요. 옷이요.

T: 인기는 장난감을 사러 갔었고 수현이는 과자를 혜주는 텔레비전을 수연이는 옷을 사러 가본 적이 있군요.

• 물건을 파는 곳에 대해 이야기를 나눈다.

T: 이 물건들을 사러 어디로 갔었나요?

C: 마트요. 가게요. 백화점이요. 시장이요.

T: 잘 말해줬어요. 그 중에 선생님이랑 오늘은 가게에 대해 알아볼 거예요. 가게에는 어떤 종류의 가게들이 있을까요?

C: 옷가게요. 생선가게요. 야채가게요. 과일가게요.

T: 그래요. 잘 말해줬어요. 친구들이 말해준 것처럼 가게에는 이렇게 다양한 가게가 있지요. 그 중에 선생님이 오늘 몇 가지 가게를 뽑아왔어요. 여기 앞에 뭐가 있나요?

C: 그림카드요. 낱말카드요.

T: 그래요. 맞아요. 가게 낱말, 물건 낱말, 물건 그림카드를 준비해 왔어요.
(그림카드를 하나씩 보여주며)
이건 어떤 가게에서 파는 걸까요?(반복)

C: 생선가게요. /옷가게요. / 야채가게요. / 가전제품가게요.

T: 그렇지요. 선생님이 이렇게 4가지 가게 낱말카드도 준비했어요. 선생님이 왜 준비했을까요?

C: 맞추려고요? 게임하려고요?

T: 맞았어요. 선생님이랑 이번 시간에는 어디서 파는 걸까요. 게임을 할 거에요.

② 전개

T: 선생님이 게임방법을 알려 줄게요.

게임방법

1. 팀을 두 팀으로 나눈다.
2. 호루라기를 불면 한 친구는 뒤집혀 있는 물건 낱말카드를 뒤집고 다른 한 친구는 게임판 앞으로 뛰어간다.
3. 낱말카드를 뒤집은 친구는 달려간 친구에게 그 낱말을 읽어준다.
4. 들은 친구는 그 낱말을 그림으로 찾아 알맞은 가게를 분류하여 붙인다.
5. 다 붙이면 다시 달려와서 바톤터치하고 다른 친구가 달려가서 친구에게 불러줬던 낱말을 그림카드 아래에 붙이고 다른 친구가 다른 낱말을 읽어줄 때까지 기다렸다가 붙이고 온다.
6. 다 붙여 채우고 돌아온다.

게임 규칙

T: 친구들 우리가 활동을 하기 전에 지켜야 할 규칙에는 어떤 것들이 있을까요?

C: 뛸 때 친구들이랑 부딪히지 않게 해요. 바톤터치를 잘 해줘요.

T: 그래요. 부딪히면 다치니까 뛸 때 조심해야 되고 친구에게 바톤터치도 잘 해줘야 하지요?

게임 진행

T: 먼저 팀을 정해볼게요. 어떻게 정할 수 있을까요?

C: 엎어라 뒤집어요~

T: 그래요. 그럼 해보자. 엎~어라 뒤~집어.
와~ 인기랑 혜주가 한 팀이 되었고 수연이랑 수현이가 한 팀이 되었네요.
인기랑 혜주가 토끼팀 수연이랑 수현이가 사자팀이에요.
먼저 뛰어가서 게임판에 그림카드를 붙일 친구를 정해봐요.
가위바위보해서 이긴 친구가 먼저 뛰어가기로 할까요?

C: 네~ (가위바위보)

T: 토끼팀은 인기가 이겼고, 사자팀은 수현이가 이겼네요. 자 준비

됐나요? 우리 보고 있는 친구들은 토끼팀 이겨라, 사자팀 이겨라. 이렇게 같이 응원해줄까요~
호루라기 불면 시작하는 거예요. (삐~)

T: 인기랑 수현이 뛰어가요. 혜주랑 수연이는 낱말을 크게 불러줘요.

C: 원피스! / 고등어!

T: 와~ 가게에 맞게 잘 붙여주었어요. 이제 다시 와서 바톤터치하고 바꿀까요.

T: 우와~ 우리 친구들, 토끼팀 사자팀 둘 다 가게판을 모두 채워줬네요~ 정말 잘 했어요.
이제 자리에 앉아볼까요?
(게임판을 가져오며)
가게에 물건들이 모두 채워졌는데 우리 친구들이 맞게 붙였는지 같이 확인해볼까요?
(손가락을 짚으며)
옷가게에는 치마, 바지, 원피스, 셔츠
생선가게에는 고등어, 오징어, 꽃게, 새우
전자제품가게에는 텔레비전, 에어컨, 휴대폰, 냉장고
야채가게에는 당근, 오이, 가지, 호박
우와~ 우리 친구들 정말 잘 나누어 줬어요.

③ 마무리

T: 우리 친구들 오늘 어떤 활동을 했지요?

C: 가게 알아보기요. 물건 붙이기 게임이요.

T: 그렇지요. 우리 친구들 가게의 종류도 알아보고 어디서 파는 걸까요 게임도 했지요? 가장 재미있었던 것은 뭐예요?

C: 뛰어가서 물건붙이기요. 낱말카드 뒤집기요.

T: 혜주는 뛰어가서 물건 붙이는 것이 재미있었고 수연이는 낱말카드 뒤집는 게 가장 재미있었군요. 가장 어려웠던 점은 뭐예요?

C: 뛰는 게 힘들었어요. 친구가 작게 말해서 잘 안 들렸어요.

T: 인기는 뛰는 게 힘들었고 수현이는 친구가 작게 말해서 잘 안 들렸군요. 우리 친구들 선생님 말에 귀 기울여주고 게임활동도 잘 해줘서 선생님 기분이 너무 좋아요~

다음 시간은 점심시간이니 차례차례 손을 씻으러가요.

유의사항
- 자료를 제공하여 유아가 충분히 분석하고, 분류해 보도록 한다.
- 게임방법을 이해하지 못한 친구가 있을 경우 시범을 보인다.

확장활동
- 역할영역에서 사고파는 가게놀이를 한다.

개정 누리과정 관련요소

사회관계 〉 사회에 관심 가지기 〉 내가 살고 있는 곳에 대해 궁금한 것을 알아본다.
자연탐구 〉 생활속에서 탐구하기 〉 일상에서 모은 자료를 기준에 따라 분류한다.
의사소통 〉 읽기와 쓰기에 관심가지기 〉 말과 글의 관계에 관심을 가진다.

어디서 파는 걸까요?(교재교구제작서)

생활주제 음식

수학개념 분류

활동목표
- 가게의 종류를 알 수 있다.
- 파는 곳에 따라 물건을 분류할 수 있다.

활동대상 3세

활동준비 우드락, 그림·가게 이름이 프린트된 종이, 융지 색지, 코팅지, 시트지, 벨크로가위, 풀, 칼, 펀치, 고리링

제작방법
- **낱말카드, 그림카드**
  - 가로 9cm×세로 13cm 크기의 우드락을 24개 준비한다.
  - 각 가게에 해당하는 그림을 가로 8cm×세로 8cm 크기로 프린트한다.
  - 2의 그림들을 1의 양 옆과 위에 5mm 간격을 두고 붙인다.
  - 각 그림에 해당하는 단어(글자)를 가로 8cm×세로 3cm 크기로 프린트, 코팅한다.
  - 4의 단어를 3의 그림 아래 붙인다(탈부착이 가능하도록 벨크로 부착).

- **가게판**
  - 우드락을 가로 25cm×세로 60cm 크기로 자른 후에 위부터 15cm는 삼각형 모양으로 자른다. 그리고 이것을 같은 형식으로 4개 만든다.
  - 융지를 가로 23cm×세로 42cm로 자른 후에 1 위에 붙인다.

–가게 이름을 프린트하여 색지 위쪽에 붙인다.
–1 옆에 구멍을 뚫어 고리를 걸 수 있도록 한다.
–전체를 시트지로 감싼다.

활동방법
- 상점을 종류끼리 분류해 본다.
- 가게 물건을 분류해 본다.

그림 3–26 낱말카드와 가게판

Chapter 4

영유아 수학교육의 방법

1. 영유아 수학교육의 계획과 운영

1) 영유아 수학교육활동의 방향

최근 영유아 수학교육의 목적을 살펴보면 구성주의와 문화심리학적 관점의 영향에 따라 일상생활에서의 문제해결 능력을 추구한다. 즉, 다양한 문제 상황에서 스스로 창의적인 문제 해결 방법을 발견하고 추론하며 새로운 개념과 지식을 획득할 수 있는 능력을 키워 주는 방향으로 수학교육이 전개되어야 한다. 전미유아교육협회(NAEYC: National Association for Education of Young Children)와 미국수학교사협회(NCTM: National Council of Teachers of Mathematics)도 이러한 관점에서 유아기부터의 체계적인 수학교육을 위한 유아 수학교육지침서에서 유아 수학교육과정의 원리를 다음과 같이 제시하였다.

(1) 수학교육의 내용

영유아를 위한 수학교육은 단순한 수세기나 도형 변별 이상의 것으로 영유아의 생활과 관련성이 있으면서 풍부하고 다양한 내용이어야 한다. 영유아를 위한 수학은 수와 연산, 패턴, 함수, 대수학, 기하학과 공간감각, 측정, 자료 분석과 확률 등을 포함한다.

(2) 수학교육의 과정

수학교육 과정에는 영유아들이 문제 해결하기, 추론하기, 의사소통하기, 표상하기, 연결하기의 수학적 과정기술이 포함되어야 한다.

(3) 수학교육을 위한 환경과 자료

효과적인 수학교육 과정은 영유아들이 수학개념을 탐구하도록 다양한 자료들이 갖춰진 풍부한 환경을 말한다. 영유아들에게 유용한 수학 자료는 구체적인 조작물(다양한 종류의 블록, 수세기자료, 플라스틱 모형 인형, 다양한 그릇, 측정도구, 지혜놀이판 등)과 상징적 자료 (주사위, 도미노, 수직성그래프, 컴퓨터 프로그램, 시각적 모델들 등) 그리고 추상적인 표상들(플라스틱, 100차트, 상점의 물품가격표, 건축설계도, 계산기, 컴퓨터, 전화번호부 등)이 있다. 이 외에도 일상생활에서 발견할 수 있는 모든 사물 그리고 미술, 과학, 언어, 예술, 음악, 물놀이, 모래놀이, 상자 등과 같은 매일의 활동은 수학적으로 도움이 될 수 있어야 한다.

(4) 영유아 중심의 선택

교사들이 수학교육 과정에 대한 결정을 내릴 때는 영유아들이 지닌 수학적 지식과 이해, 능력, 관심을 고려해야 한다. 유아가 지닌 개인적인 성향과 태도뿐 아니라 영유아가 학습하는 방법, 영유아가 알고 있는 것과 흥미를 느끼는 것을 고려해야 한다.

즉, 영유아 수학교육 과정은 영유아의 일상생활 경험과 관련 있는 것으로써 수와 연산, 패턴, 함수, 대수학, 기하학과 공간감각, 측정, 자료 분석과 확률 등을 포함하고 있다. 효과적인 수학교육의 실천을 위하여 영유아들이 수학개념을 탐구하도록 다양한 자료들이 갖춰진 풍부한 환경이 마련되어야 한다.

그동안 제기된 영유아 수학교육활동의 방향을 정리하면 다음과 같다.

첫째, 일상생활 경험에서 터득한 비형식적인 지식이 의미 있는 방법을 통하여 형식적 수학으로 연결되도록 도와야 한다. 영유아는 일상생활에서 발생하는 문제를 해결하기 위해서 자신의 사고 수준에서 다양한 수학적 탐구를 하게 되고 이러한 영유아들의 경험이 이후 수학적 능력의 토대가 된다(이영자, 이정욱, 1997).

둘째, 영유아가 흥미를 갖는 경험을 통하여 수학에 대한 긍정적인 태도 및 자발적인 탐구활동이 일어나도록 하는 것이 필요하다. 수학을 배우는 것이 문제를 해결하는 데 가치 있고 유용하다는 것을 이해하고 즐겁다는 생각을 심어주기 위해서는 영유아기의 경험이 중요하다(서동미, 2007). 만약 영유아의 경험과 분리된 수학 지식을 연습을 시킨다거나 교사 중심의 방법으로 전달한다면 영유아들은 수학에 대해 부정적인 생각을 갖게 될 것이다. 영유아들의 수준에서 현재 관심을 보이는 놀이로부터 수학적 탐구가 일어날 때 영유아들은 수학경험에 적극적으로 참여하고 자신감을 가질 것이다(황의명 외, 2014).

셋째, 문제 해결, 관련짓기, 추론, 표상하기 및 의사소통하기 등 수학적 과정이 강조되는 수학교육으로 이루어져야 한다. 문제해결, 추론, 의사소통, 표상과 같은 수학적 과정기술의 습득은 수학내용지식의 학습을 돕는다(홍혜경, 2010a). 영유아는 수학교육의 내용을 탐구하는 과정에서 문제 해결 방법을 발견하고 주어진 단서를 기초로 결과를 추론하고 하나의 개념이나 경험을 또 다른 경험들과 연계하고 자신의 수학적 아이디어를 그림이나 기호로 표상하면서 이를 다른 사람과 공유한다(이경민 외, 2009). 이와 같은 수학적 과정이 영유아들의 창의적, 합리적, 논리적 사고를 발달시킨다는 측면에서 볼 때 수학교육의 내용만큼 수학적 과정기술도 강조되어야 한다.

넷째, 수학교육내용으로 수와 연산, 측정, 공간과 기하, 자료 조직과 분석 등 다양한 개념이 다루어져야 한다. 이전의 유아 수학교육의 내용이 분류하기, 순서 짓기, 수세기와 연산하기 중심이었다면, 최근의 수학교육은 영유아의 생활과 관련이 있으며 풍부하고 다양한 내용으로 구성된 수와 연산, 측정, 공간과 기하, 패턴, 자료 조직과 분석 개념이 상호 연관되어 다루어지는 것을 강조한다. 또한 위에서 제시한 수학 개념들 간의 관계와 계열성을 고려하여 깊이 있게 다뤄져야 한다(조형숙 외, 2010).

다섯째, 수학교육은 정해진 시간대, 정해진 영역에서 이루어지는 것이 아니라 모든 시간, 각 영역에서 경험하는 것이 필요하다. 교사는 수학교육을 위해 특정한 시간을 계획할 수도 있으나 영유아들이 간식을 먹거나 정리정돈을 할 때 같이 하루 일과의 모든 상황에서 자연스럽게 수학적 경험이 일어나도록 도울 수 있다(이지현, 1999). 또한 수학과 언어, 문학, 과학, 음악 등 관련된 영유아의 경험과 엮어지는 것이 중요하며 이러한 통합적 교육과정은 통합된 학습 경험 안에서 다른 과목에 대한 영유아의 능력을 증진시킬 방법을 찾을 수 있다(홍혜경, 2010a).

여섯째, 영유아의 수학적 지식, 과정, 기술, 태도를 다양한 방법으로 평가하여 영유아의 학습을 지원해야 한다. 수학적 개념, 기술, 태도 측면에서 영유아의 발달 수준을 평가하고 수학교육 프로그램의 적절성을 평가하여 영유아의 발달에 적절한 학습 경험의 틀을 제공함으로써 영유아의 수학 학습을 극대화할 수 있다. 유아 수학교육은 놀이에 의존한 우연적 학습보다는 놀이 상황 속에서 교수할 순간(teachable moment)을 포착하여 개입하는 것이 필요하며 이 때 교사의 의도적 교수(intentional teaching)가 병행되어야 한다(Epstein, 2007). 영유아 평가라고 하면 형식적인 테스트에 의존하거나 가시적인 능력만을 생각할 수도 있으나, 영유아의 진정한 변화는 형식적인 평가 자료 외에도 영유아의 삶이 일어나는 그 곳에서 영유아의 행동과 말을 주의 깊게 듣고 지속적으로 관찰하여 기록한 정보와 영유아가 활동한 결과물 등의 종합적인 자료를 통해 평가하여야 한다(황의명 외, 2014).

표 4-1 취학 전-유치원-초등학교 2학년(Pre-K-2) · 수학적 과정과 질문유형 예시

영역	수학적 과정 기준	교사의 수학적 질문유형
문제 해결하기	• 문제 해결하기를 통해 새로운 수학적 지식 구성하기 • 수학적 상황이나 다른 상황에서 일어나는 문제 해결하기 • 다양한 전략을 적절하게 적용하여 문제를 해결하고, 이를 새로운 상황에 적용하기 • 수학적 문제 해결하기 과정을 되돌아보고 반성하기	집단 게임을 하기 위해 두 팀으로 나누어야 할 때, 유아들에게 문제 해결의 기회를 줄 수 있다. 예 : '어떻게 나눌 수 있을까?', '또 다른 방법은 없을까?', '두 방법 중 어느 방법이 좋을까?', '두 팀의 수가 같은지 어떻게 알 수 있을까?'
추론하기	• 추론하기가 수학의 기본적 요소임을 인식하기 • 수학적 추론을 하고 탐구하기 • 수학적 논의와 증명 능력을 개발하고 평가하기 • 다양한 형태의 추리와 증명의 방법을 선택하고 활용하기	유아가 예측하거나 분류하거나 또는 패턴에 대해 인식하는 반응을 보일 때, 유아의 추론을 언어화하고, 증명하고자 하는 것을 도울 수 있다. 예 : '왜 그렇게 생각하니?', '다른 것은 없을까?', '네가 맞는지 다시 한 번 확인해 볼까?'
의사소통하기	• 의사소통을 통해 자신의 수학적 사고를 조직하고 확고히 하기 • 자신의 수학적 사고를 또래, 교사 등에게 분명하고 명확하게 의사소통하기 • 다른 사람의 수학적 사고와 전략을 분석하고 평가하기	유아의 사전 경험이나 지식을 양적화하고, 재 서술하고, 일반화해 보거나, 확장해 보는 수학화 과정을 포함하는 상호작용을 한다. 예 : '얼마나 많으니?', '어떻게 다르니?', '다시 해도 그렇게 나올까?', '다른 방법은 없을까?', '네가 한 방법을 말해 줄래?', '숫자로

	• 수학적 개념을 표현하기 위해 수학적 용어를 사용하기	나타낼 수 있니?'
연계하기	• 수학적 사고 간의 연계성을 깨닫고 사용하기 • 수학적 개념을 어떻게 연결시키는지를 이해하고 하나의 결합된 전체를 만들기 위해 서로 연결하여 의지하게 하기 • 수학 이외의 상황에서 수학을 인지하고 적응하기	수학적 사고나 지식을 연계하기 위한 교사의 개입이 필요하다. 예 : '이전에 해 본 적이 있니?', '바깥놀이나 집에서는 이것을 어떻게 하니?', '이 동시에서 패턴을 찾을 수 있니?'
표상하기	• 수학적 개념을 조직하고, 기록하고, 의사소통하기 위해 표상을 만들고 사용하기 • 문제를 해결하기 위해 수학적 표상을 선택하고, 변형시키기 • 표상을 사용하여 모델을 만들고, 물리적 · 사회적 · 수학적 현상을 설명하기	교사의 다양한 표상을 격려하는 질문, 언급, 제한 등이 필요하다. 예 : 유아들의 작품을 '그림으로 그려 보여 줄 수 있니?', '숫자로 나타낼 수 잇니?', '무엇을 나타내려고 했는지 말해 줄래?', '손으로 잰 것과 블록으로 잰 것을 어떻게 적어야 할까?', '친구가 무엇을 나타내려고 했는지 생각해 볼래?

출처 : NCTM(2000). *Principles and standards foe school mathematics*. 홍혜경(2010). 영아를 위한 수학교육. 재편집.

2) 영유아 수학교육에서의 교사 역할

수학교육이 영유아기에 이루어져야 하는 중요한 교육영역으로 인식됨에 따라 교사들은 충분한 수학적 환경을 제공하고 놀이를 통한 접근에서도 적극적으로 상호작용을 하며, 통합적 접근, 구체물 조작을 통한 접근, 멀티미디어의 활용, 다양한 평가방식 등 수학교육을 위해 교실의 실제를 변화시켜야 한다(Ginsburg et al, 2008). 즉, 교사는 영유아의 학습을 지원하고 확장하기 위하여 수학활동을 계획하고, 참여하며, 평가해야 하는 것이다.

과거 영유아 수학교육은 영유아의 자발성에 기초하여 자신이 선택한 놀이나 자연발생적 경험을 통해 자연스럽게 이루어지도록 하였다(홍혜경, 2010b). 그러나 질 높은 영유아 수학교육을 위해서는 영유아의 자발적 놀이와 탐색에 의한 활동뿐만 아니라 교사에 의해 연계되고 안내되는 의도적인 수학교육이 필요하다(Epstein, 2007; NRC, 2009). 실제 교사개입에 의한 놀이중심의 수학교육이 영유아의 학습 준비도를 향상시켰으며(이경민, 2002), 인지발달과 발산적 사고, 놀이를 더욱 확장시키므로 놀이활동 시 교사는 풍부한 놀이 환경의 제공뿐만 아니라 적절한 개입이 필요하다(박화윤 외, 2005).

Copley(2010)는 수학교육을 위한 교사의 역할을 교육내용(curriculum), 교수 (instruction), 평가(assessment) 3가지 측면에서 보았다. 교육내용에서 교사는 중요한 수학개념에 초점을 맞추고, 각 개념들이 연계되도록 계획해야 하며, 수학적 과정기술을 강조하고 풍부한 수학환경을 제공해야 한다. 교수측면에서는 수학 교과적 측면과 영유아의 연령적, 개인적 발달을 고려하여 경험을 계획하고, 주변 환경이나 다른 활동을 통해 수학경험이 이루어지도록 하며, 모든 수학을 알고 배울 준비가 되어 있는 영유아들에 대한 기대를 갖고 지원해야 한다. 평가측면에서는 영유아들의 수학적 지식, 능력, 관심을 설명할 수 있는 평가방법을 결정하고, 평가를 위해 목적의식을 갖고 관찰하고 상호작용하며, 지속적으로 다양한 자료를 모으고, 영유아들의 학습 평가와 교사 평가를 함께 실시해야 함을 제시하였다.

한유미(2015)는 수학교육을 위한 유아교사의 역할을 촉진자, 제공자, 질문자, 관찰자, 참여자, 전달자의 역할 등 5가지로 제시하였다.

첫째, 촉진자의 역할로서의 교사는 영유아가 지닌 수학적 능력과 잠재성을 최대한 발현시킬 수 있도록 계발해주는 것이다. 선행학습이 아닌 영유아의 흥미와 호기심을 기초로 수학활동에 대한 참여를 높이고, 적절한 비계 역할을 하고 영유아의 개인차에 입각하여 수학활동을 안내하는 것이다.

둘째, 제공자의 역할로서의 교사는 영유아들의 흥미 및 발달에 부합한 수학교육 환경 및 자료를 제공하고, 수학활동에 흥미를 느낄 수 있도록 간접적인 암시나 분위기를 제공하는 것이다. 이러한 환경의 제공을 통해 영유아들은 자신들만의 수학적 지식들을 주도적으로 구성해나가게 되는 능동적인 지식 구성자들이 될 수 있다.

셋째, 질문자의 역할로서의 교사는 영유아에게 적절한 시기에 적절한 질문을 함으로써 영유아들의 수학개념을 인식, 수학적 용어를 익숙하게 사용하도록 해 준다. 또한 영유아가 활동을 중단하려고 하면 교사가 질문을 통해 조금 더 복잡한 수준에서 탐색하도록 격려하게 되지만, 교사의 질문은 영유아의 초점이 흐려지게 하거나 활동을 멈추게 할 수도 있으므로 교사는 자신의 질문이 영유아의 탐색을 강화하는 것인지 반대하는 것인지에 대해 검토가 필요하다.

넷째, 관찰자의 역할로서의 교사는 영유아의 수학적 능력의 발달을 진단하는 관찰자와 평가자의 역할을 수행해야 한다. 이를 통해 다음 활동을 계획, 실행하는 데 활용하게 되며 부모에게 자녀에 대한 정보를 제공할 수 있다.

다섯째, 참여자의 역할로서의 교사는 자연스럽게 영유아들의 놀이에 참여하거나 시범을 보이고 활동을 제안하게 된다. 이를 통해 교사도 영유아와 같이 수학활동에 참여함으로써 영유아의 활동은 더욱 풍부해지고 확장되며, 모델이 될 수 있게 된다.

여섯째, 전달자의 역할로서의 교사는 수학적 지식이나 사실을 언어를 통해 알려주는 것으로 수의 명칭과 같이 교사에 의해 직접적 교수가 필요한 부분은 직접 알려준다.

3) 영유아 수학교육의 교수–학습 방법과 원리

영유아 수학교육은 영유아가 스스로 탐색하며 수학적 지식을 구성해 나가는 과정이기 때문에 영유아의 자발적인 참여와 탐색이 강조되는 교수 방법이 요구된다(한유미, 2015). 그러므로 교사는 적절한 질문과 과제를 제공하여 영유아의 생각을 이끌어내고, 적극적으로 사고할 수 있도록 하며, 영유아의 생각을 주의 깊게 듣고, 자신의 생각을 언어나 글로 표현함으로써 명확히 할 수 있도록 해야 한다. 또한 문제를 해결하는데 어려움을 보이는 경우, 언제 정보를 제공할지, 시범을 보일지, 직접적으로 알려줄지, 영유아가 시도해보도록 할지를 결정해야 하며, 영유아들의 수학적 과정 참여하여 관찰함으로써 언제, 어떻게 격려할지를 결정할 수 있어야 한다.

(1) 영유아 수학교육 교수-학습의 방법

NAEYC와 NCTM(2002)은 '유아 수학교육: 좋은 출발을 촉진하기(Early Childhood Mathematics: Promoting good beginning)'라는 지침서에서 유아 수학교육 교수–학습 방법을 다음과 같이 제시하고 있다.

❶ 학습 경험을 계획하기

교사는 개별 영유아의 흥미와 요구 그리고 영유아의 선지식, 학습방법 등에 근거하여 수학 학습경험을 계획해야 한다. 또한 영유아들의 학습은 인식, 탐색, 연구, 활용 등의 순환적 과정으로 이루어진다. 따라서 교사는 영유아가 교육목표에 도달하도록 돕기 위해 자료를 인식하고 충분히 탐색하도록 기회를 주어야 한다.

❷ 영유아와 상호작용하기

교사는 개별 영유아가 문제를 해결할 수 있도록 놔둘 것인가 아니면 도와줄 것인가, 단서를 직접적으로 제공할 것인가, 아니면 단서만 간접적으로 제공할 것인가, 새로운 도전과제를 제시할 것인가 또는 시범을 보일 것인가 잘 판단해야 한다. 그리고 교사는 영유아의 수학적 사고 및 학습을 촉진하기 위하여 적절한 상호작용 방법을 구체적으로 알고 있어야 한다.

❸ 학습활동을 조화롭게 운영하기

교사는 대·소집단 또는 프로젝트활동 등과 같이 다양한 맥락과 방법을 통하여 영유아들의 수학적 경험이 확장되도록 해야 한다.

❹ 가정과의 연계를 촉진하기

부모들은 자신이 수학에 대해 부정적인 경험을 하였을 때 자녀들에게 수학은 어렵다고 이야기한다. 부모들의 이러한 태도는 자녀의 수학학습에 부정적인 영향을 미치게 되고 이는 학습능력에도 영향을 미친다. 그러므로 영유아가 자신의 수학학습을 지지하는 태도와 경험을 가지고 좋은 출발을 할 수 있도록 가정과의 연계가 필요하다. 이를 통해 가족들은 영유아에게 수학의 중요성을 알려주고 일상생활에서 수학을 발견하고 활용하는 방법을 지원을 할 수 있을 것이다. 교사는 부모들이 자녀에게 수학을 가르치는 방법, 수학에 대해서 대화하는 방법, 그리고 가정에서 할 수 있는 적절한 게임 및 활동을 제공하고 영유아의 수학적 경험과 연관된 자료를 공유해야 한다.

(2) 영유아 수학교육 교수-학습의 원리

영유아의 자발적인 참여와 탐색이 가능한 교수-학습의 상황 조성을 위하여, 교사는 교수-학습의 원리에 의하여 다음과 같은 학습 상황을 조성하여야 한다.

❶ 영유아가 능동적으로 참여하도록 격려한다.

영유아는 교사가 주도하는 활동이나 학습지와 같이 주어진 문제에 반응하는 수동적인 학습으로는 문제해결 능력이나 수학적 개념의 학습에 적절하지 않다. 영유아가 수학적 개념을 구성하기 위해서는 영유아가 학습의 주체로서 능동적으로 문제를 탐색하고 다양한 방법으로 문제해결을 시도하여야 한다. 영유아의 능동적 참여는 단순히 사물의 조작만이 아니라 영유아 자신이 특정 행위를 통하여 어떤 현상을 만들어 보고 또 그 행위를 바꾸어 시도할 수 있게 함으로써 그 현상의 다른 결과를 경험할 수 있게 하는 것이다. 능동적 활동은 문제 해결의 진행 과정을 통하여 스스로의 사고를 중심으로 문제 해결의 활동이 진행되기 때문에 의미 있는 수학적 지식이 형성되고 흥미를 지속시킬 수 있어 궁극적으로 영유아의 수학적 능력이 증진된다.

❷ 영유아의 발달 과정이 되어야 한다.

영유아 수학교육활동이 효과적이고 효율적인 활동이 되기까지는 충분한 기간이 필요하며, 수학적 주제는 영유아의 발달단계에 적절하고 지적 발달을 촉진시키는 재미있고, 흥미로운 방법으로 제시되어야 한다. 그러므로 영유아에게 주어지는 과제는 도전적이고, 시간이 필요하며, 계획되어 제시되어야 한다.

❸ 영유아의 기존 지식을 기초로 사용되어야 한다.

영유아는 태어날 때 이미 수학적 사고를 가능케 하는 능력을 가지고 있으며, 나이 어린 영아일지라도 일상의 경험을 통해 풍부한 비형식적인 수학적 지식을 갖고 있다. 영유아는 수학적 문제 상황에 직면하면 자신이 알고 있는 지식을 적용하여 문제를 해결하려고 한다. 교사는 수학적 문제 상황에서 영유아에게 정답을 바로 알려주기보다 유아 스스로 문제를 해결 할 수 있도록 개념과 관련된 자극이나 힌트를 제공하여 영유아가 새로운 개념을 습득하고 이미 지닌 비형식적 지식과 기술을 자유롭고 편안하게 확장할 수 있도록 하는 것이 적절하다.

❹ 영유아에게 구체적 조작 경험을 제공한다.

인지발달 단계의 특성상 유아기에는 학습지를 통한 반복 학습과 수세기나 구구단의 암기는 무의미하다. 즉 모방과 암기에 의해 기계적으로 수세기를 할 수 있더라도 수 사이의 관계를 이해하고 추론하는데 도움이 되지 않는다. 유아기에는 경험적 추상과 관련짓지 않고는 내성적 추상이 일어나기 어렵다. 교사는 영유아가 논리·수학적 지식이 습득되게하기 위해서는 반드시 구체물을 이용해 영유아가 손으로 조작해야 하며 이를 통해 영유아가 내성적으로 성찰하여 관계지어 보고, 비교하는 정신적 조작활동이 수반되게 하여야 한다.

❺ 영유아의 개인차를 고려한다.

수학교육 이전의 비형식적인 수학적 지식과 수학적 사전 경험을 수학활동에 대한 태도나 접근법에서 다양한 개인차가 있다. 교사는 같은 수학활동에 참여하는 영유아들이 경험하거나 구성하는 내용이 다를 수 있음을 인식하고 영유아가 각자의 수준에서 자신만의 방법으로 수학적 지식을 구성하도록 지원을 하여야 한다. 교사는 영유아의 개인차를 수용하여야 하고, 개별 교육이 이루어질 수 있도록 지원하여야 한다. 만약 영유아가 실수를 한 경우에는 그대로 받아주며 두려워하지 않고 다른 새로운 방법을 시도할 수 있도록 지원해야 한다.

❻ 활동과정에서 수학적 어휘를 자연스럽게 사용하고 의사소통의 기회를 준다.

수학교육활동 과정 중 영유아가 수학과 관련된 용어, 어휘를 습득할 수 있도록 하여야 한다. 교사가 수학활동을 묘사할 때 수학적 용어와 어휘를 유아들에게 익숙하게 사용하는 것이 적절하다. 교사가 수학적 용어나 어휘를 지나치게 강조하면 영유아의 수학적 과정이 억제되고 열정이 감소되는 점에 유의하여야 한다.

❼ 영유아에게 다양한 표현의 기회를 제공한다.

영유아는 경험한 수학활동이나 학습하고 있는 수학적 개념을 언어를 통해 표현함으로써 더 적극적이고 자신감을 가지게 된다. 또한 말로 표현뿐만아니라 글로 쓰기, 그림 그리기, 게시하기 등의 다양한 표현 방법의 기회를 제공하는 것도 바람직하다. 교사는 영유아의 수학활동을 위해 격려와 지지로 의사소통을 하면서 영유아가 자신의 생각을 자연스럽게 표현할 수 있는 기회를 제공하고 표현된 영유아의 생각에 귀를 기울여야 한다.

❽ 상호작용을 통해 생각을 나누고 수학적 사고를 자극하고 촉진한다.

공동프로젝트나 소집단활동의 수학적 활동에서의 또래와의 상호작용은 영유아는 자신의 생각이나 타인의 생각과 다를 수 있다는 것을 알게 되고, 자신의 생각을 객관화시켜 봄으로써 수정 또는 확장할 수 있다. 또한 교사는 영유아의 수학적 사고 및 학습을 촉진하기 위하여 ‘어떻게 하면 ~할 수 있을까?', '~ 한다면 어찌 될까?' 등과 같이 적절한 상호작용을 통해 수학적 사고 및 학습을 촉진하여야 한다. 또한 그리고 영유아–영유아, 영유아–교사 간의 서로 다른 관점을 존중하고 수용하는 협력적 관계를 조성하여 영유아에게 자신이 관심 있는 수학활동을 선택할 수 있도록 하고 자신의 방식으로 탐색하는 충분한 시간을 보장해주는 것은 교사의 직접적 설명보다 교육적 효과가 크다.

❾ 영유아가 수학의 결과보다 수학의 과정에 관심을 갖도록 격려한다.

게임이나 놀이, 수학적 활동 등 다양한 활동에서 '잘했다, 못했다'와 같이 승부에 집착하거나 '맞았다, 틀렸다'와 같이 정답만을 강조하는 것과 같이 결과만을 강조하는 것은 창의적 사고를 방해하며 수학은 어렵고 지루한 것이라는 인식을 심어줄 수 있다. 교사는 수학활동 과정에서 영유아 스스로 문제를 해결할 수 있도록 자극이나 힌트를 주어 영유아가 이미 지닌 비형식적 지식과 기술을 자유롭고 편안하게 활용하도록 하거나 해야 한다. 영유아의 활동 결과에 대하여 교사는 답이 옳고 그름의 즉각적 판단이나 정답을 바로 알려주기보다 그러한 결과에 도달하게 된 과정에 관심을 갖고 설명을 하도록 하는 것이 좋다.

4) 영유아 수학교육 방법과 활동 유형

전통적인 인지적 구성주의에서는 영유아들이 감각 및 조작적 경험, 영유아의 능동적 탐색에 의해, 사회적 구성주의에서는 일상 상황이나 맥락의 활용, 협동 또는 또래학습을 통해서 수학학습이 이루어진다고 보았다. 그리고 발달적 특성을 고려하여 생활의 맥락, 전체적 맥락, 통합적 맥락을 이용하여 유아 수학교육을 할 것을 강조한다(NCTM & NAEYC, 2002).

영유아 수학교육 접근법은 교과 간 통합적 접근법, 놀이를 통한 접근법, 일상생활을 통한 접근법, 문제해결접근법, 탐구중심의 접근법 등이 다양하게 제시되어 왔다. 이 중 영유아 수학교육의 최신 흐름인 교과 간 통합적 접근법과 일상생활을 통한 접근법, 놀이중심 접근법에 대해 살펴본다.

(1) 교과 간 통합적 접근을 통한 수학교육

영유아들의 삶은 통합적, 총체적이기 때문에 분절적, 단편적인 지식보다는 통합적 전체로 자신의 경험을 재구성한다. 이러한 발달적 특성을 고려할 때 영유아교육은 각 교육내용이 교과목 중심이 아닌 총체적 교수과정으로 통합되어야 한다. 국가수준교육과정에서도 유아들의 활동방향은 과정중심적이어야 하며 교육내용은 5개 생활영역이 통합적으로 운영되도록 계획하고 실천하도록 명시하고 있다.

영유아 수학교육의 통합적 접근은 수 감각, 공간과 도형, 측정, 규칙성, 자료의 정리 및 조직, 문제해결, 논리적 언어, 의사소통 등이 포함되어야 하며 이들 수학적 개념은 상호 연계성 있게 다루어져야 한다(NCTM, 2000). 즉 영유아에게 의미 있는 상황 속에서 수학적 개념을 수학활동에서 분리시켜 다루는 것이 아니라 다양한 활동과 연계하여 전개할 때 더 큰 효과를 가져 올 수 있다는 것이다. 통합적 수학교육은 '수학과 문학, 수학과 음악, 수학과 미술, 수학과 과학, 수학과 사회' 등의 타 교과 간 통합과 '신체표현, 사회극, 미술 감상, 자연친화 또는 산책, 요리, 동화' 등 다양한 활동과의 통합적 접근이 있다.

타 교과 간 통합은 다양한 수학적 교과 지식간의 연계를 통한 접근법으로 수와 연산, 공간, 도형, 규칙성, 확률과 통계의 수학적 지식은 분리된 지식이 아니라 서로 밀접한 관련이 있는 지식으로 통합해서 가르치는 것이다. 다양한 활동 유형과의 통합을 통한 접근법은 영유아의 삶과 통합된 전체 경험을 제공함으로서 학습이 보다 의미 있게 일어나게 하여 학습과 발달을 돕는 효과적인 교수법이다. 이러한 타 교과 및 활동을 통한 통합적 수학교육에 대한 결과 영유아의 수 개념 및 수학적 지식이 향상되고 수학적 태도에도 긍정적인 영향을 미치고 있는 것으로 알려져 있다.

통합적 접근을 통한 유아 수학교육 프로그램의 예

- Big Math for Little Kids : 하루의 놀이나 다른 영역활동, 특히 문학과 관련하여 수의 의미와 어떻게 수가 사용되는지에 대해 통합적 접근법을 활용하였다(Greenes, Ginsburg & Balfanz, 2004).
- Storytelling sagas : NCTM(2000)의 원리에 기초하여 6개의 문제해결 중심의 그림책 시리즈를 선정, 스토링텔링 형식을 사용해서 통합적 접근을 통한 수학교육이 이루어지도록 하는 프로그램이다(Casey, Kersh & Young 2004).
- Number Worlds : 예를 들면 플러스 펍(plus pup), 마이너스 마우스(minus mouse)처럼 더하기와 빼기를 소개하는 방법에 말하기와 쓰기를 이용하고, 유아들의 수학적 사고 증진을 위해 다양한 구체물을 활용한 게임이나 활동을 활용하는 통합적 교수방법을 적용하였다(Griffin, 2004; Syverson & Sadler, 2008).
- Building Blocks : 수학교육을 위해 유치원의 일과 내 다양한 대 · 소집단활동 및 다양한 자유선택활동에서 컴퓨터 소프트웨어, 책, 인쇄물, 교구 등을 통합적으로 활용하여 이루어지도록 하였다(Clements & Sarama, 2007).

❶ 문학을 통한 수학교육

영유아 문학활동은 기본적인 조작을 다룰 수 있는 능력을 발달시킨다. 즉, 문학활동을 통하여 관찰하기, 발표하기, 가설 설정하기, 조직하기, 요약하기, 적용하기, 비판하기 등의 높은 인지 기술을 도모할 수 있다(Norton, 1987). 아동 문학과 수학의 연결은 두 가지 수준에서 수학적으로 의사소통할 기회를 준다. 그 첫째는 유아가 이해하고 즐겼던 이야기로부터 수집된 정보를 분석하고 변형시켜 보면서 비판적 사고와 수학적 추론 기술을 발달시키며, 둘째는 이야기에 기초한 자료 수집과정에서 수학적 언어를 위한 언어적 발달을 증가시키는 것이다(Karp, 1994).

가. 문학을 통한 통합적 수학활동의 의의

Barrow와 Salesi는 문학을 통한 통합적 수학활동의 계획은 거미줄 모형 또는 방사선모형을 계획하여 통합적으로 전개하는 방법을 제안하였다(이경우, 1995) 거미줄(방사선모형)은 영유아들이 읽는 책을 중심으로 전개해 갈 수 있는 다양한 활동을 계획하는데 유용한 자료가 된다.

거미줄 모형은 책을 통해 얻은 새로운 정보 및 지식과 과거의 경험 및 지식과의 통합, 언어, 과학, 수, 사회, 표현 등 모든 영역과의 통합 그리고 수 개념 간의 통합을 이루는 역할을 하게 된다. 거미줄 모형은 다양한 활동을 계획해 놓은 뒤 교사가 각 영유아의 요구와 흥미, 발달 정도, 현재의 교육목표에 따라 가장 적절한 것을 선택하여 융통성 있게 사용할 수 있다.

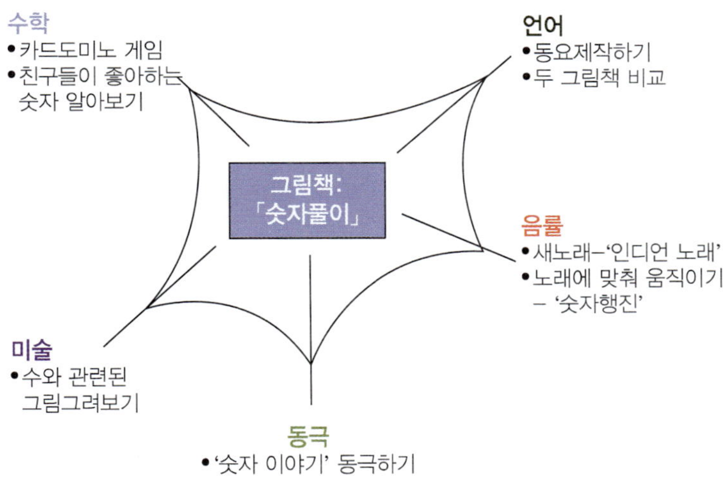

그림 4-1 문학을 통한 통합적 접근을 위한 거미줄 모형의 예(이경우 외, 1998)

나. 문학을 통한 통합적 수학활동의 전개

문학을 통한 통합적 수학활동은 교수활동 전개는 도입 및 단어가지 만들기, 이야기책 들려주기 및 문제제기하기, 문제 상황 토의하기, 회상하기의 네 단계를 기본으로 다음과 같이 전개할 수 있다.

표 4-2 이야기책에 기초한 문제해결활동 단계

단계	집단	소요시간	활동내용
도입 및 단어가지 만들기	대	10'	유아들의 반응에 따라 융통성 있게 이루어진다. 이야기책을 읽기 전 유아의 경험과 관련지으면서 도입하고, 이야기책에 있는 단어를 골라서 수학어휘 중심의 단어 가지를 만든다.
이야기책 들려주기 및 문제제기	대 (자유선택 활동 전)	10'	이야기책을 읽어준 후 수 관련 문제 상황을 구체물이나 조작자료를 이용하여 제시한다. 유아들이 문제 상황을 정확하게 인식할 수 있도록 한다.
문제상황 토의하기	대·소	15'	• 문제 상황에 대한 이야기 나누기 –문제 상황에 대하여 이미 알고 있는 수학적 지식·경험을 이야기 나눈다. • 해결책 찾기 –유아가 직접 또는 교사나 또래와 함께 구체적 자료를 조작해보면서 문제해결을 위해 조사하기, 발견하기, 토의하기를 한다. "어떻게 할 수 있을까?", "왜 그럴까?"
회상하기	대 (자유선택 활동 후)	5'	• 수학활동을 회상해보고 문제해결을 한 결과를 간단한 말이나 그림으로 나타내본다. "네가 어떻게 했는지 말해보자." "어떤 것이 재미있었는지 그림으로 그려보자." • 유아들이 문제 해결에 사용한 자료는 수학영역에 비치하여 지속적인 활동이 일어나도록 한다.

출처 : 이경우 외(1998). 문학중심의 수학교육 프로그램. 교과교육학연구.

다. 문학을 통한 통합적 수학활동에서의 교사의 역할

첫째, 그림책의 내용을 영유아에게 전달한다. 먼저 책의 표지 보여 주고 앞으로 전개될 내용 예측해 보도록 한다. 책 내용은 그대로 전달할 수 있으나 낚싯줄을 사용한 그림동화, 융판동화, 슬라이드, OHP, 앞치마 동화, TV동화, 인형극 등 다양한 매체의 활용도 효과가 있다.

둘째, 그림책을 들려준 후 그림책 속에 나타난 수학적 문제를 발견하고 다양한 해결방안을 모색해 보도록 한다.

셋째, 그림책에 포함된 수학적 개념과 기술을 습득하도록 하기 위해 미리 계획한 다양한 영역별 활동을 전개해 나가도록 한다. 이 때 각 활동에는 정해진 순서가 없으며, 계획된 활동들을 모두 경험해야 하는 것도 아니므로 상황에 따라 선택적으로 제공한다.

수학교육에 활용될 수 있는 이야기책의 선정기준

- 이야기책은 일반적으로 좋은 이야기책의 선정기준에 맞는 이야기책이어야 한다.
- 이야기책의 상황이 유아의 직접적인 경험과 관련지을 수 있으며, 의미 있는 수학적 상황과 연결지을 수 있어야 한다.
- 이야기책의 상황이 다양한 수학적 해결방법의 모색을 가능케 하는 것이어야 한다.
- 이야기책에 등장하는 물체가 수학학습을 위한 구체적 조작의 활동의 자료로 활용될 수 있는 것이어야 한다.
- 이야기 상황이 수학적 개념의 탐색이나 문제 상황을 제기하는 것이어야 한다.

출처 : 이경우 외(1997). 유아수학교육의 이론과 실제. 창지사.

❷ 과학을 통한 수학교육

수학과 과학 통합활동이란, 수학과 과학간의 활동을 통합한 것으로 유아 스스로 지식을 재구성하기 위해 주변의 사물이나 대상에 대한 관심과 호기심을 가지고 발달 단계에 맞게 경험과 연결되어 더욱더 풍부하고 조화로운 삶을 영위할 수 있도록 하는 것을 의미한다.

과학과 수학의 학습은 분류하기, 비교하기, 순서 짓기, 측정하기, 수 세기, 자료 수집 및 분석하기, 문제해결하기 등의 중요한 공통적인 과정적 기술을 요구하고 있고 영유아의 사고과정은 통합적인 것으로 과학적 사고와 수학적 사고를 인위적으로 분리하기 어렵다(홍혜경, 2010a). 수학과 과학은 개념의 습득과정에서 사용되는 기술이 과학적 탐색과 실험과정에서도 공통적으로 사용된다는 점에서 통합적 적용이 가능하다.

가. 과학을 통한 수학교육의 의의

수학과 과학의 통합은 수학적 개념의 습득과 기술의 사용을 증가시키고, 영유아의 관심과 흥미가 증가되고, 자발적이고 적극적인 참여와 활동의 지속을 가져오며, 인지적 측면뿐만 아니라 사고력이 증진과 창의성 개발의 향상 등 학습자의 태도에 긍정적인 영향을 미치는 것으로 알려져 있다. 수학과 과학의 통합은 영유아가 세계를 묘사하고 문제를 풀고, 정보를 모으는 것을 도우며 그리기, 유형화, 정렬, 셈하기, 순서화, 평가하기, 그리고 문제풀기와 같은 기술은 두 학문분야에서 모두 필수적이라 할 수 있다.

McBride와 Silverman(1991)은 수학과 과학 통합활동을 위한 가장 효율적인 방법에 대해서 연구한 결과 교사들이 통합에 대한 신념은 긍정적이었으나 실천에 제한적인 것을 발견하였다. 이러한 실천적인 어려움을 극복하기 위해 Davison과 그의 동료들(1995) 수·과학 통합을 다음과 같이 5가지 유형으로 구분하였다.

- 수학과 과학의 통합활동의 유형
  - **영역 내의 통합**(Discipline Specific Integration) : 수학이나 과학의 한 영역 안에서 통합하는 유형으로 수학의 영역에서는 기하와 대수학의 활동을 통합하는 것을 의미하고 과학의 영역에서는 생물 과학, 화학, 물리과학 영역에서 서로 관련되어질 수 있는 영역들 간의 통합하는 것을 의미한다. 각자 고유의 영역 안에서 기본적인 개념, 기술을 학습자가 학습할 수 있도록 교육하는 것을 위한 전략이라 할 수 있다.
  - **내용의 통합**(Content Specific Integration) : 수학 영역과 과학 영역에서 존재하는 프로그램과 목표를 서로 통합하는 것이다. 예를 들어 '공룡'에 대한 활동을 한다면 과학 내용의 목표는 공룡이며 수학내용은 측정 및 패턴이 될 수 있다. 공룡의 길이를 모형공룡을 통해 재어보고, 공룡의 모양을 분류하여 패턴활동을 할 수 있으며 과학의 활동은 공룡의 종류, 생활환경, 먹이 등에 대한 조사활동을 해볼 수 있는 것이다. 서로 연관성이 있음을 발견하는 것이다.
  - **과정의 통합**(Process Integration) : 수학적 기술과 과학적 과정을 통합하는 것으로 실제 교실 안에서 생활에 바탕을 두고 이루어진다. 그리고 자료수집, 자료 분석, 결과에 대한 이야기를 나눔으로써 수학활동과 과학활동을 동시에 경험할 수 있게 된다.
  - **방법의 통합**(Methodological Integration) : 수학에서 교수법과 과학에서

교수법을 서로 통합하는 것으로 수학활동에 과학적인 방법을 통합할 수 있다. 이것은 학습자가 직접활동을 하면서 탐구, 발견하는 전략을 사용할 수 있는 조사활동과 연관된 활동을 의미한다.

- **주제통합**(Thematic Integration) : 본질적으로 영유아들의 흥미에 바탕을 둔다. 모든 영역을 통합하는 주제를 중심으로 시작한다. 수학과 과학의 주제통합은 커다란 주제(topic)에 대한 조사활동에 의해 수반되어지는 활동 중 하위 범주에 해당된다.

수학과 과학 통합활동 교육의 필요성

- 수학과 과학 학문 자체의 상호 관련성에 근거한 것으로 수학은 과학 관계의 양을 측정하고 설명하는 방법으로 제공됨으로써 과학 개념의 더 깊은 이해를 돕게 되고 수학적인 개념을 설명하는 과학활동은 수학 학습을 위한 동기 유발을 제공한다.
- 유아 발달 특성에 입각한 것으로 수학과 과학적 순환과정을 거쳐 유아발달 경험의 구축과 지식 형성에 도움이 된다.
- 수학과 과학의 통합 교육의 효과와 효율성에 근거한 것으로 수학과 과학 통합적 접근이 유아들로 하여금 학습에 관한 흥미와 관심의 고조는 물론 인지적 측면과 같은 교육적인 효과에도 긍정적인 영향을 미치게 된다.

출처 : 김숙자(2001). 교육활동 지도 자료집과 일일교육계획안에서의 유아 수와 과학활동 및 수·과학 통합활동 분석–통합활동 프로그램 모형 구성을 위한 1차 기초 연구. 열린유아교육연구, 6(3).

나. 과학을 통한 통합적 수학활동의 전개

수·과학 통합 교육과정은 영유아들의 조사, 탐구 과정에 의해 학습이 이루어지도록 지원한다. 이러한 과정을 통해 영유아는 의미화하려고 하며 그 과정을 통해 자신의 인지적 구조를 수정하면서 발달하게 된다. 이렇게 구성주의 이론에 기초한 과학활동은 영유아가 스스로 탐색하면서 자신의 방식으로 주변 세계의 여러 가지 현상과 사물을 알고 이해하는 과정이기 때문에, 영유아기의 과학활동 방법은 영유아의 자발적인 참여가 강조된 교수방법이 요구된다.

활동의 구성에는 사물을 직접 손으로 조작하는 경험과 기회를 제공해야 한다. 영유아가 사물을 조작하면서 사고할 수 있는 충분한 기회를 제공하여 영유아 스스로 문제를 해결하고 주변 세계에 대한 지식을 구성하도록 해야 한다(Holt, 1990). 영유아는 스스로 의문점을 갖고 자신의 의문을 실험할 수 있는 방법들을 고안하며 이에 대한 대답을 얻기 위해 질문, 관찰, 측정, 예측, 추론, 토론 등의 과정 기술을 전 단계에 거쳐 사용함으로써 지식을 구성해 나간다(Althouse, 1994). 이러한 과정을 통해 영유아는 자신의 특성에 적합한 방식으로 지식을 구성해 간다.

다. 과학을 통한 통합적 수학활동에서의 교사의 역할

- 수 · 과학의 통합활동을 전개할 때는 주로 수학적 개념습득과 과학적 탐색과정에서 사용되는 기술을 공통적으로 적용할 수 있도록 각각 분리된 활동이 아닌 결합된 활동으로 전개해 나가도록 한다.
- 수학과 과학 통합활동은 영유아 주도적인 탐구와 조사활동을 중심으로 전개하도록 한다. 영유아 주도의 탐구와 조사활동에는 수집된 자료를 기초로 영유아들의 의사소통을 촉진하기 위한 교사의 질문, 표 또는 그래프의 사용, 그림으로의 표상 등이 포함되어야 한다.
- 수학과 과학 통합활동은 문제해결 과정에서의 영유아들 간 협력이나 사회적 상호작용의 격려, 토의를 통해 영유아들 간의 의사소통을 촉진시킬 수 있는 소집단활동과 개별 영유아의 조작적인 탐구활동이 모두 포함되어야 한다.

❸ 음악을 통한 수학교육

음악은 선율의 조화로 사람의 감정을 자극하는 정의적인 학문으로, 수학은 이성과 합리를 자극하는 인지적 교과로 대비하여 생각한다. 그러나 음악과 수학은 질서를 창조하고 그 질서는 서로 연관되어 있다. 음악에는 주어진 규칙에 따라 시간을 정확히 같은 길이로 분할하는 박자는 분리되어 있기보다는 연속적인 것으로, 음악적 지식은 분리된 음정과 박자로 만들어질 수 있는 연속된 음악 공간에 대한 지식인 것이다(Edward, 2002). 리듬(rhythm)은 수학적 관계에 근거를 두고 3 / 4박자나 4 / 4박자와 같은 음악적 비율과 반복되는 패턴을 쉽게 이해할 수 있게 한다. 특히, 음악적 경험이 시·공간적 추론을 향상시킨다면, 음악은 기하학과 분수와 같은 시공간적 추리력과 관련된 수학적인 측면에 대한 이해도 향상시킬 수 있다(Graziano et al., 1999). 또한 영유아는 타악기를 연주하거나 음악의 리듬과 박자 개념을 경험할 때 더 많은 수학적 개념을 이해할 수 있게 된다. 이런 점에서 음악 경험이 영유아의 수학적 사고를 발달시킬 수 있다.

가. 음악을 통한 수학교육의 의의

영유아기의 음악적 경험은 비교, 순서, 패턴과 같은 수 이전 개념과 밀접한 관련성이 있기 때문에 영유아의 사고와 문제해결, 소리 발달을 자극하고 자신이 지각한 것을 관계, 비교, 개념의 체계로 조직하도록 자극하여 지적 성장을 촉진하도록 한다(Greenberg, 1979). 또한 수학과 동작활동으로 통합된 음악활동이 논리·수학적 지능뿐만 아니라 음악적 지능을 발달시키는 방법을 제공한다(Wynne, 2002). 이러한 음악적 경험으로부터 주어지는 소리탐색 및 듣기, 노래 부르기, 음악 감상하기, 악기 다루기, 신체 표현 등의 모든 활동도 각각 개별적으로 분리되어 제시되는 것이 아니며 활동 안에서 통합적으로 이루어진다.

나. 음악을 통한 통합적 수학활동의 전개

영유아 수학과 음악의 교육내용에 따른 통합활동을 위한 교수−학습에서 고려할 사항을 제시하면 다음과 같다(김은정, 이정욱, 2005).

첫째, 영유아 수학과 음악의 통합활동은 수학활동과 음악활동 각각에서 구성하여 경험할 수 있다. 즉, 수학활동에서 통합활동도 가능하며 음악활동에서도 통합활동이 가능하다. 순서짓기의 활동에서 음의 높낮이에 따라 순서활동을 할 수 있고, 멜로디 악기를 연주하는 경험에서 음의 높낮이 인식과 순서짓기를 할 수 있다.

둘째, 소리탐색의 과정을 통해 소리의 음색, 음의 높낮이, 셈여림, 리듬과 멜로디 등의 다양한 특성을 분류 · 비교 · 순서 짓기활동을 할 수 있다.

셋째, 음악 감상의 활동에서 멜로디의 진행과 방향, 음의 높낮이에 다른 위치 관계를 인식하는 활동을 할 수 있다.

넷째, 악기 다루기나 음악 만들기를 통해 박자를 세어보고 빠르기에 따라 포함된 박자의 측정 속성을 인식해보거나 규칙성에 다라 패턴을 만들어 보는 활동을 할 수 있다.

다섯째, 영유아가 일상생활에 숨겨진 수학적 정보와 음악적 정보를 발견할 수 있도록 하며, 유아들이 발견한 정보들에 대하여 함께 토의하고 분석하는 적극적인 상호작용을 통해 문제 해결 능력을 기른다.

다. 음악을 통한 통합적 수학활동에서의 교사의 역할

영유아기 음악 감상 경험은 이후의 음악에 대한 선호도에 영향을 주며 음악성을 발달시키는 원동력이 되기 때문에 다양한 유형의 음악을 듣고, 목소리나 악기 등으로 음악을 만드는 경험을 가짐으로써 음악의 분위기와 음악에 대한 이해를 넓힐 수 있도록 도와주어야 한다.

영유아의 음악과 수학의 통합적 활동을 위한 교수학습의 원리를 다음과 같이 정리할 수 있다.

첫째, 영유아의 흥미와 발달수준을 고려한 음악활동을 중심으로 교사와의 상호작용을 통해 음악정보와 수학 정보를 다양하게 탐색하고 경험하도록 한다.

둘째, 음악 정보와 수학 정보를 균형적으로 제공하며, 단편적이고 나열식으로 진행되지 않도록 통합적이고 포괄적인 활동이 이루어지도록 한다.

셋째, 악기를 통한 즉흥연주의 과정을 통해 동기부여 효과와 음악적 표현 과정을 반영할 수 있게 한다.

넷째, 음악과 수학의 통합적 활동은 영유아가 능동적으로 참여하고 경험하며 음악 정보와 수학 정보를 스스로 이해하고 표현할 수 있게 한다.

(2) 일상생활을 통한 접근법

대부분의 가정이나 유아 교육기관에서 수학교육의 중요성을 인정하고는 있지만, 연필로 숫자를 적는 형식적인 교수방법을 너무 일찍 도입함으로써 많은 영유아들이 제대로 익히지 않은 숫자를 기억하느라 수학교육에 싫증부터 내고 있다. 영유아들은 자신의 일상생활 세계에서 친숙한 문제를 해결하고 시도할 때 상당한 주도권을 가지면서 수학학습의 증진을 가져올 수 있다.

일상생활을 통한 영유아 수학교육은 유아 자신에게 친숙한 문제를 주변의 생활 맥락에서 접근하여 유아가 주도적으로 해결할 수 있도록 함으로써 수학학습의 증진을 가져온다(신현옥 외, 2004). 5세 이전의 아이들도 더 많은/더 적은, 모양, 크기, 위치, 패턴, 공간 등 비형식적 수학을 포함하는 생활 속 수학을 발달시키며, 그 내용은 놀랍게도 광범위하고 복잡하며 때로는 정교하기까지 한 것으로 나타났다(Baroody et al., 2006; Clements & Serama, 2007). 이와 같이 영유아가 일상생활의 사물이나 현상들을 자연스럽게 관찰하고 경험하는 것은 수학학습에 흥미를 가져다주는 중요한 매개체가 된다. 영유아 자신에게 친숙한 상황을 다양한 생활 맥락에서 수학학습으로 연결하는 기회 제공은 수학교육에 관한 기초 개념을 배우고 수학적 사고를 형성하는데 중요하다(Smith, 1997; Charlesworth, 2000).

영유아의 일상생활을 통한 수학교육의 중요성 및 목적을 정리하면 다음과 같다.

첫째, 일상생활의 형식적 · 비형식적 경험을 통하여 수학교육 개념의 범위를 확장시킬 수 있다(Bryant, 1999). 예를 들어 유아들은 10의 수 구조를 교육기관에서도 배우고 가정에서도 배운다. 그러나 돈과 관련하여 10의 수 구조를 일상생활 속에서 물건을 사면서 배울 경우 더욱 실제적으로 배울 수 있다. 비형식적 경험은 계획하지 않았거나 우연한 상황만을 말하는 것이 아니다. 그러므로 형식적 · 비형식적 접근법은 영유아들이 관심 있어 하는 문제와 사물을 탐색하는 내용에 따라 사용하면 수학학습에 긍정적인 효과를 거둘 수 있다.

둘째, 실생활의 다양한 맥락에서 상징체계를 배울 수 있다(Bryant, 1999). 예를 들어 텔레비전의 채널을 변경할 때 리모콘의 +와 −를 사용하며, 음량을 늘리거나 줄일 때 ▲와 ▼ 같은 상징 기호를 사용한다. 또한 엘리베이터를 탈 때 ◀|▶와 ▶|◀의 상징기호를 자연스럽게 사용한다. 이와 같이 영유아들은 평소 생활 속에서 경험하는 숫자나 상징의 의미를 스스로 구성하여 문제 해결력을 적용하는 것이다.

셋째, 영유아 자신의 주위환경 인식을 통해 수학적 사고를 발달시킬 수 있다(신현옥 외, 2004). 영유아를 위한 수학학습의 기초는 초기에 발달한다. 그러므로 영유아기 초기에는 수학학습에 대한 호기심이 일상생활을 통해 학습될 수 있도록 격려해야 한다. 일상생활 중 영유아의 수학적 사고를 발달시킬 수 있는 예로 '이 과일은 모두 몇 개이니?', '너는 몇 개 집었니?', 동물원에서 '어느 동물이 가장 작니?', '어느 동물이 가장 무겁게 보이니?', 엄마의 요리과정에서 음식재료의 크기, 모양, 색깔, 부피 개념, 과자의 가격 등을 들 수 있다. 이와 같이 영유아는 일상생활에서 다양한 상황을 접하면서 직접 세어보고, 나누어보고, 비교하고, 대응시킬 수 있다. 부모와 교사는 지도 조언을 통해 영유아가 주의 깊은 관찰력을 가지도록 지원하여 영유아들이 수학적 사고로 연계되도록 하는 것이다.

일상생활을 통한 수학교육에 대한 학자들의 견해

- Resnick(1991)의 street math : 만일 학교 교실을 실생활과 관련된 문제, 사회적 지지, 계산 도구 등과 같은 거리들(streets)처럼 만든다면 모든 학생들은 수학을 쉽고 잘 배울 것이라고 보았다. 즉 학교의 형식적 수학을 일상생활에서 이루어지는 수학처럼 쉽고 보편적인 방식으로 활용하도록 하였다. 예를 들면 대부분 학생들은 학교에서 작은 물건들을 세어보면서 수량을 아는 방법으로 시작한다. 학생들은 '얼마나 많은?' 이라는 직접적인 질문이 이어질 때, 수를 세게 되지만 비교하고 조합하는 것과 같이 양과 관련된 문제해결을 위해서 자발적으로 수를 세는 것을 하게 된다. 따라서 교사들은 학생들이 이미 자연스럽게 해결할 수 있는 방법의 맥락에서 수세기활동을 격려하고 유아들의 자연발생적인 지식들(schemas)과 관련된 의미로운 수세기가 이루어지도록 도와주어야 한다.
- Ginsburg(2006)의 everyday math : 모든 문화권에 있는 유아들은 태어나면서부터 일상생활에서 수학적 경험을 지원할 수 있는 물건이나 상황을 포함하는 환경에서 자라나게 된다. 책이나 학교, 교육적인 장난감들을 이용해서 다양한 수학적 개념들을 알 수 있으며 주변 환경은 명확히 수세기, 모양, 분류, 공간 등을 알기 위한 것들이 포함되어있음을 제시하였다. 예를 들면 유아용 침대는 한 쪽에 많은 수의 평행한 막대들이 있고, 평야에 옥수수들이 줄을 맞춰 서 있거나, 한 묶음의 사탕들 중에 다른 사탕들보다 크기가 더 큰 사탕들이 놓여있고, 장난감이 의자 아래 또는 위에 있고, 한 마리의 소가 나무 앞이나 뒤에 있다. 닭이 농장주변을 걷고 있을 때 닭은 숫자가 아닌 닭이라는 대상이지만 세어질 수 있으며, 아기침대의 막대들은 나무의 부분이지만 평행선으로 보여 질 수 있는 것이다. 물론 닭과 막대는 수학적 사고를 위한 음식이 될 수 있으나 그 물건이나 상황들은 그 자체로 수학적이지는 않음으로 유아들은 수학적 사고를 하고자 노력이 필요하다고 보았다. 그러나 환경과 생물학적인 결과들은 수, 공간, 기하 및 유아들의 인지 기능에 있어 필수적인 부분으로서 수학적 지식들을 증명하고 있다. 일상의 수학은 유아들이 아빠 곰은 엄마 곰보다 크다는 것을 이해하고 더 큰 침대를 선택하거나 높은 빌딩을 만들기 위해서는 더 기다란 블록을 선택한다는 것을 아는 것처럼 친숙한 것으로, 모든 유아들은 기본적으로 수학을 적용하고 있다고 기대되어진다. 즉 모든 유아들은 기본적인 수학적 지식을 획득하기 위한 능력, 기회, 동기를 가지고 있는 것이다.

(3) 놀이를 통한 접근법

대부분의 부모들은 놀이를 공부에 상반되는 개념으로 생각한다. 그러나 영유아는 놀이할 때 가장 즐거워하며, 많은 부분을 놀이를 통해 배운다. 영유아들에게 있어서 놀이는 매우 의미 있는 활동이며 가장 중시되어야 한다. 1800년대부터 최근까지 많은 심리학자, 철학자, 교육학자들이 다양한 관점에서 놀이를 정의하였다. Froebel은 인간의 가장 순수한 정신적 활동을 놀이라고 정의했으며, Isaacs은 놀이가 어린이의 삶 자체인 동시에 이 세상을 이해하는 수단이라고 정의하였다. Rubin은 문제해결력, 협동, 도구사용기술, 창조성, 언어발달, 통찰력, 성역할, 문화의 전승 등 사회, 도덕, 인지발달에 공헌하는 마술 상자라고 보았다. Dewey는 어떤 결과를 얻기 위해 의도적으로 하는 것이 아니라 모든 활동에 강조를 두는 것이 놀이라고 정의하였다(정진, 성원경, 1994).

놀이는 내적으로 동기 유발되어 발생하며 결과보다 과정이 중요하고, 비형식적이며 상징적이며, 외적 규제로부터 자유가 부여되며 사물에 의해 지배되지 않고 영유아에 의해 지배되고 결정되며, 기쁨과 즐거움과 같은 긍정적 정서를 바탕으로 활동적이고 적극적으로 참여시킨다(지성애, 2001). 이와 같이 놀이는 자발적으로 참여하며 결과보다는 과정 중심적으로 행위 자체를 즐기는 것이다.

영유아교육에서 놀이의 중요성이 강조되는 이유는 놀이가 어린이의 생활뿐만 아니라 학습의 기본 형식이기 때문이다. 영유아는 놀이를 통해 자연스러운 방식으로 앎의 지평을 넓혀가며 감각운동적인 능력과 기능을 형성해 간다. 또한 놀이 기술이나 규칙에 친숙해지고 놀이의 내용을 알게 되며, 새로운 고안과 창작도 할 수 있다. 놀이는 지적 이해를 가능케 해주며 동시에 정서적 발달과 사회적 학습의 기회를 제공해 준다(전풍자, 1981). 또한 영유아는 놀이를 하면서 수, 과학교육에 필수적인 호기심이 자극되며, 발산적 사고가 촉진될 뿐만 아니라 학습에 대한 동기가 강해지기 때문에 놀이는 수와 과학개념 습득에 효과적이다.

즐거움과 기쁨과 같은 긍정적인 정서를 기초로 하는 우리의 전통놀이도 영유아의 인지 발달에 도움을 줄 뿐 아니라, 교육적 가치를 가지고 있다. 즉, 전통놀이는 우리 문화의 정서와 공동체 의식의 함양뿐만 아니라 영유아의 지적, 정서적, 신체적, 사회적, 창의적 발달에 상당한 효과가 있는 것이다.

전통놀이 속에는 놀이마다 수학을 행하는 기본철학이 담겨 있다. 예를 들어 숨바꼭질 놀이의 '머리카락 보일라 꼭꼭 숨어라, 옷자락이 보일라 꼭꼭 숨어라'의 의미 속에는 일부분을 보고 전체를 알아내는 수학적 추정이, 술래가 되어 다른 사람을 찾아내거나 찾지 못할 곳에 숨는 행위는 역지사지 즉 1:1 대응의 개념이 들어 있다. '무궁화 꽃이 피었습니다.' 놀이에서 놀이하는 사람의 수에서 수 개념이, '무궁화 꽃이 피었습니다'라고 헤아리는 동안에 시간개념(초 단위), 거리의 개념 등 수학적 요소가 내재되어 있다(김상룡, 남형채, 1998). 뿐만 아니라 공기놀이에서의 1에서 5까지의 수와 양의 개념과 5라는 수의 분해와 수의 합성에 의한 수의 보존, 던졌을 때의 높이에 따라 달라지는 시간 차이의 경험을 통한 위치와 힘 속도의 관계 인지 등, '이 거리 저 거리' 놀이의 수세기, 패턴의 개념, 자치기 놀이의 어미자와 새끼자의 굵기와 길이에 다른 힘의 세기와 날아가는 거리 관계, 속도와 공간과 거리 관계, 측정과 수세기 등, '땅따먹기' 놀이의 원의 성질과 작도 방법 경험과 다양한 도형, 넓다 좁다의 넓이 개념 등 영유아의 수학적 기초개념 향상에 활용의 가치가 있다.

2. 영유아 수학교육의 환경

1) 비형식적 학습과 형식적 학습

(1) 비형식적 학습

일반적으로 영유아는 놀이나 일상생활의 경험을 통해 비형식적인 수학적 지식을 획득한다. 이는 추후 수학학습에 있어 중요한 기초가 된다고 보편적으로 인식되어 영유아 수학교육에서 전통적인 내용으로 활용되어 왔다.

비형식적 학습이란, 수업에서 가르치는 수학과 구별되는 의미로 영유아 스스로가 일상생활 속에서 다양한 경험을 통해 능동적으로 경험하여 학습하는 과정을 일컫는다. 이는 사회적 구성주의 이론에 영향을 받은 것으로 영유아에게 친숙한 일상과 연계하여 그 속에서 수학을 경험하고 활용할 수 있는 의미 있는 교육 상황을 제공할 것을 강조한다. 비형식적 수학학습의 대표적인 방법이 놀이를 통한 수학학습이다.

또한 비형식적인 수학학습은 영유아의 입장에서 수학이 생활주변에 존재함을 인식하고, 수학이 일상생활에서 문제해결의 도구임을 깨닫게 해준다. 하루일과를 통해 제공할 수 있는 비형식적인 수학학습의 예를 들면 다음과 같다(Kamii & DeVries, 1980).

❶ 등원 및 인사나누기 시간

등원 후 교사와 인사를 나누며 교사는 "주말에 뭐하고 놀았어?", "오늘 아침에는 누구와 등원했니?"와 같이 시간과 관련된 어휘를 사용하여 의사소통할 수 있다. 등원한 유아들을 살펴보며 "오늘은 몇 명이 안 왔지?"라고 질문을 함으로써 머릿속에서 기억하면서 수를 세는 기회를 제공할 수 있다. 이는 구체적인 사물이 없어도 수를 셀 수 있도록 하며 몇 명이 모여 결과가 나오는 더하기의 기초개념으로 연결된다. 또한 다양한 형식의 출석판을 사용하여 몇 명이 현재 등원했고 몇 명이 아직 등원하지 않았는지 분류하여 보는 개념을 익힐 수 있다. 학급 전체 인원을 알고 출석한 영유아들의 수와 결석한 영유아들의 수를 관련지으면서 다양한 수 개념을 익히고 수의 부분과 전체, 수의 차, 수의 합 등에 대한 비형식적 경험을 할 수 있다.

- 등원 및 하원 시 관련 수학활동
- 등원한 친구들의 수 세기
- 출입문에서 교실까지의 거리와 공간적 연결성을 인식하기
- 집에서 기관까지의 거리, 시간, 날씨(기온)에 대해 이야기 나누기

- 가방, 신발, 도시락, 수첩 등을 정해진 위치에 따라 구분하여 정리하기

ex) 오늘은 지우가 네 번째로 등원했구나.

❷ 자유선택활동시간

자유활동 또는 자유선택활동은 영유아들이 스스로 활동하거나 스스로 선택하여 활동할 수 있는 영역별 활동시간이다. 자유선택활동 시간은 단순히 목적없는 놀이시간이 아니라 유아의 흥미와 주제에 맞게 계획 된 시간으로 각 영역에는 다양하고 흥미로운 활동이 마련되어 있다. 또한 교사는 영유아들의 놀이가 어떤 형태로 발현되고 어떤 부분에 있어 확장이 되는지 관찰하고 평가, 반영한다. 영유아들은 이 활동 시간을 통해서도 수학적 개념을 구성할 수 있다.

교사는 유아들이 쌓기놀이 영역에서 나무블록으로 집을 짓고 있을 때 이들의 주도권을 인정하면서 블록의 수, 높이, 길이, 폭 등의 개념과 관련된 생각을 언어화하고 문제해결 및 확장을 하는 데 도움을 줄 수 있다. "어떤 집이 제일 높니?", "○○이의 앉은키와 같아지려면 몇 개의 블록이 필요할까?", "이 집에 몇 명이 들어갈 수 있을까?"라고 질문하거나 막대기나 줄을 이용해서 유아가 간단한 측정을 하는 것을 도와줄 수 있다. 이러한 지속되는 활동을 통해 유아는 '높다－낮다', '위－아래', '크다－작다' 등과 같은 개념을 직관적으로 이해하며 합과 차의 개념, 분류와 공간의 개념 등을 확장해 나갈 것이다.

- 교사는 유아가 놀이에게 자발적으로 수학적 가설을 세우고 검증할 수 있도록 돕거나, 직접 자유놀이에 참여하여 어떤 사실을 전달하거나 안내하거나 놀이를 촉진할 수 있다. 또한 구조화된 환경을 제공하고 다양한 학습자료를 적절하게 배치함으로써 간접적인 촉진자 역할을 할

수도 있다.

ex) 선생님, 저는 오늘 역할놀이 한번, 블록놀이 한번, 역할놀이 한번, 블록놀이 한 번을 할 거예요.

❸ 간식 및 점심시간

간식 및 점심시간은 수저와 식기의 분류, 선호하는 반찬에 대한 영유아의 기호, 반찬의 수 등에 따라 분류, 순서 짓기, 수세기를 할 수 있는 좋은 기회이다. 함께 점심을 먹기 위해 자리에 앉는 친구의 수와 수저의 수를 일대일 대응하여 자연스러운 수 개념을 형성할 수도 있고 수를 세어 보기에 좋은 반찬의 경우 친구의 반찬과 나의 반찬의 수를 비교하여 많고 적음을 비교해 볼 수도 있다. 급식을 돕는 도우미 친구에게 "나는 메추리알을 5개 줘.", "2개 더 줘."라고 수를 다양한 방법의 언어로 표현해 보며 또래 간에 일상생활을 통한 수학학습에 도움이 될 수 있다.

❹ 정리시간

정리정돈은 기본적으로 놀잇감을 원래 있었던 자리를 찾아 알맞은 방법으로 배열하는 것으로 영유아의 수학적 사고에 많은 도움을 주는 활동이다. 놀이 시간이 끝난 후 섞인 놀잇감의 짝을 찾을 맞추고 바구니에 담는 것, 같은 모양대로 맞추어서 자기 자리를 찾는 것, 같은 색깔대로 연결 지어 정리하는 것 모두 수학적 사고를 자극하는 활동이다. 이를 위해 교사는 영유아가 쉽게 정리정돈하면서 수학 개념을 형성할 수 있도록 종류대로 나누어 사진을 찍어 바구니에 제시해 주거나 부피가 큰 놀잇감의 경우는 각자의 모양본을 장에 붙여 주는 등 종류, 모양, 크기의 기준을 정하고 정리시간을 여유 있게 계획하여 단지 놀잇감을 치우는 시간이 아닌 즐겁게 정리하는 태도와 놀잇감의 속성을 파악하고 분류, 일대일 대응을 하는 좋은 기회로 삼도록 돕는다. 또한 유아가 시간 개념이 미숙하거나 시계를 읽지 못한다 하더라도 교사가 생활에서 객관화된 수치를 사용하는 것을 보여 주고 반복해서 말해 주면 유아에게 도움이 된다.

ex) 11시 30분에 식당에 가야 하는데 지금이 11시 15분이니까 15분이 남았구나. 우리 정리를 시작하자.

비형식적 수학학습에서의 교사 역할

1. 교사는 비계설정하기를 통해서 유아가 기대되는 능력에 도달하도록 유아에게 적합한 학습방법을 사용하여 도움을 주거나 도전의 기회를 제공해 주어야 한다.
2. 수학교육에 있어 교사는 교실에서 상호작용에 초점을 두어 교사의 태도가 놀이성을 갖도록 하고, 교사의 개입이 상황에 따라 적절하여야 하며, 교사는 협동적인 놀이를 제공해야 하고, 수학 자료와 상황을 계획적으로 제공해야 한다.
3. 수학활동 시 교사의 발문유형은 매우 중요한데, 협동적인 놀이를 제공하는 상호작용적 발문, 동기화를 위한 상호작용적 발문, 수학 개념의 형성을 돕는 상호작용적 발문을 하여야 한다.
4. 교사는 쌓기놀이와 같은 활동적인 놀이를 진행함에 있어 남아들이 주로 참여하는 성 고정적 놀이가 되지 않도록 여아의 참여를 적극 격려해야 한다. 더욱이 쌓기 놀이를 그 자체로 활용하기 보다는 그리기 활동을 병행하여 제공할 때 유아들은 입체를 평면으로, 평면을 입체로 전환하는 경험을 제공할 수 있다.

(2) 형식적 학습

형식적 수학학습이란 명백한 개념과 원리 및 법칙으로 구조화되어 있는 문자화된 기호나 상징체계로 이루어진 형식적 수학을 가르치는 것을 말한다. 이는 20세기 초 행동주의 학자들에 의해 주장된 것으로 이들은 교사 주도의 직접적인 교수방법을 통한 수 개념 발달과 수세기 능력을 강조하였다. 이는 선행학습에 의해 습득된 지식을 포함하며, 상징적이고 구조적이며, 논리적으로 정의된 것으로 체계적이며, 명확하고 기호화된 언어를 사용하는 특징이 있다. 또한 피아제는 전조작기 유아는 수에 대한 내용을 제대로 이해하기 어려우므로 분류하기, 일대일 대응하기, 서열화하기, 관계짓기와 같은 수 이전 활동을 통해 논리·수학적 사고의 기초를 발달시킬 것을 강조하였다.

형식적 수학학습에서 요구되는 다양한 교사의 역할 중 활동을 계획하고 실행하는 과정에서 하나의 교사 역할 모델을 아래와 같이 제시하고 그에 따른 형식적인 학습을 다음과 같은 단계로 제시한다.

형식적 수학학습에서의 교사 역할

1. 한 해 동안 다룰 수학 내용을 각각의 생활주제에 따라 편성해 봄으로써 수학 내용이 고르게 제시되었는지를 확인해 본다.
2. 연간 수학 내용의 기본 틀이 결정되면, 주간 교육계획 및 일일교육계획을 작성한다.
3. 수학활동의 목표를 분명히 할 수 있으며, 구체적인 활동방법과 상호작용, 교재교구 등의 제반 준비를 체계적으로 한다.
4. 수학활동이 진행되면, 그 목표에 따라 영유아의 활동 수준을 다양한 방법으로 관찰하고 수학활동을 내용별로 분석하여, 다음 주제의 교육활동 계획에 반영할 수 한다.

❶ 도입

동기유발단계로 학습하고자 하는 수학활동을 소개한다. 수학 개념과 관련 있는 손유희나 노래, 교구나 환경의 제공, 사건이나 상황의 제시, 이야기나 그림 등의 제시, 영유아의 사고를 유발하는 질문 등을 통해 이루어질 수 있다. 이 단계에서는 영유아의 현재의 지식 기반, 바로 사전경험을 평가하기 위해 사용되며 영유아가 학습 동기를 나타내면 교사는 다음 탐색 단계로 이동한다.

❷ 탐색

영유아 중심의 단계로 제시된 자료와 도구들을 영유아들이 자유롭게 관찰, 탐색한다. 이 단계에서 영유아는 자연스럽게 호기심을 발산하고 관찰하기, 비교하기 등의 과정을 통해 자료의 특성에 대한 탐색이 이루어지고 감각이 활성화 된다. 또한 이 단계에서 중요한 부분은 영유아가 문제를 해결하기 위해 여러 가지 방법을 고안하거나 여러 방법들의 장·단점을 비교해 보는 등 다양한 해결 전략을 탐색할 수 있다는 것이다. 교사는 영유아가 통제되지 않은 충분한 탐색을 할 수 있도록 자유로운 분위기와 기회, 시간을 제공한다.

❸ 전개

영유아가 생각을 적용, 실험하는 단계로 자료에 대한 탐색이 충분히 이루어진 후 활동의 특성에 따라 개별적 또는 집단활동을 할 수 있다. 이 단계에서 영유아는 교사대 영유아, 영유아 대 영유아 간 의사소통하고, 추리와 증명을 하며, 문제를 해결하는 과정을 표상하기도 한다. 교사는 또래간의 상호작용을 격려하며, 활동을 통해 영유아의 생각을 파악하고 이에 적절한 제안을 언어적·비언어적 형태로 제공해야 한다.

❹ 확장

영유아는 자발적인 방법, 또래의 자극, 교사의 제안에 의해 새로운 활동을 진행할 수 있다. 예를 들면 과일의 색깔이나 맛, 크기 등에 따라 분류하는 활동에서 과일의 맛과 크기 등 두 가지 기준에 따라 분류하는 활동으로 확장하는 것이다. 또한 수영역과 다른 영역과의 통합활동을 통해서도 확장은 일어난다. 예를 들면 과일가게 메뉴판을 만들고 과일 가게를 꾸미면서 가게놀이를 하는 활동을 통해 미술영역과 수영역과 통합, 역할영역과 수영역의 통합 등이 자연스럽게 일어난다.

❺ 마무리

마무리는 발표의 단계로 모든 활동이 끝난 후 대·소집단 형태로 모여서 자신이 무슨 활동을 했고, 어떤 것을 발견했으며, 어떤 흥미로운 결과를 얻었는지, 어떠한 방법으로 얻었는지 발표하는 것이다. 소집단 및 개별활동을 통해 얻은 결과를 대집단의 유아와 교사에게 이야기함으로써 자신의 생각을 이야기하고 다른 유아들의 생각을 들으며 알맞은 수학적 활동이 이루어졌는지 알아볼 수 있다. 활동 결과를 기록하거나 그림으로 그린 것 또는 그래프로 만든 것을 발표하고 난 후 전시를 통해 의사소통하기와 표상하기 활동이 활발히 일어날 수 있다.

생활주제 중심의 형식적 수학학습의 사례

- 10 이하 수의 더하기
  (블록 3개만 보여주고, 나머지 2개는 보여주지 않고 질문한다.)
  "내가 블록을 3개 가지고 있었는데 친구가 블록을 2개 더 주면 모두 몇 개가 될까?"
- 더하기
  "진달래 반에 여자친구가 6명이 있고 남자친구가 7명이 있어. 그럼 진달래 반 친구들은 모두 몇 명일까?"
- 10 이하 수의 빼기
  "내가 공 6개를 가지고 있었는데 동생에게 2개 주면 몇 개가 남을까?"
- 빼기
  "내가 구슬을 12개 가지고 있었는데 동생에게 구슬을 몇 개 주고 나니 10개가 남았어. 동생에게 모두 몇 개를 주었을까?"

2) 기타 영역

수학 학습은 언어, 미술, 신체음률, 역할놀이, 쌓기놀이, 실외 등의 활동 영역에서도 영유아의 수학활동이 이루어질 수 있다. 따라서 교사는 다음과 같이 이러한 활동영역들을 구성, 운영함으로써 다양한 수학 학습 기회를 제공할 수 있다.

(1) 언어 영역

언어영역에서는 숫자나 도형, 수 명칭을 활용하는 활동이 자연스럽게 일어난다. 언어는 영유아의 수학학습이 이루어지게 하는 중요한 원동력이 되며 언어를 통해 수학과 관련된 지식을 받아들이고 사고를 확장할 수 있다. 또한 도서자료는 생소한 수개념을 이야기와 삽화를 통해 쉽고 재미있게 유아에게 전달해 줄 수 있는 중요한 도구이다. 수학동화 시리즈, 수학 개념을 주제로 한 문학작품들을 통해 수학개념과 지식을 흥미롭게 풀어 나가는 책을 선정한 후, 이를 잘 전달하기 위해 그림자료, 융판 자료, OHP 등의 교수매체의 사용을 적극적으로 고려해야 한다. 교사는 언어영역에서 단순히 책의 내용을 전하는 것에서 그치는 것이 아니라 그것을 창의적이고 흥미로운 활동으로 전개시켜 책에서의 수학 개념이 실생활의 경험으로 확장될 수 있도록 계획해야 한다.

ex) 날짜, 요일 게시 및 기록, 물건의 개수 및 순서 세기, 세는 물건이나 사람의 특성, 단위에 따른 수 명칭, 도형의 명칭 등

표 4-3 수학적 개념이 포함된 문학작품의 예

수학개념책	구분	출판사	저자
숫자가 사라졌어요	수의 의미와 활용	웅진주니어	로렌 리디
열한번째 양은 누굴까?	수의 표상과 읽기	국민서관	미지켈리
검피아저씨의 뱃놀이	수의 관계	시공주니어	존 버닝햄
일곱 마리의 눈먼 생쥐	도형(부분과 전체)	을파소	이상교
거꾸로 임금님	공간 시각화 공간 추론	비룡소	안노 미쓰마사
언제까지나 너를 사랑해	물체의 측정 가능한 속성(시간의 경과)	북뱅크	로버트 먼치
윷놀이 이야기	분류하기, 그래프	한림	이은화

가. 이야기 꾸미기 자료

나. 영아용 낮은 책꽂이

그림 4-2 언어활동 자료 예

(2) 미술영역

미술영역에서는 색, 형태, 공간, 원근, 패턴, 균형 등과 같은 많은 수학 개념이 시각적으로 구현되는 활동영역으로 영유아의 수학교육과 밀접한 관련이 있다. 자신이 알고 있는 바를 언어로 표현하는 것이 미숙한 영유아에게 미술활동은 수학과 관련된 새로운 지식을 습득하고 그것을 표현하는 것은 큰 도움이 된다. 활동 결과를 다른 사람과 공유하는 과정에서도 자연스럽게 작품 속에 담겨 있는 수학 개념에 대해 이야기하며 인식하는 기회를 갖게 된다. 교사는 미술영역에서의 수학교육을 위해 수학의 기본 개념 중 어떤 것을 다룰지를 결정하고, 그것을 가장 효율적으로 학습할 수 있는 미술활동의 유형(그리기, 판화 찍기, 오려 붙이기 등)과 자료를 계획하여 영유아가 흥미를 가지고 주도적으로 활동에 참여할 수 있도록 해야 한다.

ex) 감자로 만든 모양 도장을 번갈아 가며 찍어보는 활동을 통해 흥미롭게 패턴을 이해하고 학습함

(3) 신체 · 음률영역

신체 · 음률영역에서는 자유로운 표현의 즐거움을 느낄 뿐 아니라 운동, 소리의 크기나 음의 높낮이 등을 경험하며 수학 개념을 자연스럽게 익히게 된다. 뛰고 구르는 신체활동은 위치와 속도 등의 수학 개념을 구체화시키는데 매우 유용하다. 또 음악을 구성하는 리듬은 일정하게 나누어지는 박자로 이루어져 있으며 음도 일정한 규칙을 갖게 된다. 영유아가 즐겨 부르는 노래 중에는 수와 관련된 노래, 일정한 패턴이 반복되는 노래, 돌림노래 등 수학학습에 효과적으로 사용할 수 있는 내용이 많으므로 교사는 이를 적절히 활용할 필요가 있다.

ex) 유아는 정글짐을 오르내리며 '안과 밖', '위와 아래', '높고 낮음' 등의 개념을 자연스럽게 인지함

ex) 종이 블록으로 집 짓기, '머리 – 어깨 – 무릎 – 발' 노래

가. 음률활동용 악기

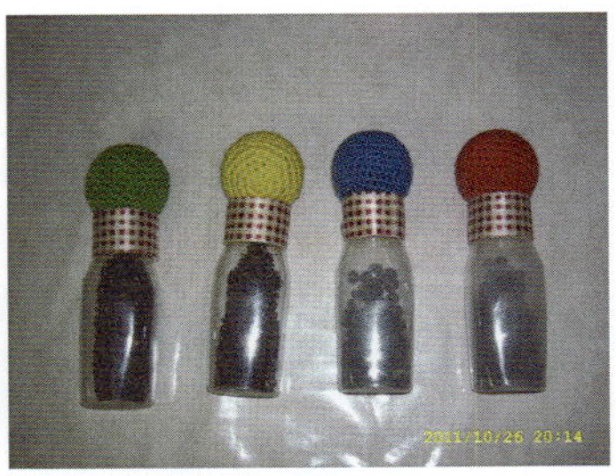

나. 곡식 마라카스

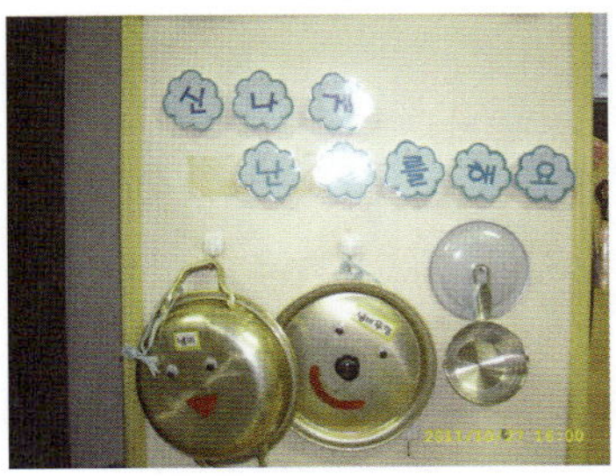

다. 난타놀이 도구

라. 리본 막대

그림 4-3 신체 · 음률활동 자료 예

(4) 역할놀이영역

역할놀이영역에서는 역할놀이를 통해 일상적인 경험을 다양한 인물이 되어 재연함으로써 자연스럽게 주변 세계를 모방하고 새로 배운 지식과 기술을 연습하게 된다. 친숙한 상황에서 소꿉 모형, 장난감 돈과 같은 구체물을 사용하여 반복되는 놀이는 문제해결 상황에서 자연스럽게 수학과 관련된 원리를 이해할 수 있게 한다. 이에 교사는 다양한 역할놀이가 가능하도록 환경을 조성해 주고, 놀이 참여자로서 함께 하며 역할놀이가 수학적 경험으로 확장될 수 있도록 적절한 질문 및 개입을 해 주어야 한다. 또한 교사는 다양한 종류의 소품을 비치하여 유아의 가상놀이를 촉진해야 할 수 있다.

ex) 자신의 역할에 따른 나이, 장소 설정과 관련된 공간 및 시간 개념 등

ex) 음식점 놀이를 통해 다양한 재료와 도구를 이용하여 음식모형을 만들면서 일대일 대응이나 도형과 패턴, 분류 등의 수학 개념을 학습하고, 음식을 사 먹기 위해 돈을 사용하면서 수 개념과 더하기 등의 연산 개념을 익히게 됨

가. 역할놀이-손 인형

나. 쌓기놀이 블럭들

그림 4-4 역할놀이 · 쌓기놀이활동 자료의 예

(5) 쌓기놀이영역

쌓기놀이영역에서는 쌓기 놀이를 통하여 유아는 근육의 조작능력 뿐 아니라 모양 인지, 수 세기, 분류하기, 높이와 부피 지각, 공간 구성 등 다양한 수학 관련 능력을 증진시키게 된다. 이에 교사는 연령에 따른 영유아의 인지와 신체 능력을 고려하여 적절한 크기의 블록과 양을 준비해 주어야 하며, 영유아가 문제 상황에 부딪혔을 때 적절히 개입하여 수학 개념이나 원리를 소개하도록 한다.

ex) 블록으로 탑을 쌓으며 블록의 모양과 크기에 따른 무게중심을 경험하며, 탑이 넘어지지 않도록 다시 쌓는 과정에서 블록을 안정적으로 구성하는 방법을 배우기도 함

(6) 실외영역

실외영역에는 일반적으로 물・모래놀이 영역, 목공놀이 영역, 동.식물 기르기 영역, 대근육활동영역 등이 있다. 실외 영역에서도 실내 영역 못지않게 다양한 수학 경험이 일어날 수 있기 때문에 복합적인 다기능 시설물이 적절히 혼합되어 있는 것이 바람직하며 이를 적절히 활용해야 한다. 물, 모래놀이 영역에서는 유아가 측정, 부피 등의 개념을 경험할 수 있으며 목공놀이 영역에서는 나무의 길이, 무게, 부피 등의 실제 연장을 가지고 실험해 볼 수 있다. 또한 대근육활동 영역에서는 마찰력, 무게, 수평, 속도, 방향, 진자운동, 중력 등과 같은 수학적 개념을 직접적으로 체험하도록 한다. 대근육활동으로 게임활동을 계획할 수 있는데 게임은 그 자체가 매우 흥미롭고 다른 활동에 비해 직접적으로 수학 개념을 훈련할 수 있게 고안된 것이 많아서 적절하게 사용한다면 수학 개념 확장에 매우 용이하다. 교사는 게임이 유아의 발달수준에 맞는지 생각해야 하며, 과정적 지식 습득에 도움이 되는지 생각해야 하며 게임을 통한 승패보다 유아가 게임을 즐기고 사회적 상호작용을 경험하는데 더 큰 목표를 두어야 한다.

가. 모래 놀이장

나. 영아용 자동차 타기 놀이장

다. 고정식 대근육활동 기구

라. 건너기 기구

그림 4-5 실외 및 신체활동의 예

3) 가정 및 지역사회 환경

영유아의 일상 환경은 수학교육의 일부가 되므로 교사에 의한 학습뿐만 아니라 가정과 지역사회의 다양한 장소와 기관들을 활용하여 이루어지도록 하는 것이 바람직하다.

(1) 가정과의 연계

가정의 일상생활에는 다양한 수학 개념과 이를 자연스레 경험할 수 있는 기회가 많다. 소식지나 가정통신문을 활용하여 영유아가 가정에서 수학적 발견과 경험을 할 수 있는 방법을 부모에게 제공함으로써 효과적으로 가정과 연계할 수 있다.

ex) 가정에서 아동과 함께 할 수 있는 요리활동을 소개하며 분량측정을 요하는 간단한 조리법 등을 가정통신문에 제시하거나 또는 부모가 일상적으로 행하는 자녀와의 상호작용에서 자녀의 수학적 사고를 장려할 수 있는 방법을 알려주는 것도 바람직함

(2) 지역사회와의 연계

유아교육기관 주변의 공원이나 공터, 놀이터 등 자연환경과 지역사회의 다양한 장소와 기관은 유아에게 다양한 발견과 탐색의 기회를 제공해 준다. 또한 지역사회 방문은 그 자체가 영유아의 호기심과 학습 동기를 불러일으키며, 견학을 준비하고 이동하고 마무리하는 모든 과정에 순서, 지도, 공간 등의 수학 개념을 연결시킬 수 있어 수학교육에 효과적으로 활용될 수 있다. 영유아는 지역사업체 견학을 통해 다양한 배경의 사람들로부터 생활에서 수학이 어떻게 이용되는지를 듣거나 혹은 실제적인 경험을 할 수 있다. 일방적인 물건 구입 경험이 아니라 요리활동이나 파티 등의 활동과 연계하여 필요한 물건의 목록을 작성하고, 예상되는 돈을 계산하고 세어보

고 구입해 본다면 보다 의미 있는 수학교육을 위한 활동이 될 수 있을 것이다.

ex) 식당이나 작은 가게는 돈에 대한 기본 개념(수, 값, 교환 등)을 배울 수 있는 좋은 장소가 됨

ex) 자신이 본 건물모형을 회상하여 그리거나 블록을 이용하여 구성하는 과정에서 높이와 크기의 지각을 경험할 수 있음

ex) 창문, 문의 개수를 세면서 층수를 예측하고 측정해 보는 활동도 가능함

ex) 유아와 함께 교육기관 주변을 산책하며 주변 환경을 지도로 구성해 보거나 지도 속에 있는 장소를 찾아가 봄으로써 거리와 측정의 개념을 경험할 수 있음

4) 집단 구성

수학교육은 대집단활동, 소집단활동, 개별활동에서 이루어질 수 있다. 집단 구성에 따라 장점과 단점이 있기에 영유아의 특성과 교실의 상황을 고려하여 적절한 집단(대, 소, 개별)을 구성하여 수학교육활동이 이루어지도록 하여야 한다.

(1) 대집단활동

대집단활동(Large Group Activity)은 교사가 학급 전체의 유아를 대상으로 동일한 내용을 동일한 속도와 방법으로 수업한다. 많은 학생을 동시에 가르칠 수 있는 장점을 가지고 있으나 대집단 상황에서 교사가 수업을 이끄는 것은 상당한 부담으로 작용하며 많은 지도 기술을 필요로 한다. 또한 집단을 구성한 영유아 인원수가 너무 많거나 이들의 흥미나 능력에 개인차가 큰 경우 대집단활동의 효과는 크게 줄어들게 된다. 효율적인 대집단활동을 계획하기 위해서는 몇 가지 사항을 고려하여 철저히 준비해야 한다.

❶ 준비과정

– 대집단활동에서는 너무 오랜 시간동안 영유아들을 대집단으로 붙잡아 놓고 있지 않기 위해서 적당량의 내용인지 고려하여 계획해야 한다.
- 계획한 목표에 부합되는 교수・학습방법인가?
- 유아의 능력이나 발달에 적절한가?
- 적당량의 내용인가?

❷ 교수과정

– 목소리의 질, 크기, 음조, 속도 등에 변화를 주어 적절히 조절한다. 말의 속도가 빠르면 음조가 올라가게 되고, 교사나 영유아들 모두 쉽게 피곤해지므로 침묵을 통해 생각하고 기다려 주는 기법도 필요하다.

– 얼굴 표정이나 눈빛, 몸동작 등을 잘 살려 메시지를 전달한다.

– 시청각 자료를 제시하거나 손 유희 등을 함으로써 영유아들의 호기심을 자극하고, 지속적인 주의 집중을 유도해야 한다.

(2) 소집단활동

소집단활동(Small Group Activity)은 대집단 수업의 교사중심적인 진행과 비효율성에 대한 비판에서 시작된 것으로서 특정 수업 목표의 효율적 달성을 위해 전체 학급을 소집단으로 나누어 수업하는 형태를 말한다(김경미 외, 2002). 이는 구성원들 간의 상호작용을 활발하게 하고, 교사는 프로그램 운영에 대한 부담을 줄일 수 있으므로 수준별 또는 개별지도를 할 여유를 갖게 되며 토의, 역할놀이, 탐구학습, 발견학습 등의 적절한 수업모형이 제시된다. 대집단활동과 비교했을 때 소집단활동의 장점은 다음과 같다.

- 다른 사람의 생각이 서로 다름을 알고 의사소통하는 능력을 기른다.
- 심리적으로 의사 및 감정 표현이 자유롭다.

- 집단 참여의 기회가 많고, 동기유발이 잘 이루어진다.
- 개인 유아가 존중되고 수준별 교수방법을 적용할 수 있다.

소집단활동은 교사 중심이냐, 영유아 중심이냐에 따라 교수·학습방법이나 교사의 역할이 다르게 운영될 수 있다. 영유아 중심 소집단은 영유아의 자유의사에 따라 자연스럽게 구성하는 반면, 교사 중심 소집단은 교사가 몇 가지를 고려하여 임의적으로 구성한다.

❶ 교사중심 소집단활동

– 교사 중심의 소집단활동에서는 체계적으로 계획되고 조직적으로 이루어질 수 있다. 또한, 교사는 토의의 주제와 방향을 제시하는 리더역할을 하게 된다. 교사가 교사 중심 소집단을 구성할 때는 영유아의 능력수준, 흥미 등을 고려하여 각 집단을 균등집단으로 구성하고 서로의 시선이 잘 교류할 수 있도록 원형으로 좌석을 배치한다.

❷ 영유아 중심 소집단활동

– 영유아 중심으로 소집단이 운영될 때는 자유롭고 비조직적인 구조를 갖고 있다. 교사는 토의내용에 직접 참여할 수도 있고, 참여하지 않을 수도 있다. 소집단에 직접 참여하더라도 영유아와 동등한 구성원의 자격을 유지하며, 필요할 경우 안내나 정보를 제공하는 역할, 절차를 조정하는 조정자의 역할도 한다.

소집단활동을 대표하는 학습으로 협력 학습을 꼽을 수 있는데 협력학습은 영유아들이 소집단 속에서 협력하여 과제를 해결하면서 집단 구성원 개개인의 학습을 증진시키는 학습 방법이다. 다양한 수준과 생각을 갖고 있는 영유아들이 소집단에서 함께 협력하여 과제를 해결하면서 수학적 이해가 발달될 뿐만 아니라 의사교환 능력 및 대인 관계 기술도 발달한다. 영유아들은 수학활동이 전체 집단활동으로 진행될 때보다 소집단으로 진행될 때 활동에 보다 열심히 참여하고 다른 영유아들과의 상호작용도 보다 활발하게 이루어진다.

영유아들과의 협력 학습을 위해서 교사가 사용할 수 있는 방법 중의 하나로 짝짓기 모델을 예로 들면, 생각하기–짝짓기–의견 나누기(think-pair-share) 모델이 사용될 수 있다(McTighe & Lyman, 1988).

- **1단계 생각하기** : 질문이나 수학 과제가 제시되면 개별 영유아가 혼자서 어떻게 해결할지를 생각해 본다.
- **2단계 짝짓기** : 자신의 짝이 된 친구와 해결 전략이나 아이디어를 서로 교환한다.
- **3단계 의견 나누기** : 여러 다른 친구들과 교사에게 자기 팀의 해결 전략을 발표한다.

생각하기–짝짓기–의견 나누기 모델이 사용될 때 교사는 진행되는 과정을 관찰하여 각 단계별로 옮겨가는 것을 적절하게 조절할 수 있어야 하고, 교사는 의견 나누기 단계에서 유아들이 자신의 수학적 이해와 수학적 과정을 설명할 수 있도록 적절한 질문을 하는 것이 바람직하다.

(3) 개별활동

개별활동(Individual Activity)이란 학습자의 능력이나 개성을 존중해준다는 아동 중심 사상에 의해 학습자 개개인을 대상으로 개인차에 적합한 교육을 하는 것이다. 학습자의 발달 상태나 능력에는 개인차가 있기 때문에 학습자의 개성을 존중하여 학습자의 특성을 고려하며, 학습내용이나 가르치는 방법을 교사의 안내에 따라 스스로 활동해 나가는 방법이다. 개별활동에서의 핵심은 '개인차'인데, Bruner는 '광범위한 개인차가 학생들 속에 분명히 내재되어 있다. 이러한 개인차의 존재는 수업의 자료와 방법에 있어서 다양화와 학습기회의 확대를 요구한다. 학습자들 모두에게 알맞은 한 가지의 이상적 방법은 있을 수 없다'고 지적하였다. 이러한 이론에 맞추어 자연히 수준별 교육과정이 대안으로 떠오르게 되었다. '수준별 교육과정'이란 영유아의 발달을 고려한 교육으로 연령에 적합해야 하고, 개인차를 고려해야 하고, 사회문화적 적합성이 있어야 한다는 의미이다. 즉, 한 연령 안에서도 수준의 차이가 있으므로 개인차를 고려해야 하고 지역사회의 특수한 배경에 따라 영유아의 반응이나 적용이 달라질 수 있음을 고려해야 한다는 것이다.

개인차를 고려한 효율적인 개별활동을 위한 몇 가지 대안을 제시하면 다음과 같다.

① 집단 규모의 유연화

– 교실 내에서 대집단 교수활동을 줄이고 중·소집단활동이나 개별활동할 수 있는 자유선택놀이를 많이 유도하기

② 교수·학습방법 및 자료의 다양화

– 흥미영역에 제시된 여러 교재·교구 중에서 유아가 자신에게 맞는 것을 스스로 선택·활용하게 하기

– 매일 제시되는 활동의 종류를 2~3가지로 다양하게 제시하여 선택하도록 하기

③ 학급운영의 효율화

– 담임 연임제(2~3년)를 통하여 교사가 개인 영유아를 많이 관찰하고 파악하게 되면 개인차를 고려한 교육을 더욱 용이하게 활용할 수 있음.

– 1학급 2교사 체제라든지 담임교사 외에 보조교사를 두어 개별화 교육을 할 수 있는 여건을 조성하기

④ 프로젝트 수업활동

– 프로젝트는 유목적적이고 영유아의 흥미에서 시작되는 것이 핵심이므로 결과를 향해 가는 과정 안에 기술 및 인식들이 포함되고 그들 간의 관계를 영유아가 스스로 구성하고 교사가 지원하므로 효율적인 개별학습을 도모할 수 있음.

Chapter 5

영유아 수학교육의 평가

영유아에 대한 평가는 유아의 학습 성취와 진보에 대한 정보를 수집하고, 정보를 해석하여 교수-학습과정에 반영하며, 부모와의 의사소통의 수단으로 사용하는 총체적인 체계 속에서 이루어지는 과정이다. 평가된 자료는 교사는 영유아 교육계획을 세우기 전에 영유아의 행동특성 및 발달 수준을 이해하여 그에 적합한 활동의 계획과 실행의 기초 자료가 된다. 그러므로 평가 활동은 정확하여야 하며 영유아의 성장과 발달을 돕고 유아의 학습에 영향을 주는 과정중심의 평가가 되어야 한다.

유아 수학교육에서의 평가는 수학교육활동의 효과를 측정하기 위한 것으로 교수-학습 과정에서 활동목표에 비추어 유아들이 어떠한 활동을 하고 어떠한 행동변화가 어느 정도 이루어졌는가를 알아보는 것이다(김창복 외, 2005). 즉 수학에 대한 흥미와 발달 수준, 학습 성취 정도 등에 대한 정보 수집을 통해 영유아 수학교육 관련 활동을 교수-학습 과정이 효율적으로 진행되었는지 평가하여 다음 단계의 교수-학습 계획을 개선하고 반영하기 위한 것이다. 평가방법은 크게 형식적 평가의 유형과 비형식적 평가의 유형으로 구분할 수 있다. 형식적 평가의 유형에는 일반적으로 표준화된 평가도구로 평가 방법과 절차도 획일화된 방법이며 교실 이외의 장소에서 유아의 수학적 발달 수준을 진단 평가하는 방법이다. 비형식적 평가는 영유아 수학교육이 이루어지는 상황과 맥락의 전체 과정 속에서 교사의 요구와 목적에 따라 자연스럽게 사용될 수 있는 평가로 포트폴리오 평가 방법, 관찰에 기초한 일화기록이나 행동목록의 방법, 수행평가활동을 통한 평가 방법 등이 제안되어져왔다(NCTM, 2000).

본 장에서는 영유아 수학교육 평가의 방법으로 관찰법, 면접법, 작품수집, 검사법 그리고 이 모든 것을 포괄하는 포트폴리오에 관하여 구체적인 내용과 실시 방법을 살펴본다.

1. 관찰

관찰에 기초한 평가 방법(observation-based assessment)은 학습에 대한 성취와 진보 과정을 효율적으로 평가할 수 있는 방법으로 매일의 일상생활의 맥락이 포함되어 있는 정보를 제공해줄 수 있다. 관찰 평가는 발달 특성상 언어적 의사소통이 원활하지 않은 영유아에게 적합하며, 비언어적 행동에 대한 정보도 제공된다는 점에서도 유용한 평가방법이다. 교사는 관찰을 이용하여 교실에서 영유아들이 수학에 얼마나 관심과 흥미를 보이는지, 어떠한 수학 지식을 갖고 있는지, 그리고 문제해결 상황에서 수학 개념을 어떻게 적용하는지를 평가할 수 있다(Kennedy, 1984).

관찰을 통해 교사는 이론과 실제를 연결시킬 수 있으며, 유아에 대한 지식을 교수를 통해 전환시키고, 유아를 주의 깊게 보고 듣고 반성적으로 사고하는 관찰을 통해 다시 유아에 대한 지식에 반영할 수 있다(Hills, 1993). 기록하는 방식에 따라 관찰은 두 가지로 구분할 수 있다. 일정한 형식 없이 그때그때 우발적으로 나타나는 행동과 사건을 서술식으로 기록하는 일화기록과 관찰하려는 행동의 목록을 관찰 전에 일정한 기록양식에 열거해 놓고 이에 따라 표기하는 행동목록이나 평정척도이다(이은해 외, 1995). 영유아 수학교육과 관련하여 현장에서 많이 사용되는 관찰 평가 방법에는 일화기록, 체크리스트, 평정척도 등이 있다.

1) 일화기록

일화기록법이란 자연스러운 상황에서 어떤 사건을 관찰하여 객관적, 사실적으로 기록하는 것으로 구조화되지 않은 관찰방법이다. 특별한 기록 양식이 없이 유아들의 기본 정보를 기입한 후에 관찰한 것을 객관적인 사실 그대로 일어난 순서에 따라 자세하게 기록하는 것이다. 따라서 사건이 발생한 후에 즉시 기록하여 유아들의 말과 행동, 몸짓, 얼굴 표정 등을 자세하게 기록해야 한다. 일화기록으로 유아의 행동에 대한 일반화된 해석을 하기 위해서는 누적된 일화기록이 필요하며 구조화된 다른 관찰방법과 병행하는 것이 효과적이다.

수학교육에서 일화기록은 영유아가 우발적으로 표출하는 수학적 지식이나 행동을 기록하는데 유용한 방법이다. 그러므로 일화기록에서 교사는 관찰 상황이나 환경을 미리 설정하지 않고 어느 곳에서나 일화를 관찰하여 중요하다고 생각되는 것을 그때그때 기록하면 된다. 영유아의 특정 행동이나 상황에 초점을 맞추어 무슨 상황이 언제 어디서 어떻게 일어났으며, 영유아가 그 상황에서 무슨 말을 하고 어떻게 행동을 했는지를 사실적으로 기록한다.

일화기록의 객관성을 확보하기 위해서는 교사가 관찰 직후 바로 기록하는 것이 바람직하지만, 영유아와 함께 활동하는 동안 기록이 어려울 경우에는 메모장에 중요한 단어만 적어 놓고 수업 후에 완전한 문장으로 기록하도록 한다. 이를 위해 교사는 항상 기록을 위한 도구(메모장, 독서커드, 포스트잇 등)을 휴대하거나 교실 내의 적당한 위치에 비치하는 것도 도움이 된다. 일화기록에는 특별한 양식이 있는 것은 아니지만 영유아의 성명, 관찰자, 관찰 일시 및 장소, 수학적 사건 및 상황에 대한 요약, 그리고 영유아가 어떤 말을 했고, 어떤 행동을 했는가에 해당하는 구체적 내용이 간결하게 기록되어야 한다.

일화기록에서 유의할 사항을 정리하면 사건이 생긴 후 바로 기록하기 위해 항상 연필과 기록 카드를 항상 가지고 있어야 하며 기록할 때는 영유아가 보는 앞에서 기록하지 않도록 해야 하며 다음 사항이 기록되는 것이 바람직하다.

- 상황적인 자료도 반드시 기록하고 그 상황에 있는 다른 사람들의 반응도 기록한다.
- 대상 영유아의 사용한 말을 그대로 인용하여 기록한다.
- 일련의 사건을 기록할 때에는 사건의 일어난 순서대로 기록. 즉, 시작, 중간, 끝이 있어야 한다.

- 구체적으로 작성하며, 일반적이고 평가적인 측면으로 기록하지 않도록 한다.
- 객관적이고 사실적이며 완전한 기록이어야 하며 관찰자의 편견이 개입되지 않도록 한다.

표 5-1 일화기록의 예

관찰아동	김민준(만 4세)	성별	남	관찰일	2015. 5. 8.
관찰자	유○○	관찰시간	오전 11시 30분 ~ 11시 35분(5분)		
누리과정 영역	사회관계				
관찰장면	실외놀이				
기록	실외 바깥놀이시간에 민준이가 모래밭에서 소꿉놀이하고 있는 3명의 여아에게 다가간다. 민준이는 옆에서 쪼그리고 앉아 모래를 양손으로 판다. 옆에서 소꿉놀이하는 여아들에게 모래를 뿌린다. 옆에 있던 민아가 "하지마!"라고 말하고, 효민이도 민준이에게 "모래 뿌리지마!" 라고 말하면서 민준이를 5초 노려본다. 민준이는 또 다시 모래를 두 번 뿌리고는 그네 타는 곳으로 간다.				
해석 및 평가	민준이가 왜 친구들에게 모래를 뿌리게 되었는지 원인을 파악해 볼 필요가 있다. 민준이가 여자 친구들과 함께 소꿉놀이를 하고 싶었는지도 모르겠다. 그러나 어떻게 함께 놀 수 있는지에 대한 방법을 몰라 모래 뿌리는 행동을 했다면 함께 놀고 싶을 때 어떻게 표현해야 할지를 알려 줄 필요가 있겠다. 모래를 뿌리는 행동은 해서는 안 되는 행동이므로 하지 못하도록 지도할 필요가 있으며 잘못된 행동 뒤에 친구들에게 사과하는 법도 알려줄 필요가 있다.				

2) 체크리스트

체크리스트는 영유아의 행동상황이나 성취해야 할 기술을 포함하는 세분화된 상황을 범주화하여 행동 사항이 관찰되면 그 정도에 따라 체크하는 방법이다. 그러므로 체크리스트는 교사나 관찰자가 단순히 어떤 기술이나 행동 혹은 발달 특성이 나타나는지를 알아보고 싶을 때 사용된다. 교사는 평가하고자 하는 행동이나 발달특성의 영역에 관한 목록을 미리 준비하여 관찰 사항에 따라 '예 / 아니요'또는 관찰된 행동 특성의 횟수를 표기하여 자료를 수집하므로 내용 문항은 관찰 가능한 구체적 행동이 문항으로 진술되어 있어야 한다.

- 수 개념이 있다(포괄적인 문항으로 바르지 않음).
- 블록의 숫자를 셀 수 있다(구체적인 문항으로 바른 문항).

적절한 체크리스트는 제작을 위해 사전에 행동을 정의하고, 범주화하기 위해 노력과 시간이 소요되고, 내면감정이나 생각을 관찰하기에 부적합한 점이 있으나 잘 만들어진 체크리스트는 특별한 훈련 없이도 간편하게 사용하고, 신속하고 체계적으로 관찰할 수 있으며, 수량화가 용이하여 통계적 분석이 가능한 특징이 있다. 영유아 수학교육에서 체크리스트는 주기적으로 관찰·기록함으로써 영유아 개인의 수학적 행동 발달의 변화를 평가 하는데 유용하게 활용될 수 있다.

표 5-2 체크리스트의 예

① '예 / 아니오' 체크리스트의 예

유아명 : 　　　　　　　　　　생년월일 : 　　　　　(남, 여)
관찰자 : 　　　　　　　　　　관찰일시 :
다음의 행동이 관찰되면 '관찰됨'에 관찰되지 않으면 '관찰 안 됨'에 ∨표를 한다.

신체 운동 발달	관찰됨(예)	관찰안 됨(아니오)
원을 그린다.	□	□
점토, 퍼즐, 가위를 조작할 수 있다.	□	□
블록을 위로 쌓는다.	□	□
수직선을 바르게 그린다.	□	□
10 이내의 숫자를 순서대로 말한다.	□	□
한 발로 잠시 서 있을 수 있다.	□	□

② 행동 횟수 체크리스트의 예

유아명 : ○○○　　　　　　　생년월일 : 2015. 10. 30.　(남, 여)
관찰자 : △△△　　　　　　　관찰일시 : 2017. 04. 10.
다음의 행동이 관찰되면 'O', 관찰되지 않으면 'X'로 표시하시오.

신체 운동 발달	1회	2회	3회	4회	5회
1. 어른의 손이나 난간을 붙잡고 계단을 잘 올라가며 곧 어른의 도움 없이 난간을 붙잡지 않고 계단을 올라간다.	○	○	○	×	×

2. 넘어지지 않고 잘 달린다.	×	×	×	×	○
3. 양 발을 모으고 제자리에서 높이 점프한다.	○	○	○	○	○
4. 바닥에 있는 공을 앞으로 찬다.	○	○	○	○	○
5. 발끝으로 걷게 되며 서서히 뒤로도 걸을 수 있게 된다.	×	×	×	○	○
6. 1.5m 떨어진 곳에 있는 어른에게 공을 던진다.	×	×	×	×	×

3) 평정척도

평정척도(Rating scales)는 체크리스트의 제한점을 보완하고 체크리스트를 확장한 것으로서, 관찰된 행동의 질적인 차이를 알고자 할 때 연속성 있는 단계로 수량화된 점수 혹은 가치가 부여된 기록지에 평정하는 것이다. 교사는 평가하고자 하는 수학 행동에 관한 항목들에 따라 영유아를 관찰한 뒤에 질적 특성이나 발생 빈도에 따라 점수를 부과하게 된다. 즉 평정 척도는 참여 대상의 특성에 가치를 매기거나 기록하기 위하여 연속적인 단계로 수나 값을 부여한 도구라고 할 수 있다.

평정척도 사용 시에는 교사가 관찰 결과에 대한 판단을 내리는 과정에 편견이나 주관이 개입될 여지가 많으므로 평정에서 다음과 같은 오류에 유의하여야 한다.

- **중심화의 오류** : 지나치게 긍정적이거나 부정적인 판단을 피하기 위해 잘 모르는 특성을 판단할 때 척도의 중앙에 위치한 항목에 표시하는 것이다. 이런 결과가 도출되면 다른 오류와 마찬가지로 성과 평가의 의미가 없어진다는 데 문제가 있다.
- **인상의 오류** : 교사가 평정할 때 영유아의 어느 한 부분의 탁월한 성과로 인해 다른 부족한 성과까지 마치 후광처럼 감추어질 때 발생하는 후광효과 오류와 하나의 저조한 성과가 유아의 모든 평가에 부정적으로 반영되는 혼 효과(horn effect) 오류도 발생할 수 있다.
- **논리의 오류** : 전혀 다른 두 가지의 행동 특성을 비슷한 것으로 판단해서 평정하게 되는 오류이다. 예를 들어 어휘력이 풍부한 행동을 보고

문장력이 있다고 판단하는 경우와 같은 오류이다.

- **엄격화 오류와 관대화 오류** : 엄격화 오류는 영유아의 행동을 엄격하게 평가해서, 평가 결과의 범위가 대체적으로 하위에 배치되는 오류이다. 관대화 오류는 엄격화 오류와 반대로 평가에 대한 좋은 인상을 받기 위해 범하는 경우로 전체적으로 관대한 평가를 내려서, 평가 결과의 범위가 대체적으로 상위에 배치되는 오류를 의미한다.
- **근접의 오류** : 시간적으로 혹은 공간적으로 가까이 있는 평정 특성들을 유사하게 판단하는 오류이다. 연속적으로 제시된 문항을 평가할 때 유사하게 판단하는 경우 또는 평가 대상이 바뀔 때 시간이 흐를수록 점차 하위로 평정하거나 점차 상위로 평가하는 경우가 발생한다.

평정척도의 유형은 기술평정척도(category rating scale), 숫자평정척도(numerical rating scale), 도식평정척도(graphic rating scale), 표준 평정척도(standard rating scale)가 있다.

기술평정척도는 행동의 차원을 질적 차이가 나타나는 연속적인 몇 개의 유목 혹은 단계로 나누어 간단한 단어나 구, 문장으로 기술하고 관찰자로 하여금 대상의 행동을 가장 잘 나타내는 진술문을 선택하게 하는 방법이다. 숫자평정척도는 각 척도치에 숫자를 부여함으로써 이루어지며 숫자를 일종의 점수로써 평정된 자료를 수량화하고 통계적인 분석을 가능하게 하는 방법이다. 숫자를 배정하는 일반적인 규칙은 가장 긍정적인 척도치에 가장 높은 점수를 주는 것으로 즉, 3점 척도인 경우 3, 2, 1로 배정하고 5점 척도인 경우에는 5, 4, 3, 2, 1로 배정한다. 도식 평정척도는 관찰자의 판단을 돕기 위해 기술적인 유목에 어떤 선을 첨가 시킨 형태를 말한다. 일반적으로 일정한 횡축선을 제시하고 직선상의 위치에 따라 판단을 할 때 관찰자는 직선을 하나의 시각적 단서로 활용하여 관찰하는 행동의 연속성을 가정하게 된다. 선의 형태도 등간으로 나누어진 선 또는 나누어지지 않은 선, 연속선, 또는 점선 등으로 다양하다. 표준평정척도는 관찰자에게 평정의 대상을 다른 일반 대상과 비교할 수 있도록 구체적인 준거를 제시하는 방법이다. 이 유형은 기술 평정척도에서의 범주를 보다 객관적인 유목으로 기술한 형태라 볼 수 있다.

표 5-3 평정척도의 유형의 예

1. 기술평정척도의 예

평가내용	평가문항	평정
수학적 지식	3. 유아는 사물을 성질에 따라 분류한다.	예( ), 아니오( )
	4. 유아는 사물의 상대적 차이에 다라 순서 짓는다.	예( ), 아니오( )
	5. 유아는 자료를 그래프로 조직한다.	예( ), 아니오( )
	6. 유아는 그래프에 나타난 결과를 말한다.	예( ), 아니오( )

2. 숫자평정척도 예

이 름: 생년월일: 성 별: 남, 여

관 찰 자: 관 찰 일:

관찰일 현재 유아의 연령 년 월

지시: 유아의 수학적 태도에 대해 다음과 같이 1~5로 평정하여 해당 숫자에 0표를 한다.

	1. 아주 못함	2. 못함	3. 보통	4. 잘함	5. 아주 잘함
1. 수학적 내용에 대한 호기심을 말로 표현한다.	1.	2.	3.	4.	5.
2. 수학적 내용에 주의 집중한다.	1.	2.	3.	4.	5.
3. 수학적 내용에 대하여 다른 유아의 의견을 존중하여 받아들인다.	1.	2.	3.	4.	5.
4. 수학적 상황에 적극적으로 참여한다.	1.	2.	3.	4.	5.
5. 수학적 상황이 끝날 때까지 지속적으로 한다.	1.	2.	3.	4.	5.

3. 도식평정척도의 예

관찰유아: 생년월일: 성 별: 남, 여

관 찰 자: 관 찰 일:

관찰일 현재 유아의 연령 년 월

지시: 다음 각 항목에 가장 적합한 곳에 평점을 부여한다.

<table>
<tr><td>1. 놀이의 형태</td><td>혼자 논다</td><td>|----|----|----|----|----|</td><td>친구와 함께 논다.</td></tr>
<tr><td>2. 놀이의 방법</td><td>단순한 기능놀이 연습놀이를 한다.</td><td>|----|----|----|----|----|</td><td>친구와 역할놀이를 한다.</td></tr>
<tr><td>3. 놀이시간</td><td>한 곳에서 오래 놀이하지 못하고 자주 이동한다.</td><td>|----|----|----|----|----|</td><td>다양한 대화나 놀이방법으로 오랫동안 놀이를 지속한다.</td></tr>
</table>

4. 표준평정척도의 예					
관찰유아:	생년월일:			성 별: 남, 여	
관 찰 자:	관 찰 일:				
관찰일 현재 유아의 연령	년	월			
지시: 다음 각 항목에 가장 적합한 곳에 평점을 부여한다.					
1. 길이/높이 측정 능력					
2. 무게 측정 능력					
3. 넓이 측정 능력					
4. 시간 경과 파악 능력					
	하위50%에 속함	하위20%에 속함	중간20%에 속함	상위20%에 속함	상위5%에 속함

2. 면접

면접은 교사가 유아와 직접적인 상호작용을 통해 언어적 반응을 통하여 자료를 수집하는 방법이다. 관찰법과 달리 면접은 대상과의 직접적인 상호작용을 통해 자료를 수집하는 방법으로 인지적 영역뿐만 아니라 결과를 도출하기까지의 사고 과정을 평가할 수 있다. 다른 평가방법에 비하여 여러 가지 귀중한 자료를 수집할 수 있지만, 대단히 유통성이 있어 고도의 기술과 훈련이 필요한 평가방법이다.

면접에 의한 평가는 미리 만들어진 질문에 의한 구조화된 구조적 면접, 일정한 체제를 갖추었으나 구체적 질문을 미리 갖지 않고 반구조화된 면접, 면접의 목적만 유지하며 융통성 있게 접근하는 비구조화된 면접으로 구분할 수 있다. 그러나 유아와의 면접에서는 세 가지를 세분화하여 실시하기란 쉽지 않으며 수학교육에서 면접에 의한 평가는 일과의 부분으로 포함되어 즉흥적인 비구조화된 면접으로 실시되는 것이 적절하다. 면접자는 면접 상황에 적합한 면접의 기술, 면접의 목적에 적합한 구체적인 질문, 면접 후 내용의 분석을 갖출 수 있어야 효과적인 평가를 기대할 수 있다.

면접 상황에서 자신을 표현하는 능력이 미흡한 영유아가 적합하게 반응하도록 교사는 인정하기, 검토하기, 도전하기의 면접기술을 사용할 수 있다(Smith, 1997). 인정하기(validating)란 면접 상황에서 영유아가 수학에 관한 직관을 나타낼 때 이를 인정해 주는 것이다. 이 때 교사는 영유아의 사고를 뒷받침해 줄 수 있는 근거를 제시하여 유아가 자신의 생각을 언어로 조직하는 데 도움을 줄 수 있어야 한다. 검토하기(reviewing)는 영유아의 우연한 수학적 활동에 대해 상황을 반복하고 토론하여 영유아에게 수학적 직관을 경험하게 하고 수학 학습 내용을 연습하게 하는 것이다. 영유아는 이를 통해 수학적 사고를 재연함으로써 수학에 대한 친밀과 자신감을 얻게 된다. 도전하기(challenge)는 영유아의 수학적 활동에 새로운 수학적 상황을 추가함으로써 영유아의 수학적 사고를 확장시키는 것이다. 교사는 '만약에…'라는 상황을 추가적으로 제시함으로써 비계설정을 하여 새로운 매체, 새로운 위치, 또는 다른 수학 개념으로 확장되게 할 수 있다.

교사가 영유아 면접 시 갖추어야 할 기본적 태도를 다음과 같이 정리할 수 있다(박도순, 1993).

- **중립적인 태도** : 어떤 응답을 암시하거나 자신의 의견을 표명하지 않는다.
- **공정한 태도** : 아동이 자신감을 갖고 응답할 수 있도록 공정하게 대한다.
- **자연스러운 태도** : 응답을 강요하는 인상을 주지 말아야 하며 아동이 스스로 응답하도록 분위기를 조성한다.
- **담화적 태도** : 질문과 응답의 형식이 아닌 상호 대화하는 분위기를 만든다.
- **친절한 태도** : 친절하고 우호적으로 아동을 대한다.

영유아 수학 평가의 면접에서 구체적인 질문하기는 '어느 것이 먼저~, 그러면 어떻게 할까?, 자 이제 다음은~, 어떻게 알았니? 지금 무엇을 하는지 말해주겠니? 다른 방법은 없겠니? 등 도입, 연계 확인, 확장의 질문을 통해 영유아의 수학활동을 이끌어 줄 수 있다.

성공적 면접이 되기 위해서는 교사의 적절한 질문도 필요하지만 유아의 수학적 과업 수행에 지나치게 교정하거나 코치하는 것은 유아가 교사에게 의지하게 되는 것을 주의해야 한다.

표 5-4 영유아의 수학적 활동에 대한 교사의 언어적 상호작용의 예

수학적 탐구 내용	교사의 언어적 상호작용	
분류하기와 순서 짓기	(정리 시간에) 이것은 어디에 두면 좋을까?	같은 것끼리 모아 보자.
	누가 이것과 똑같은 것을 가지고 있니?	여기에 있는 것들이 어떻게 같은지 말해 주겠니?
	가장 작은 것을 가져오겠니?	
시간에 대한 기초개념 알기	어떤 것이 더 오래 걸리니?	어떤 것이 시간이 가장 적게 걸리니?
	유치원에 오기 전에 무엇을 했니?	
수의 기초개념 이해하기	친구들이 쓸 만큼 풀을 가져 오겠니?	우리가 쓸 만큼 충분하니?
	누가 가장 많이 가지고 있니?	이것들을 여기에 합치면(빼면) 어떻게 될까?
	얼만큼 남았니?	오늘 간식은 모두 세 개씩 먹을 수 있단다.
	간식을 첫 번째로 먹은 사람은 누구니?	네가 가진 구슬이 대략 몇 개쯤 되겠니?
공간과 도형의 기초개념 알기	책상 아래에 있는 저 풀 뚜껑 좀 집어 주겠니?	그것을 오른쪽에 놓을 수 있니?
	이 모양과 비슷한 것은 어떤 것이니?	이것들은 어떻게 다를까?
	이것을 가지고 무엇을 만들 수 있을까?	이 모양을 사용해서 다른 모양을 만들 수 있을까?
기초적인 통계와 관련된 경험하기	(그래프를 보며) 어느 칸이 제일 적니?	우리 반 친구들이 제일 좋아하는 ○○는 무엇이니?
	○○가 △△보다 얼마나 많으니?	
기초적인 측정과 관련된 경험하기	길이가 같은 것은 어떤 것이니?	이것보다 긴 것은 어떤 것이니?
	누구와 누구의 키가 같으니?	이것과 같은 크기의 것은 어떤 것이니?
	어떤 것이 더 무거우니?	어떻게 그것을 알 수 있니?
	이것만큼 길게 블록을 놓으려면 몇 개가 필요할까?	

출처 : 권영례 외(1998). 3~5세 유아를 위한 수학교육과정 모델 개발의 준거. Richardson(2000). *Mathematics Standards for Pre-Kindergarten through Grade 2*. ERIC Digest.

3. 작품 수집

수학교육의 최근 동향은 수학 내에서의 관계성을 이해하고, 수학활동에서 중요한 수학적 아이디어를 이해하며, 수학능력을 향상시키는 기술로서 수학적 의사소통을 하며 문제 상황을 해결할 수 있는 능력을 요구하고 있다(전순한, 이기현, 2010). 이러한 측면에서 유아 수학교육은 따로 분리되어 다루어지기 보다는 유아에게 익숙한 영역과 통합의 필요성이 있으며, 통합적 접근은 이미 유아교육에서 뿐만 아니라 학문간 수렴 및 연결의 노력으로 예술, 인문학과 인지과학, 공학, 물리학의 연결 등 여러 영역에서 추진(이정모, 2010)되어 오고 있다. 이러한 노력들은 특정 교과로 구분 짓는 학습보다 타 교과와의 연계된 학습이 효과적이라는 점을 반영하는 것이다. 영유아 수학교육 평가도 타 교과의 연계에 의해 접근할 수 있다.

일과 중에 영유아의 활동들은 그리기, 쓰기, 만들기 등의 다양한 결과물로 남는다. 이러한 결과물들은 영유아 수학교육의 평가로 활용될 수 있다. 미술활동은 선, 색, 형태, 공간, 반복, 율동, 조화 등의 요소들은 기하, 공간, 패턴과 같은 수학적 개념의 이해를 돕는다. 종이접기활동은 도형의 넓이의 등분이나 도형의 대칭성, 선분의 길이 비교, 각의 등분 등 기초적인 도형의 개념이 흥미 있는 놀이의 과정 속에 풍부하게 잠재되어 있다. 음악활동의 박자, 리듬, 빠르기 등의 개념 속에 공간, 순서 짓기, 수세기, 일대일 대응 분류, 패턴 등의 수학적 개념이 포함되어 있다. 요리활동은 재료의 양과 수에 대한 이해와 크기나 모양으로 분류해 보는 경험을 통해 수 개념 발달을 돕는다.

일과활동의 결과로 얻어진 작품의 지속적이고 체계적인 수집을 통해 영유아의 수학적 표상 수준을 파악할 수 있는 평가 자료로 활용할 수 있다. 교사는 영유아의 작품을 수집할 때마다 수학적 평가 의견을 간략히 기록하여 둠으로써 수집된 작품을 통한 영유아의 수학개념 변화를 확인할 수 있다.

유아교육 현장에서 유아평가 결과를 기록하고 정리할 때 고려되어야 할 점을 살펴보면 다음과 같다(이은해, 2006). 첫째, 각 유아별로 파일을 만들어 그 유아에 관한 모든 평가자료, 즉 관찰, 건강기록부, 검사 결과, 작업 표본, 면담 자료 등을 정리한다. 둘째, 모든 자료에는 날짜, 관찰자(또는 검사자), 관련 상황에 대한 간략한 정보가 반드시 포함되도록 한다. 셋째, 1년간의 계획을 세우고, 지속적으로 자료를 수집하여 어느 한 시기에만 집중되지 않도록 한다. 넷째, 담당 교사 외에 다른 교사가 관찰한 것 또는 한 상황에서 한 명 이상의 유아가 관찰 된 경우 등에서 파일을 상호 보완 할 수 있는 체계를 만든다. 다섯째, 1년에 2회 또는 3회, 예를 들어 6월, 11월, 2월, 유아별 평가의 요약 및 해석을 시도한다. 여섯째, 유아별 평가 요약은 유아 발달 영역 또는 교육과정에 기초하여 생활 영역별로 정리한다.

유아의 평가 결과의 활용은 첫째, 유아 평가 결과는 각 유아의 장점과 단점, 또는 발달이 잘된 영역, 덜된 영역을 파악할 수 있는 정보가 된다. 따라서 개별화된 교수와 프로그램의 향상에 도움을 준다. 둘째, 발달과정이나 학습에 있어 문제가 있거나 특수한 도움을 필요로 하는 유아를 발견할 수 있을 뿐만 아니라 이러한 유아를 전문가에게 의뢰 할 때 해결을 위한 기초자료로 제공될 수 있다. 셋째, 학부모와의 면담에서 유아의 현재 발달상태, 수행수준, 진행 중인 발달과정에 대해 보고하고 유아를 도울 수 있는 방안에 대해 협의 할 수 있다. 넷째, 유아에 관한 평가 자료는 생활기록부 작성을 위한 기초자료로 활용됨으로써 초등학교 교육과의 연계를 도모할 수 있다(이은해, 1999).

교사가 유아의 자연스러운 일상적 상황에서 수집할 수 있는 수학평가 자료는 다음의 기준으로 수집할 수 있다.

첫째, 유아가 만든 미술 작품은 패턴을 보고 그리기 혹은 여러 가지 모양의 색종이로 구성한 작품.

둘째, 유아가 재구성한 이야기는 동화를 듣고 이야기 속 사물의 수를 바꾸거나 숫자를 주인공으로 한 이야기 만들기 작품.

셋째, 사건의 순서에 따라 줄거리 만들어 보기는 이야기 순서대로 꾸며 보기 작품.

넷째, 블록이나 단추로 구성하기는 블록의 수나 대칭, 균형, 패턴의 개념을 표현하기 작품.

다섯째, 수학활동 수행 과정시 유아간의 상호작용 과정에 대한 일화 기록.

여섯째, 유아가 이해한 수학 개념을 글과 그림으로 표현한 작품.

4. 검사

신뢰도와 타당도가 검증된 표준화된 도구를 이용하여 유아의 수학 능력을 측정하는 평가 방법이다. NCTM은 수학교육의 질을 향상시키기 위하여 단순한 성취도 검사를 넘어서 수업에 통합, 다양한 평가방법의 사용, 수학적 지식의 모든 측면과 그 사이의 연결성 등 다양한 측면을 평가해야 한다는 점을 '학교 수학의 교육과정과 평가 규준'으로 제시하였다.

표준화된 검사 도구를 사용하면 유아 능력의 여러 측면을 객관적으로 평가할 수 있다. 유아 수학교육의 전반적인 내용을 측정하기 위해 개발된 검사도구로는 **표 5-5**와 같은 것들이 있다.

표 5-5 전반적인 수학능력을 측정하는 검사

검사 도구	개발자(연도)	평가영역 및 내용
수학성취검사(SESAT : Standard Early School Achievement Tast I, II)	The Psychological Corporation (1995) 이기현(1995) 번안 수정	I. 수 개념, 문제해결, 기하(만 3, 4세) II. 만 5세용 수개념, 문제해결, 기하(만 5세)
유아 수학활동과제	Bird(1991) 홍혜경 (1994) 번안	분류활동, 수활동, 공간 및 수활동, 모양활동
문제해결능력 검사	Ward(1993) 황정숙(1996) 번안	유사점과 차이점 알아내기, 구분 짓기, 패턴, 측정하기
유아 수학능력검사	최혜진(2003)	사물의 규칙성, 수개념, 기하, 측정
NCTM에 기초한 수학능력검사	김지영(2004)	수와 연산, 대수, 기하, 측정, 자료 분석과 확률(만 3~5세)
수학게임을 통한 유아의 수학적 지식, 수학적 과정 기술, 수학적 태도	김소향(2004)	수학지식(수연산, 공간기하, 측정, 패턴, 자료조직 분석), 과정기술(문제해

에 대한 평가도구		결, 의사소통, 추론하기), 수학적 태도(호기심, 주의집중, 개방성, 적극성, 지속성)
유아 수학활동 평가	채혜경(2005)	사물의 규칙성, 수 개념, 측정, 시간, 공간과 도형, 통계
프로젝트 스펙트럼 중심 논리 수학적 지능검사	박혜신(2005)	수와 연산, 분류와 패턴, 도형(공간), 측정, 확률과 통계, 규칙성과 함수, 전략적 사고 및 문제해결
수학활동중심의 유아 수학능력 진단검사	김현정(2006)	분류, 서열 및 패턴, 수 개념, 공간과 기하, 시간, 측정 및 통계
유아 수학능력 검사도구 개발	홍혜경, 이정욱, 정정희(2006)	수 연산, 공간, 기하, 측정, 대수, 자료 분석과 확률(만 3~5세)
유아 그림 수학능력검사	황해익, 최혜진(2007)	(만 3~6세)규칙성, 수 개념, 기하, 측정(만 3~6세)
유아 수학학습능력에 대한 역동적 평가도구	황해익(2008)	수세기, 패턴, 기하, 측정 (사전, 사후검사, 훈련검사, 전이검사)
수학활동을 통한 유아 수학능력 수행평가 준거	유지은(2009)	수와 연산, 기하와 도형, 측정, 규칙성, 자료분석 및 결과 제시하기
유아의 기하능력 평가활동 개발을 위한 기초 연구	김민정(2010)	도형(인식과 명명, 시각적 변별, 도형구성, 형태-바탕지각), 공간(지각 향상성, 공간 내 위치지각, 시각적 기억

참조 : 김은옥(2011). 유아수학교육관련 활동에서의 평가 준거 구안. 한국교원대학교대학원 석사학위논문.

표준화 검사는 검사문항의 표집과 구성을 정확하게 하여 검사 실시 조건과 채점 방법을 일정하게 규정하고 검사결과의 해석을 표준화시킨다. 이는 규준에 비추어 의미 있게 비교할 수 있도록 규준점수를 제시하는 것이며 신뢰성이 높고 타당성이 높아 유아 교육 현장에서 많이 활용되고 있다(김정원 외, 2000). 그러나 표준화 검사의 활용에 따른 또 다른 잠재적인 위험성도 고려되어야 한다.

첫째, 검사와 검사결과에 나타난 점수에 너무 의존하여 유아의 현 상황을 전혀 고려하기 못하고 검사 점수를 높이는 것에 초점을 두게 된다. 이에 아동중심 교육이 아닌 내용중심 또는 교과중심 교육이 될 우려가 있다. 둘째, 검사결과에 기초하여 유아를 낙인찍고 부적절하게 분류할 수 있다. 그리고 잘못된 정보로 해가 될 수도 있다. 특히 유아는 개인차가 크고 발달이 빠르기 때문에 검사를 언제 실시하고, 어떻게 실시했는지에 따라서도 상이한 검사 결과를 초래할 수 있다.

즉 표준화 검사로는 개인 유아의 상대적 위치 비교만 가능할 뿐 실제로 그 유아가 무엇을 할 수 있는지 등에 대한 자료 제공이 어려우며, 개인 유아를 점수화함으로써 낙인과정을 초래하기 쉽고, 교사로 하여금 점수에 따른 편견을 갖게 한다는 문제점도 있다. 그러므로 적절한 시기에 표준화 검사를 통해 유아가 지닌 발달상의 문제를 발견하여 진단하고 치료한다면, 그 유아는 정상적인 발달을 이룰 수 있지만 표준화 검사에 대한 이해가 불충분하고 검사 결과를 과신하거나 남용, 오용한다면 개인에게도 적절하지 않을 뿐 아니라 사회적으로도 부작용을 일으킬 수 있다.

따라서 표준화 검사는 그 검사가 원래 의도했던, 즉 타당도가 증명된 범위 내에서만 사용하여야 하고, 유아의 발달적 요구와 개인의 다양성에 대해 인식하고 이에 대해 민감해야 하며, 표준화 검사를 실시하고 검사결과를 해석하는 데는 반드시 일정한 전문적인 훈련이 필요하다. 표준화 검사에는 유아 지능 검사, 학습준비도 검사, 사회성숙도 검사, 자아개념검사, 성격검사 등이 있다. 수학과 관련된 표준화 검사를 사용하면 유아가 어떤 수학 개념이 취약한지, 그 유아의 수준이 전국적으로 해당 연령의 유아들에 비해 어느 정도인지 알 수 있다. 표준화 검사로 유아의 수학적 지식을 평가하기 위해서는 지능 검사나 학습준비도 검사에서 해당 문항들을 이용할 수 있다. 유아의 수학적 능력과 발달 과정에 적절한 유아 수학활동 검사 절차를 NAEYC(1991)는 다음과 같이 보다 더 구체적으로 제시하고 있다.

첫째, 수학교육 과정 운영에서 검사는 프로그램을 통해 통합된 형태로 제시되어야 하며, 둘째, 수학교육에서 검사는 언어적, 사회적, 정서적, 인지적 영역 등 모든 영역에서의 유아의 발달과 학습 그리고 유아의 성향, 감정 등을 파악하는 것이 포함되어야 한다. 셋째, 유아 수학교육에서 검사는 교실의 실제 상황에서의 자연스러운 수학활동에 근거하여 수행하는 것이 좋다. 넷째, 검사 시 중요한 점은 여러 가지 수학활동을 수행하는 다양한 환경에 있는 유아를 정기적으로 오랜 시간 관찰하는 것이다. 다섯째, 검사

내용은 유아의 전반적인 강점과 수학활동의 수행 과정, 유아가 할 수 있는 것을 나타내야 하며, 틀린 답이나 유아가 할 수 없는 것, 알지 못하는 것을 강조하지 않아야 한다. 여섯째, 검사는 유아와 교사, 교사와 부모, 학교와 지역 사회를 포함하는 협력적 과정이 되어야 하고 마지막으로 유아 수학교육에서 검사는 학습자인 유아의 다양성을 인식하고 학습 방법의 차이와 학습 속도의 차이를 감안하여 수행되어야 한다고 보았다.

교사들이 영·유아의 전 발달 영역을 측정·평가할 수 있는 도구가 교육과정과 부합되지 않는 경우, 개발된 표준화 검사가 교사의 의도와 맞지 않을 경우, 평가의 목적에 따라 교사들이 직접 제작하여 사용하는 경우에는 교사제작검사법(teacher- constructed test)을 사용할 수 있다. 교사가 직접 검사 도구를 만들 때 다음 4가지 단계를 참고할 수 있다(Kenendy, 1984, 한유미, 2013 재인용).

첫째 유치원교육과정이나 표준보육과정에 제시된 수학 내용 중에서 검사 주제를 정할 수 있다. 개별검사로 10분 이내에 할 수 있는 정도가 적절하므로 이를 고려하여 검사 주제의 수를 선택하는 것이 좋다. 진단용으로 검사를 사용할 때에는 대개 한 두 가지 주제에만 초점을 둔다.

둘째 검사 주제를 정한 다음에는 유아에게 적합한 수행 목적을 정한다. 예를 들어 합리적 수세기와 같은 숫자 인식을 검사 주제로 선택했다면, '○○개의 물체를 센다, 1부터 9까지 적힌 카드를 보고 숫자의 이름을 말한다.' 등의 검사 목표를 설정할 수 있다.

마지막으로 유아를 어떻게 검사할 것인가를 결정해야 한다. 개별적으로 검사해야 하는 검사가 있는 반면 소집단이나 대집단 검사가 가능한 검사도 있다. 위의 주제에 따라 교사가 계획한 검사 절차의 예를 들면 '커다란 종이를 이등분 한 후 왼쪽 칸에 바둑알 20개를 놓고, 유아에게 한 번에 바둑알 한 개씩 10개를 오른쪽 칸으로 옮기면서 수를 세게 한다. 1에서 9까지 적힌 숫자 카드를 섞고 한 번에 하나씩 보여준다. 유아에게 카드에 적힌 숫자의 이름을 말하게 한다.'와 같이 구체적인 검사 방법으로 시행한다.

5. 포트폴리오 평가

영 · 유아평가를 위한 포트폴리오(portfolio) 평가는 장기간에 걸쳐 수집하여 시간의 흐름에 따라 개별 영 · 유아가 어떤 변화를 보이는지 개인 내 변화에서 강점과 보완점을 찾아나가는 평가로서 어떤 발달 영역이 우수한지 등을 살펴보고 평가하는 것이다. 포트폴리오를 이용한 평가는 원칙적으로 교사나 영 · 유아 모두에게 적용될 수 있는 개념이며 포트폴리오에 포함시킬 수 있는 작품이나 수행의 결과는 포트폴리오를 구성하는 목적에 따라 달라진다. 포트폴리오를 이용한 평가는 '시간의 흐름에 따른 학습자의 발달과 학습을 기록하는 증거를 조직적이고 목적을 가지고 모아 놓은 것(NWEA, 1990)"이라 정의할 수 있다.

포트폴리오의 이점은 다음과 같이 정리할 수 있다(McAfee & Leong, 1994).

❶ 포트폴리오는 유동적이고 적응성이 있다. 포트폴리오에 포함되는 내용, 조직 방법, 활용 등은 포트폴리오를 구성하는 목적이나 구성하는 사람의 특성 및 그 밖의 다른 요소들에 따라 다양하게 바뀔 수 있다.

❷ 포트폴리오는 평가의 대상이 되는 사람들의 발달과 학습에 대한 많은 자료를 제공해 준다. 포트폴리오는 특히 평가 대상이 되는 사람들의 독특한 관심, 지식, 기술, 발달 및 학습 양식들을 찾아내고 기록하는 기회를 제공한다.

❸ 포트폴리오는 평가 대상의 능력, 즉 그들이 할 수 있는 것에 초점을 맞춘다. 포트폴리오는 다양한 방법을 이용하여 오랜 시간에 걸쳐 자료를 수집하므로 평가 대상의 다양한 능력을 측정하는 것이 가능하다.

이러한 포트폴리오의 장점을 이용한 평가를 통해 교사는 영유아 개개인의 학습의 어려움과 그 어려움 뒤편의 요소를 발견할 수 있어서 특별한 뒤처짐 또는 발달 장애유아들의 자존감과 자신감 형성 등의 이점들이 있다.

포트폴리오 평가가 지닌 장점은 다음과 같이 정리할 수 있다.

❶ 포트폴리오 평가는 영유아에게 자신의 작품을 선택하고 반성해 봄으로써, 자신의 진보를 확인 할 수 있고 그로 인해 성취감을 갖게 할 수 있다. 이러한 과정에서 유아는 동기유발과 책임감을 격려 받게 되므로 스스로 목표설정을 세워 발달적 진보에 도움이 된다.

❷ 포트폴리오 평가는 교사의 계속적인 전문성 개발에 효용성이 있다. 교사가 영유아의 장점에 초점을 맞추어 학습정보를 다양하게 제공하고 교사와 부모의 상호이해를 바탕으로 얻어진 정보를 활용하여 영유아가 가지는 다양성을 인정하는 영유아중심 교육과정을 지원할 수 있기 때문이다.

❸ 포트폴리오 평가는 부모에게 평가 참여의 기회를 제공하여 교사, 유아와의 긴밀한 의사소통을 통해 유아의 정확한 발달과 선호도를 아는데 도움을 줄 수 있다.

포트폴리오가 진정한 평가 자료로 활용될 수 있으려면 작품의 수집과정이 유아의 자기반성의 결과여야 한다. 또한 유아에 의해 작품이 선정되는 과정이 포함되어야 하고 무엇보다 교사 자신이 교육과정 운영에 있어서 포트폴리오를 활용하는 의미를 인식하고 체계적인 계획과 실행과정을 거쳐야 한다. 따라서 포트폴리오는 유아의 노력과 진보, 성취들을 나타내주는 작업들의 모음으로 내용의 선정에 유아가 참여하고 유아의 자기반성의 증거로서 기능하게 된다. 포트폴리오 자료를 수집을 할 때 다양한 측정도구를 사용하고 포트폴리오에 포함되는 내용은 정기적으로 수집해야 하며 날짜와 그 작업이 행해질 때의 배경과 맥락을 적어 놓아야 한다. 영 · 유아의 평가를 위한 포트폴리오 자료의 수집은 1년을 세 번 정도로 나누어 수집하는 것이 적절하다.

포트폴리오 평가는 누가 어떤 목적으로 어떤 상황에서 포트폴리오를 계획하고 실천하느냐에 따라서 그 포트폴리오 평가과정 및 절차가 달라질 수 있기 때문에 일반화가 어렵다(오정현, 2000). 그러므로 영유아교육 현장에서 가장 적절한 유형을 선택하여 복합적으로 조합하여 사용하는 것이 바람직하다.

포트폴리오 평가모형의 예를 들면 다음과 같다.

표 5-6 예시 1: Knight & Gallar(1994)의 포트폴리오 평가 모형(배호순, 1997)

1단계	2단계	3단계	4단계	5단계
목적 및 목표 선정	포트폴리오 수집모델개발	포트폴리오 자료수집개발	포트폴리오 자료분석	포트폴리오 자료활용

표 5-7 예시 2: Worthen 등(1993)의 포트폴리오 평가 모형(조한무, 1998)[1)]

1단계	2단계	3단계	4단계	5단계
기대되는 포트폴리오 결정	포트폴리오에 포함할 내용결정	포트폴리오 표본 사정과 작성	평가방법 적용	포트폴리오 활용 방법 결정

포트폴리오 평가를 영유아 수학교육에 활용하는 목적도 영유아의 수학적 능력의 진보 및 발전을 확인하고, 개별 영유아에게 적절한 수학교육 계획의 도구가 되며, 교사가 영유아를 교육하고 있는 최선의 정보를 가족 및 행정가와 의사소통하게 하는 것이다. 또한, 수학활동 시 평가의 과정에 영유아를 참여시키므로 수학에 대한 학습 동기를 증진시키고 자율성을 향상시키며, 앞으로의 수학교육과정에 보다 연계성 있는 교육을 위한 정보를 제공할 수 있다. 예를 들면, 유아들은 자신의 활동결과물 중 가장 마음에 드는 작품을 선택하여, 선정한 이유를 말하고 자신의 작품을 평가하는 과정에 참여하면서 수학에 흥미를 갖고 적극적으로 참여할 수 있다.

영유아 수학교육에서 포트폴리오 평가를 위해서는 체계적인 관찰기록, 수학활동의 결과물(입체물은 사진으로), 활동이나 프로젝트에 대한 보고서, 수학 영역의 참여 정도 등에 대한 기록 등을 수집할 수 있다.

표 5-8 포트폴리오 평가 시 고려할 점

영유아 수학교육 포트폴리오 평가 시 고려해야 할 지침(이영석 외, 1997).
• 초기 자료부터 완성품까지, 가장 잘(못)한 작품, 가장 전형적인 작품, 독특한 작품 등 다양한 자료를 수집. • 지속적 · 정기적으로 수집 및 평가한다. • 있는 그대로의 사실을 진솔하게 평가한다. • 영유아 개개인의 생각과 의문점들을 모은다. • 교실 및 소집단 게임과 활동에 대한 유아의 작품과 관찰의 실례를 수집한다. • 영유아와 개별적으로 이야기한다. • 예측 가능한 다양한 발달적 정보를 감안하여 교수활동을 계획 · 진행한다. • 교사는 포트폴리오 평가의 취지를 충분히 이해한다. • 영유아에 초점을 맞추고 영유아와 친밀한 관계가 형성되어야 한다. • 영유아 · 부모 · 교사 · 지역사회 간에 협조적 관계를 만들어야 한다.

표 5-9 포트폴리오 평가 포함 내용

영유아 수학교육 포트폴리오 평가에 포함될 수 있는 내용
• 도표나 그림으로 정보를 표현할 수 있는 영유아의 능력을 보여주는 작품의 예 • 퍼즐, 해결된 문제들 그리고 어떻게 풀었는가를 보여주는 예나 체계적인 관찰 • 분류하기, 순서 짓기, 패턴, 상징 부호의 사용, 순서, 수 개념 등의 기본적인 사고과정을 수행하는 영유아의 능력을 보여주는 작품의 예 • 기억전략에 대한 자기보고나 유도된 반응들 • 사물의 변화 혹은 일이 진행되는 순서에 대한 이해를 나타내는 자기보고나 유도된 반응들 • 프로젝트 접근법으로 얻은 보고서, 전시한 것, 그림, 모델 등의 결과물 • 자신의 생각이나 의사결정을 지지해주는 보조전략들(혼잣말, 사고과정을 모니터하는 것) • 영유아가 문제를 해결할 때 조언해 준 힌트들의 예 • 영유아가 가장 좋아하는 게임이나 퍼즐 등의 예 • 요리활동을 할 때 요리 재료를 재거나 세기를 할 때의 사진 • 영유아가 교실이나 놀이터에서 기록해 놓은 차트들(예 : 물주기, 햇빛의 길이) • 수 개념을 이해했음을 보여주는 작업 샘플들 • 영유아의 수 개념의 이해를 진보적인 형태로 나타내는 작업 샘플과 교사의 기록, 수 개념에 대한 면접 결과 • 영유아의 개념적인 이해, 탐구, 가설 세우기, 문제 해결하기 등의 기록으로 나타내 주는 사진, 혹은 체크리스트나 면접에서 얻어진 자료들

표 5-10 영유아 수학교육 평가 교사제작 도구의 예

〈소주제 : 짝짓기〉

(1) 목　　표 : 수 영역－사물을 같은 모양끼리 분류한다.
(2) 평가 관점 : 사물의 모양에 관심을 가지며, 주어진 준거에 의해 분류하는지 평가한다.
(3) 평가 유형 : 체크리스트, 포트폴리오로 평가한다.
(4) 평가 방법

(가) 체크리스트

	예	아니오	비고
· 사물의 모양에 관심을 갖는가?			
· 모양의 이름을 말하는가?			
· 동그라미의 이름을 말하는가?			
· 네모의 이름을 말하는가?			
· 세모의 이름을 말하는가?			
· 긴 네모의 이름을 말하는가?			
· 같은 모양끼리 모을 수 있는가?			

(나) 포트폴리오로 평가한다.
*유아들의 생각하는 주변 사물의 모양을 분류하여 그리거나, 표현한다.

동그라미 ○	세 모 △	네 모 □	긴 네모▭

6. 평가의 기록과 활용

영유아 수학교육에서 평가 결과를 처리하는 방법은 평가 방법 및 도구에 따라 달라진다. 즉 검사나 평정척도, 체크리스트 및 그 밖의 관찰 결과는 채점을 하여 통계적인 처리를 하여야 하며, 일화 기록법은 누가 기록하여 관찰자의 해석을 붙이게 된다. 그러나 평가 결과를 해석할 때에는 신중을 기해야 하며, 평가 결과를 잘못 해석하거나 본래의 목적 이외에 다른 목적으로 이용되는 일이 없도록 유의해야 한다.

평가 결과는 기록·보관하게 되며, 다음의 측면에서 효과적으로 활용할 수 있다. 첫째, 평가 결과는 영·유아의 장점과 단점을 파악하게 하여 영·유아의 욕구를 만족시키며, 동시에 발달을 자극할 수 있는 보육 경험을 계획하는 지침을 마련하게 한다. 둘째, 교사는 각 영·유아의 여러 자료를 기록·정리하면서 개개 영·유아에 대해 보다 깊이 생각해 볼 기회를 가지게 된다. 셋째, 문제가 있는 영·유아를 전문가에게 의뢰할 때 문제 해결 방안의 기초 자료로 활용될 수 있다. 넷째, 기록을 통해 각 영·유아의 향상 정보를 확인할 수 있다. 다섯째, 부모와의 면담 시 활용할 수 있다. 여섯째, 초등학교에서의 교육 자료로 활용할 수 있다. 또한 교사가 평가 자료로 알게 된 영·유아들의 능력·관심·행동·특성 등을 토대로 다음 프로그램을 계획할 수도 있다. 그러므로 평가 결과를 제때 이용할 수 있도록 잘 정리하여 보관하여야 한다.

NAEYC에서는 영유아 평가 결과를 어떻게 활용할 것인지에 대해 다음과 같이 제시하고 있다.

❶ 평가는 결과적으로 영·유아들에게 도움이 되어야 한다. 즉, 영·유아들의 발달과 학습을 지원할 수 있어야 한다. 예를 들어, 평가 결과를 토대로 교육과정이 조정된다든지, 보다 개별화된 수업이 실시된다든지 하여 영·유아에게 직접적으로 도움이 되어야 한다.

❷ 평가가 영·유아들의 심리적인 안정감이나 자아 존중감을 위축시켜서는 결코 안 된다.

❸ 평가는 교사들에게도 도움이 되어야 한다. 평가의 결과는 교사들에게 직무를 성공적으로 수행할 수 있는 유용한 정보를 제공해주어야 하는데 예를 들어 영・유아들의 학습과 발달을 돕게 하고, 개별 영・유아와 학급을 위해 새로운 계획을 하게하며, 부모들과 의견을 교환할 수 있게 해야 한다.

❹ 평가는 부모들과 유아들의 관계를 지원해야 한다. 부모들이 가지고 있는 능력에 대한 자신감을 감소시켜서는 안 되며, 교사와 부모 간에는 영・유아들의 성장과 발달 및 수행에 대하여 정기적인 정보 교환 과정이 있어야 한다.

Chapter 6

영유아 수학교육을 위한 통합적 활동

1. 문학을 통한 영유아 수학교육

총체적 언어교육 철학과 문학에 기초한 언어교육이 점점 관심을 끌어가고 있는 요즘 수학과 문학을 통합하는 교수방법은 재미를 줄 뿐만 아니라 논리적 통합(union)이라는 것이 입증되고 있다. 수학과 문학을 통합함으로써 가능한 문장체 문제는, 유아에게 수학적 요소를 설명하기 위해 친숙한 이야기를 사용할 수 있다.

1) 문학활동을 통한 수학교육의 의의

(1) 영유아의 발달에 적합하다

영유아는 성인과 같은 방식으로 수학적 개념을 이해하지 않고 어떤 개념을 분리하고 세분화하여 이해하는 것이 아니므로 수학적 사실이나 개념을 설명적인 지식 형태보다는 이야기식의 지식 형태로 제시하는 것이 더 효과적이다. 또한 문학작품을 통해 자신의 발달에 적합한 방식으로 수학적 개념을 자연스럽게 받아들일 수 있다.

(2) 영유아의 흥미와 호기심을 유발한다

영유아를 대상으로 하는 문학 작품은 영유아의 인지적, 사회적, 정서적 측면을 고려하여 그들의 삶과 관련된 내용을 다루고 있으므로 영유아의 흥미와 호기심을 자극한다. 그림책의 아름답고 재미있으며 영유아의 무한한 상상력과 창의력을 자극하는 삽화들은 영유아의 눈길을 끌기에 충분하다. 영유아의 흥미와 호기심은 탐구하려는 성향의 발판이 될 수 있는데, 이는 수학에 대한 긍정적인 태도를 길러주는 데 중요한 역할을 한다.

(3) 일상생활의 의미 있는 맥락 속에서 수학을 경험할 수 있다

문학작품은 현실에서 일어날 수 있을 만한 상황으로 수학적 개념이나 과정을 전달하고 있기 때문에 영유아들은 간접적이기는 하나 실질적인 것으로 수학을 경험하게 된다.

(4) 수학적 어휘를 자연스럽게 익힐 수 있다

문학작품은 수학적 어휘가 사용되어지는 구체적인 상황을 본문의 내용과 관련된 삽화로 함께 있기 때문에 영유아가 어휘의 의미를 이해하는 데 도움이 된다. 또한 수학적 어휘를 이해함으로써 영유아의 수적 개념은 더 확장되고 심화되어진다.

(5) 다른 영역활동으로의 전이가 용이하다

영유아들과 함께 문학작품을 감상하는 것은 그와 관련된 과학활동으로 이끌 수 있는 토대가 되면서, 수학뿐만 아니라 언어, 조형, 동작, 음악 등과 같은 다른 교과 영역의 활동으로 안내하기도 한다. 문학작품을 활용한 수학과 다른 교과 영역을 통합하여 교육할 때 영유아들은 연결된 지식을 갖게 되고, 통합적 사고를 하게 됨으로써 수학적 개념과 과정을 이해하는데 도움이 된다.

2) 수학교육을 위한 문학 작품의 선정 기준

(1) 영유아의 호기심, 흥미, 탐구심을 유발해야 한다

문학 작품은 영유아의 호기심과 흥미를 자극하여 교육을 위한 자연스러운 동기유발이 되고 흥미로운 수학적 문제 상황을 제공하여 의문을 갖게 하고 추론하고 조사 확인해 보게 한다.

(2) 영유아에게 의미 있는 수학적 경험을 제공해야 한다

문학작품을 통한 수학 문제 상황 제시는 영유아들이 수학을 더 의미 있는 실질적인 것으로 받아들이는 동기가 된다. 또한 영유아에게 친숙한 대상(예를 들어 가족이나 친구, 동물 등)이 등장하는 문학작품으로 수학활동을 할 때 영유아들이 삶에 한 걸음 더 다가가는 데 도움이 된다.

(3) 영유아의 다양한 창의적 사고를 가능하게 해야 한다

수학교육의 목적 중 하나는 수학 문제를 다양한 창의적 사고를 통해 해결하면서 수학적 개념을 확장시키는 것이다. 수학과 관련된 문학작품을 선정할 때 영유아가 무한한 상상력을 발휘할 수 있으며, 다양한 창의적 사고를 가능하게 하는 작품을 선정해야 한다.

(4) 수학과 자연스럽게 연결되어야 한다

동화 중에는 수학적 지식 전달을 지나치게 강조하다 보니 동화 속 이야기와 수학이 부자연스럽게 연결되어 문학 작품이라기보다는 교재라는 느낌을 주는 것도 있으므로 주의해야 한다.

(5) 제시하고 있는 정보가 정확해야 한다

수학과 관련된 문학작품의 내용과 삽화는 정확한 정보를 제시하고 있어야 한다. 정보가 정확하지 않을 경우 영유아들은 잘못된 수학 개념을 익히게 되고 이것은 영유아에게 잘못된 선개념을 정립시켜 수학에 대한 편견으로 작용할 수 있다.

(6) 다른 활동 영역과의 다양한 통합활동이 가능해야 한다

수학만 분리하여 하나의 교육활동만 할 수 있는 문학 작품보다는 다양한 수학활동이 가능한 문학작품을 선정하는 것이 좋다.

(7) 문학적으로 가치 있어야 한다

영유아를 위한 문학작품은 문학성과 심미적 가치를 지니고 있으면서 수학적 개념이나 과정이 적절히 드러난 것이어야 한다.

수학교육을 위한 질 높은 그림책 선정 Tip

- 글과 그림이 조화되어 유기적인 관계가 잘 나타나는가?
- 그림과 글이 이야기의 주제나 등장인물, 배경, 플롯 등을 잘 표현하고 있는가?
- 그림책의 내용과 형식이 유아기에 이해할 수 있고 공감할 수 있는 것인가?
- 그림책의 내용과 형식이 유아의 흥미를 유발할 수 있는가?
- 그림책의 내용이 교육적으로 적합한가?
- 그림책의 주제나 등장인물의 성격, 배경, 사건 및 언어적 표현들이 단순하고 명료한가?
- 그림책의 글과 삽화가 유아에게 감동성을 주는 예술성을 지니고 있는가?
- 그림책의 이야기 상황이 수학적 개념의 탐색이나 문제 상황을 제기하는가?

3) 전래동화를 통한 수학교육의 가치와 효과

(1) 전래동화의 교육적 가치

전래동화는 옛날부터 구비 전승되어 온 전승 문학의 일부분이며, 그 민족의 생활과 정서가 담겨 있고 어린이의 동심을 바탕으로 추상적이나 상상을 위주로 한 사건의 전개가 있는 도덕적이고 교훈적인 이야기이다.

민담은 문자가 발명되기 이전에 만들어져 수많은 세대를 걸쳐 부모가 아이들에게, 또는 이야기꾼들에 의해 전해진 이야기를 들으며, 원래 이야기를 지은 사람이 누구인지 모르고, 하나의 이야기가 크게 혹은 작게, 각색되어 가며 입에서 입으로 전해 내려오는 이야기 중에서 어린이들에게 들려준 교훈적 내용과 흥미성을 강하게 지닌 설화적 요소를 포함한다.

(2) 전래동화를 통한 영유아 수학교육의 효과

전래동화를 통한 영유아 수학교육은 우리의 전통문화를 더 쉽게 알릴 수 있고, 우리 조상들이 겪어온 삶의 다양한 방법과 사상들을 간접경험 함으로써 현대의 유아들에게 수학적 개념뿐 아니라 우리나라 정서와 가치관에 대해서도 지도하는 데 효과적이다. 전래동화를 통한 영유아 수학교육의 효과를 다음과 같이 정리할 수 있다.

❶ 논리·수학적 지식을 기를 수 있는 환경을 제공함

❷ 창의적인 문제 해결력과 긍정적 수학 태도 형성에 영향을 줌

❸ 시각적·공간적 개념을 익히고 추리력을 키울 수 있음

❹ 원인과 결과를 지도하는 데 효과적임: 철저한 인과응보 시스템

❺ 수 개념 형성에 효과적임

❻ 실용성을 기를 수 있음

동물 친구들을 순서대로 놓아요

생활주제 여러 가지 동물들이 있어요

수학개념 자료분석 · 단순분류

활동목표
- 즐겁게 동화를 감상한다.
  (의사소통〉읽기〉그림책과 환경 인쇄물에 흥미가지기〉그림책과 환경 인쇄물에 있는 그림과 내용에 관심을 가진다.)
- 동물의 특성에 관심을 갖는다.
  (자연탐구〉탐구하는 태도 기르기〉반복적 탐색 즐기기〉관심 있는 사물을 반복하여 주도적으로 탐색하기를 즐긴다.)
- 동물의 크기별로 배열한다.
  (자연탐구〉수학적 탐구하기〉차이에 관심가지기〉주변 사물의 크기(속성의 차이)에 관심을 가진다.)

활동대상 2세

활동준비 '사과가 쿵' 동화책(다다히로시 지음, 정근 역 / 보림), 동물그림 자료, 융판

활동과정 ① 도입
- '사과 같은 내 얼굴' 노래를 영아와 함께 부른다.
  T: 사과 노래를 불러 보았지요?
  T: 선생님이 사과가 나오는 동화를 준비 했어요 어떤 이야기인지 들어볼까요?

② 전개
- 동화 '사과가 쿵'을 들려주고 간단히 이야기를 나눈다.
  T: 동화를 들으니까 어땠어요?
  T: 동화 속에 어떤 장면이 제일 기억에 남아요?
  T: 사과가 쿵 동화 속에 어떤 동물들이 나왔었나요?

- 영아에게 동화 속 동물그림을 소개한다.
  T: 여기 사과가 쿵 동화 속 동물이 있어요. 누가 있는지 찾아볼까요?
  T: ○○이는 어떤 동물이 제일 좋았어요?
  T: 동물들이 몇 마리인지 함께 세어볼까요?

- 동물그림과 융판을 이용한 놀이활동을 소개하고 활동을 제안한다.
  T: 크고 작은 동물들을 순서대로 한 줄로 세워 볼까요?
  T: 손으로 짚어가며 동물을 세어 볼까요?
  T: ○○이가 좋아하는 동물은 몇 번째로 클까요?

③ 마무리

- 활동이 끝나면 교구를 정리하고 활동을 평가하여 본다.
  T: 우리 한명씩 친구들을 사과에 쏘옥 넣어볼까요?
  T: 동물들을 키 큰 순서대로 놓아보았는데 어땠어요?
  T: 어떤 동물이 가장 컸나요?
  T: 어떤 동물이 가장 작았나요?

유의사항

- 그림 자료의 크기차이를 두어 영아활동 시 어려움이 없도록 제시한다.

확장활동

- 동화 속 동물 외에도 다양한 동물을 추가하여 배열하여 볼 수 있도록 제시하여 준다.

사진첨부

개정 누리과정 관련요소

의사소통 〉 읽기와 쓰기에 관심 가지기 〉 주변의 그림과 상징, 글자에 관심을 가진다.
자연탐구 〉 자연과 더불어 살기 〉 주변의 동식물에 관심을 가진다.
자연탐구 〉 생활 속에서 탐구하기 〉 물체의 수량에 관심을 가진다.

두 가지 길을 비교하여 보아요

생활주제 사이좋은 우리 가족

수학개념 비교, 측정, 수와 연산

활동목표
- 거리를 구체물을 사용하여 나타낸다.
  (자연탐구〉수학적 탐구하기〉수와연산의 기초개념 알아보기〉구체물과 수량의 부분과 전체관계를 알아본다.)
- 구체물의 수를 숫자로 나타내어 그 결과를 이해한다.
  (자연탐구〉수학적 탐구하기〉여러 방향에서 물체를 보고 그 차이점을 비교해 본다.)

활동대상 5세

활동준비 '헨젤과 그레텔' 동화책(그림형제지음, 장미란 역 / 비룡소), 그림판, 구체물(빵, 조약돌), 바구니, 숫자판, 숫자

활동과정

① 도입

- 동화 '헨젤과 그레텔'을 소개하고 유아에게 들려준다.
  T: (책표지를 보여주며) 친구들 이 책 속 장소는 어디일까요?
  C: 숲속 같아요.
  T: 맞아요~ 숲속이에요. 오늘은 어떤 친구가 나오는 이야기인지 들어볼까요?

② 전개

- 동화 '헨젤과 그레텔'을 듣고 동화 속 내용을 회상하여 본다.
  T: 동화 속 어떤 친구들이 나왔나요?
  C: 헨젤이랑 그레텔이요!

C: 마귀 할머니랑 엄마 아빠도 나왔어요!
T: 헨젤은 집에 찾아오기 위해 어떤 방법을 사용했나요?
C: 먹던 빵을 흘렸어요!
C: 돌을 주워 남기기도 했대요.

• 준비한 배경판을 이용하여 유아와 함께 거리를 측정하여 비교하여 본다.
T: 선생님이 준비한 배경판위에 헨젤처럼 조약돌을 올려 볼까요?
C: 네!
T: 이번엔 빵조각을 이용하여 나타내어 볼까요?
C: 이쪽은 더 많이 필요해요!
T: 모두 몇 개가 필요했나요? 모두 몇 개가 놓였는지 세어보아요.
T: 마귀할멈 집에서부터 헨젤 집까지 가장 먼 길은 어떤 길인가요?
C: 구불구불 길이 너무 멀었어요!

• 유아와 함께 길의 거리를 다른 구체물을 사용하여 나타내어보고 표로 정리한다.
T: 같은 길에도 다른 구체물이 나온다면 어떻게 달라질까?
C: 큰 돌이 나오면 더 빨리 갈 것 같아요!
T: 조약돌과 과자를 놓았을 때 필요한 개수를 숫자로 표시해보자.
C: 네!
T: 내가 만약 헨젤이라면 어떤 길을 이용했을까?
C: 여기 빠른 지름길이요!

③ 마무리

• 정리한 표를 이용하여 결과를 설명하여 표현하여 본다.
T: 왼쪽과 오른쪽 길에 과자가 놓은 수를 세고 비교해볼까요?
T: 두 가지의 길 중 가장 먼 길은 어떤 길일까요?
C: 왼쪽에 있는 길이 훨씬 멀어요~
T: 가장 길고 가장 먼 길의 차이는 얼마나 날까요?

확장활동 • 구체물과 길을 추가하여 유아에게 다양한 수를 비교하고 측정할 수 있도록 제시할 수 있다.

사진첨부

개정 누리과정 관련요소

자연탐구 〉 생활속에서 탐구하기 〉 일상에서 길이, 무게 등의 속성을 비교한다.
자연탐구 〉 생활속에서 탐구하기 〉 물체의 특성과 변화를 여러 가지 방법으로 탐색한다.
자연탐구 〉 생활속에서 탐구하기 〉 물체를 세어 수량을 알아본다.

달라서 좋은 동그라미와 세모

생활주제 놀이와 생활

수학개념 공간과 도형

활동목표
- 동그라미와 세모의 특징에 관심을 가진다.
  (자연탐구〉수학적 탐구하기〉공간과 도형의 기초개념 알아보기〉물체의 모양에 관심을 갖는다.)
- 동그라미와 세모를 이용하여 다양한 모양을 구성한다.
  (자연탐구〉탐구과정 즐기기〉궁금한 점을 알아보는 과정에 흥미를 갖는다.)

활동대상 3~4세

활동준비 '달라서 좋아요' 동화책(후세야코 지음, 김향금 / 대교), 다양한 크기의 동그라미와 세모

활동과정

① **도입**

- '땡글땡글 콩' 손유희로 주의 집중한다.

  T: 땡글땡글 콩 떼구르르 굴러서 프라이팬에 들어갔더니 아이 뜨거워 뜨거워~

  T: 선생님이 동화를 준비했어요. 어떤 친구가 나오는 이야기인지 들어볼까요?

  C: 네!

② **전개**

- 동화 '달라서 좋아요'를 들려주고 동화 속 내용을 회상하여 본다.

T: 동화 속 어떤 친구들이 나왔나요?
C: 동그라미요! 세모도 나왔어요!
T: 동그라미가 잘하는 것은 무엇이었나요?
C: 데굴데굴 잘 굴러가요.
C: 요리도 무척 잘해요~
T: 세모가 잘하는 것은 무엇이었나요?
C: 굴러가는 동그라미를 안전하게 잡아주고 도와줘요.
C: 피자를 맛있게 먹을 수도 있었어요.
T: 동그라미와 세모가 달라서 좋았던 점은 무엇이 있었나요?
C: 서로서로 힘이 들 때 도와줘요.

- 동화 속 등장한 동그라미와 세모의 특징에 대해 이야기 나눈다.

T: 동그라미와 세모는 어떤 점이 달랐나요?
C: 동그라미는 동글동글한 것 같아요.
C: 세모는 아주 뾰족해요!
T: 동그라미는 어떤 선으로 만들어 줄 수 있을까요?
C: 둥글동글 저는 한 번에 그릴 수 있어요!
T: 그렇게 할 수도 있겠구나! 세모는 어떤 선으로 그려줄 수 있을까요?
C: 세모는 뾰족뾰족 선으로 그릴 수 있어요!

- 동그라미와 세모를 이용하여 사물을 구성하여 본다.

T: 동그라미와 세모를 이용하여 무엇을 만들어 볼 수 있을까?
C: 동그라미랑 세모로 자동차를 만들 수 있을 것 같아요!
T: 그럼 우리 교실에서 숨겨진 세모와 동그라미를 찾아 볼 수 있을까?
C: 꼭 우리가 마시는 컵같이 생겼어요!
C: 동그라미 시계랑도 같아요!
C: 네모는 우리가 본 책이 네모예요!
T: 우리교실에도 정말 많이 있네요~ 혹시 내가 좋아하는 집을 표현하자고 한다면 세모와 동그라미가 몇 개 필요할까요?
C: 많이 필요해요!
T: 또 다른 방법으로 나타내어 볼 수 있을까요?

C: 큰 세모로 한 번에 할 수도 있어요!

③ 마무리

- 동그라미와 세모를 이용한 친구들의 작품을 보며 이야기 나눈다.

T: ○○는 동그라미와 세모를 이용해서 어떤 것을 만들어 보았니?

C: 저는 로봇을 만들었어요.

T: 몇 개의 동그라미와 세모를 이용했니?

C: 세모가 하나, 둘, 셋, 넷, 다섯, 여섯.

C: 동그라미는 두 개요!

T: 동그라미와 세모 중 어떤 모양을 많이 사용해 보았니?

C: 세모요!

유의사항

- 유아들의 활동참여에 어려움이 없도록 세모와 네모의 다양한 모양을 제시하여 활동을 안내하도록 한다.

확장활동

- 작품활동을 통해 유아가 사용한 동그라미와 세모의 수를 비교하고 표로 나타내어 본다.

사진첨부

개정 누리과정 관련요소

자연탐구 〉 생활속에서 탐구하기 〉 물체와 위치의 방향, 모양을 알고 구별한다.
자연탐구 〉 탐구과정 즐기기 〉 궁금한 것을 탐구하는 과정에 즐겁게 참여한다.
예술경험 〉 창의적으로 표현하기 〉 다양한 미술재료와 도구로 자신의 생각과 느낌을 표현한다.

2. 생태놀이를 통한 영유아 수학교육

자연은 감각할 수 있는 사물일 뿐만 아니라, 인간의 소박하고 자연적인 소질 및 본성을 총칭하며 인적 자원, 내용, 환경 및 시설을 포괄하는 개념이다(김숙자, 김지영, 2007). 자연의 과정은 느리고 점진적이며 진화적으로 발전하기 때문에 우리가 놓치고 있는 교육의 원리를 조용히 가르쳐 준다. 날씨 변화와 시간의 흐름과 같은 추상적인 것에서부터 싹 트고 꽃 피고 열매 맺는 식물, 꿈틀거리며 기어가는 달팽이의 움직임같이 구체적인 것까지 영유아들은 자연 속에서 듣고, 보고, 냄새 맡고, 맛보고, 온몸으로 느끼면서 실제적인 지식을 구성해 나간다(최현숙, 2011; 강은주, 2012; 이상헌, 2012; 이혜경, 2014).

자연은 가까이에서 쉽게 우리의 감각적 탐색을 충족시켜 주는 최대의 환경이자 최고의 산물이다. 자연물은 그 종류에 따라 질감, 크기, 모양, 형태 등이 다양하여 조작하고 활동하는 과정에서 색감과 향기 및 촉감 등 다양한 감각을 일깨워준다. 모든 지식의 근본은 오감각에서 부터 시작되는데, 자연은 영유아들이 감각기관을 통해 사물과 사건을 이해할 수 있게 해준다. 영유아들은 자연물을 있는 그대로 사용하기, 알고 있는 대로 사용하기, 버려진 것을 살려 사용하기, 놀잇감으로 만들어 사용하기, 낯익은 재료를 낯설게 사용하기 등의 경험을 통해 다양한 개념들을 형성할 수 있다(김정주, 2008).

또한 영유아에게 있어서 자연물은 창의적으로 놀이할 수 있는 잠재성을 띈 매체이며, 확장할 수 있는 기회가 있는 좋은 활동 자료이다. 자연물은 비교·조화된 매체로서 영유아로 하여금 개방적으로 탐색하고 조작하는 과정에서 절차나 형식에 얽매이지 않고 문제해결에 대한 다양한 방법을 모색해 볼 수 있게 해준다(이은형, 2012). 또한 자연물과 같은 친숙한 재료를 영유아의 뜻대로 다양하게 변형해 보는 기회는 영유아의 창의성을 신장시켜 준다.

플라스틱 교구나 다듬어진 나무 소재 교구보다 허브, 꽃 나뭇잎, 향초와 비누, 조개껍데기, 돌멩이, 깃털, 나뭇가지, 나무껍질 등을 교구 제안 하였다(이은형, 2012 재인용). 영유아 수학활동에 활용된 자연물은 나뭇잎, 나뭇가지, 자갈, 모래, 점토, 열매, 곡류 등이 있으며, 장수풍뎅이, 개미 등 생명체를 기르며 시간에 따른 수학 개념을 습득할 수 있다.

특히 우리가 사계절, 일 년 열두 달 동안 지속적으로 주변에서 쉽게 만날 수 있는 나뭇잎은 다음과 같은 특성을 가지고 있기 때문에 수학적 탐색을 효과적으로 돕는 교수-학습 자료이다(황정숙, 2012).

첫째, 나뭇잎들은 그 자체가 고유의 크기, 모양, 색, 촉감 등의 수학적 속성(Property)을 갖고 있다.

둘째, 나뭇잎은 시간의 흐림과 함께 여러 가지 색과 다양한 모양으로 생성과 소멸의 과정을 보여 주면서 생명의 신비와 물질의 상태 변화를 체감하게 해주는 구체적 자료(Concret Material)이다.

셋째, 나뭇잎은 하나씩 떨어뜨려 셀 수 있는 수적(Numeral)자료일 뿐만 아니라 모아서 양으로 가늠할 수 있는 양적(Quantitative) 자료로서의 특성을 동시에 가지고 있다.

넷째, 나뭇잎은 접고, 찢고 구멍 내고, 오리는 등의 변형이 가능하고 필요에 따라 오랫동안 보관도 가능한 조작적 자료(Manipulatives)이다.

나뭇잎 퍼즐 만들기

생활주제 알록달록 가을이에요

수학개념 퍼즐 맞추기(사물의 분할)

활동목표
- 나뭇잎 조각을 맞추어 전체 나뭇잎으로 구성한다.
  (자연탐구〉수학적 탐구〉공간과 도형에 관심 가지기)
- 나뭇잎의 질감을 느끼고 의도대로 소근육을 사용할 수 있다.
  (자연탐구〉과학적 탐구하기〉자연을 탐색하기)

활동대상 2세

활동준비 크고 작은 나뭇잎 여러 장

활동과정

① 도입

- 주워온 나뭇잎을 책상이나 바닥에 놓고 손으로 찢어본다.

  T: 여기에 무엇이 있지?
  T: 우리가 산책길에 주워온 나뭇잎이 있네.
  T: 어떻게 생겼나 살펴볼까?
  T: 나뭇잎을 손으로 찢어볼까? 기분이 어때?
  T: 냄새는 어떠니? 다른 모양으로 더 작게 찢어볼까?

② 전개

- 나뭇잎을 골라 두 조각(반)으로 찢는다.

  T: 우리가 가지고 있는 나뭇잎을 반으로 찢어 볼까?
  T: 반으로 나누었더니 몇 개가 되었니?
  T: 두 개가 되었어? 그럼 이제 다시 하나가 되게 맞추어 보자.

- 나뭇잎 1개를 세 조각으로 찢고, 다시 세 조각을 하나의 나뭇잎으로 맞추어 본다.
  T: 이제 이 나뭇잎은 세 개가(세 조각이) 되도록 찢어보자. 어떻게 하면 좋을까?
  T: 세 개가 되었어? 이제 다시 세 개를 나뭇잎 하나가 되도록 맞추어 보자.
  T: 우리가 자른 나뭇잎이 합쳐져서 다시 한 개의 나뭇잎이 되었네.

③ 마무리

- 영아가 보는 앞에서 가위로 나뭇잎을 3~5조각으로 자르고, 잘라진 나뭇잎 조각을 영아에게 주어 하나의 나뭇잎이 되도록 맞추어 보도록 한다.
  T: 선생님이 나뭇잎을 잘라볼게. 몇 번이나 자르는지 잘 봐.
  T: 한 번, 두 번, 세 번. 세 번 잘랐어요. 몇 조각이 되었는지 우리 함께 세어 볼까요?
  T: 맞아요. 나뭇잎이 세 조각이 났네요. 그러면 이렇게 조각난 나뭇잎을 처음의 나뭇잎이 되도록 맞추어 볼 수 있을까요?

유의사항

- 활동 진행 중에 영아가 나뭇잎을 스스로 만져보고 느껴 보며 탐색할 수 있도록 격려해주도록 한다.
- 나뭇잎의 탐색이 다양하게 이루어 질 수 있도록 여유 있게 나뭇잎을 준비한다.
- 나뭇잎을 잘라 퍼즐을 다시 맞춰보는 것이 활동목표이기는 하나 영아에 따라 퍼즐을 맞추기와 탐색이 어려운 경우 '아, ○○는 나뭇잎을 이렇게 하고 싶었구나.' 등의 언어적 반영을 통해, 영아의 의도를 긍정적으로 해석해 주도록 한다.

확장활동

- 영아가 찢은 나뭇잎과 교사가 가위로 자른 나뭇잎은 두꺼운 책 속에 넣어서 말린 후, 코팅하여 나뭇잎 퍼즐로 활용한다.

사진첨부

개정 누리과정 관련요소

자연탐구 〉 생활 속에서 탐구하기 〉 주변 공간과 모양을 탐색한다.
자연탐구 〉 자연과 더불어 살기 〉 날씨와 계절의 변화를 감각으로 느낀다.
의사소통 〉 듣기와 말하기 〉 자신의 요구와 느낌을 말한다.

귤껍질 놀이

생활주제 겨울

수학개념 수세기, 비교하기, 게임하기

활동목표
- 귤껍질 게임을 통하여 다양한 수세기를 경험할 수 있다.
  (자연탐구〉수학적 탐구하기〉수의 연산과 기초개념 형성하기〉구체물을 가지고 더하고 빼는 경험을 해 본다.)
- 함께 규칙을 만들어 친구와 함께 놀이한다.
  (사회관계〉다른 사람과 더불어 생활하기〉친구와 사이좋게 지내기〉친구와 협동하여 놀이한다.)

활동대상 5세

활동준비 귤껍질, 병뚜껑

활동과정 **① 도입**

- 겨울에 먹을 수 있는 과일에 대하여 이야기 나눈다.

  T: 친구들이 겨울에 많이 먹는 과일이 어떤 것들이 있을까요?

  C: 사과와 배를 좋아해요.

  C: 저는 귤이 가장 좋아요.

  T: 그래요. 겨울에는 사과, 배도 많이 먹지만 귤을 가장 많이 먹어요.

  T: 쉽게 까서 먹을 수도 있고 맛도 새콤달콤해서 선생님도 귤을 좋아한답니다.

② 전개

- 활동자료를 탐색하며 놀이 방법을 생각해 본다.

T: 선생님이 귤을 가져 왔어요. 귤을 가지고 먹는 것 말고 놀이를 할 수 있는 방법이 있을까요?

C: 귤껍질로 모양을 만들 수 있어요.

T: 귤껍질로 모양을 만들어 놀이를 할 수 있겠군요. 또 다른 놀이는 뭐가 있을까요?

C: 귤을 까서 모두 몇 개인지 세어보고 더 많은 사람이 이기는 거요.

• 유아들이 이야기한 방법 이외에 여러 가지 다양한 놀이를 소개한다.

T: 친구들도 여러 가지 놀이 방법을 알 수 있네요. 선생님이 알고 있는 놀이 방법을 소개해 주려고 해요.

귤을 이용하여 할 수 있는 놀이

1. 귤껍질 불꽃놀이(귤껍질을 말아 쥐고 꾹 누르면 구멍에서 '찍찍' 물이 나와 귤 즙이 촛불에 닿으면 '팟팟' 불꽃이 튀는 것을 볼 수 있는 놀이)
2. 귤껍질 총알(다 쓴 색연필이나 사인펜 빈 대롱에다 귤껍질 쪼가리를 넣고 '훅' 불어 나오게 하는 놀이)
3. 귤껍질 고리걸기(동그랗게 만든 귤껍질 고리를 고리 걸이에 던져서 더 많이 걸면 이기는 놀이)
4. 귤껍질 놀이(귤껍질을 동전 크기만 하게 열 개에서 스무 개쯤 잘라 동전 둥근 껍질을 두 손 안에 넣고 흔들다 던져서 바깥쪽이 더 많이 나오는 사람이 이기는 놀이.)

T: 선생님이 소개한 놀이 중 친구들이 알고 있는 놀이가 있나요?

C: 아니요. 해본 놀이는 없어요. 해보고 싶어요.

• 유아들과 함께 해볼 수 있는 놀이를 제안하고 진행한다.

T: 귤껍질로 하는 놀이들이 모두 재미있지만 오늘은 선생님과 함께 귤껍질 놀이를 해보려고 해요. 우리가 맛있게 먹고 남은 귤껍질을 동그랗게 잘라서 두 명이 손에 넣고 던져서 바깥쪽(노란색)이 많이 나오는 사람이 이기는 게임이에요.

C: 재미있을 것 같아요. 한명이 몇 개씩 가지고 하는 거예요?

T: 몇 개씩 가지고 하면 좋을지 우리 같이 게임 규칙을 만들어 볼까요?

C: 열 개씩 가지고 놀이하면 좋을 것 같아요. 하면서 규칙을 새로 만들어도 좋을 것 같아요.

T: 그럼 우리 먼저 10개씩 가지고 게임을 해봐요.

③ 마무리

• 놀이를 회상해보고 평가해 본다.

T: 우리가 먹는 귤껍질을 가지고 직접 게임도구를 만들고 규칙을 정해서 놀이하니 어땠나요?

C: 장난감이 없이도 재미있는 게임을 할 수 있어서 신기하고 재미있었어요.

C: 10개를 가지고 놀이를 해서 개수를 세어보며 친구의 것과 비교해 보는 것이 재미있었어요.

T: 놀이하면서 어떤 점이 어려웠나요?

C: 10보다 많은 수는 세기가 어렵기도 했어요.

유의사항

• 처음부터 너무 많은 숫자의 귤껍질 동전을 사용하지 않고 단계적으로 늘려가며 놀이를 이어갈 수 있도록 지도한다.

• 친구와 나의 귤껍질 수량에 비교하며 숫자에 관심을 가질 수 있도록 지도한다.
(숫자 '10' 대신 다양한 숫자를 정하여 활동한다)

확장활동

• 귤껍질 윷놀이 : 귤껍질로 윷을 만들어 윷놀이를 해 본다.

사진첨부

개정 누리과정 관련요소

자연탐구 〉 생활속에서 탐구하기 〉 물체를 세어 수량을 알아본다.
사회관계 〉 더불어생활하기 〉 서로다른 감정, 생각, 행동을 존중한다.

막대기를 비교하고 길이를 재어보아요

생활주제 가을

수학개념 길이의 측정, 비교

활동목표
- 막대의 길이를 비교한다.
(자연탐구〉수학적 탐구하기〉기초적인 측정하기〉임의 측정 단위를 사용하여 길이, 면적, 들이, 무게 등을 재 본다.)
- 임의의 측정 단위를 사용해 길이를 측정한다.
(자연탐구〉수학적 탐구하기〉기초적인 측정하기〉일상 상활에서 길이, 크기, 무게, 들이 등의 속성을 비교하고 순서를 지어 본다.)

활동대상 5세

활동준비 실외에서 주운 나뭇가지들

활동과정

① 도입

- 실외활동 전 일상적인 주제로 호기심을 유발한다.

T: 우리 교실을 둘러보면 여러 가지 물건들이 있는데, 거기서 가장 긴 게 무엇일까요?

C: 연필이요, 음률 영역에 있어요.

T: 그래요, 여러 가지 물건이 있지요. 그렇다면 거기서 무엇이 가장 긴지는 어떻게 알 수 있지요?

C: 둘이 대면 알 수 있어요. 자를 사용할 수 있어요.

T: 맞아요. 이렇게 여러 가지 길이를 잴 수 있는 것들이 우리 주변에 많이 있어요.

T: 오늘은 실외 놀이를 하며 길이를 잴 수 있는 것들이 어떤 것들이 있을까요?

C: 재미있을 것 같아요. 제일 긴 나뭇가지를 찾을 거예요.
C: 솔방울도 있어요. 작은 길이를 잴 수 있을 것 같아요.
T: 이렇게 길이를 알아보고 무개를 재어보는 것들을 조금 어려운 말로 '측정'이라고 해요. 우리가 실외놀이를 하며 주변을 살펴보고 여러 가지 측정할 수 있는 것들을 찾아보면 재미있을 것 같아요.
(필요에 따라 '측정'은 물건이 얼마나 긴지, 무거운지 재어 보는 것임을 말해 준다)
C: 네, 빨리 찾아보고 싶어요. 공원에 가서 어떤 것들이 있는지 빨리 나가보고 싶어요.
T: 우리 그럼 실외에 나가서 우리가 지금 까지 이야기 했던 것들에 대해서 함께 찾아보며 놀이해요.

② 전개

- 실외놀이에서 놀며 주운 나뭇가지를 모아서 탐색한다.

T: 이것은 무엇이지?
C: 나뭇가지요. 나뭇가지가 엄청 많아요.
T: 놀이하면서 나뭇가지를 친구들이 가장 많이 주워서 모아왔네. 나뭇가지를 만져보자. 어떤 느낌이니?
C: 거칠어서 살살 만져야 해요. 까칠까칠해요.
C: 이 나뭇가지는 매끈해요. 손으로 만져도 부드러워요.
T: 누구의 것이 가장 길까? 서로 대어 볼까?
C: ○○것이 가장 긴 것 같아요. 저는 작은 것 밖에 못 주웠어요.
C: 저랑 ○○이 나뭇가지는 둘 다 비슷해요. 거의 똑같아요.

- 나뭇가지를 한 줄로 놓고 임의의 측정 단위(끈이나 리본테이프)를 사용해 측정해 본다.

T: ○○가 주운 나뭇가지는 어떤 친구랑 길이가 같을까?
T: 한 번 재어보자.
C: 저랑 같아요. 그리고 ○○이 것은 저보다 더 작아요.
T: 길이가 가장 짧은(긴) 나뭇가지는 누구의 것일까?
T: 길이가 긴 것부터 짧은 순서로 놓을 수 있을까?
C: 제가 먼저 해보고 싶어요. 긴 것부터 짧은 것을 차례대로 놓고

다시 짧은 것부터 긴 것의 순서로 놓고 싶어요.
C: ○○가 놓은 것을 리본으로 길이를 재면 재미있을 것 같아요.

- 자신이 주운 나뭇가지와 길이가 같은 물건을 교실에서 찾아본다.
  T: 우리가 주워온 나뭇가지를 가지고 교실에 있는 것들과 길이를 비교해 볼 수 있을까?
  C: 저는 작은 나뭇가지를 주웠는데 미술 영역의 색종이와 길이가 같아요.
  T: 그렇구나. ○○ ○○는 색종이와 길이가 같은 나뭇가지네. 또.
  C: 주워온 나뭇가지를 여러 가지 교실의 물건과 비교해 봤는데 언어영역 이름표랑 같아서 신기했어요.

③ 마무리

- 활동 소감을 이야기하여 본다.
  T: 우리가 실외활동에서 주워온 나뭇가지들로 여러 가지 장난감이나 물건들의 길이를 재 보았지요?
  T: 물건의 길이를 측정해 보니까 어땠나요?
  C: 재미있었어요. 비교하기 좋았어요.

- 길이를 어떻게 표현하는지 재확인하며 마무리한다.
  T: 이제 우리 친구들은 어떤 물건이 얼마나 긴 가 이야기할 때에 어떻게 할 수 있을까요?

  C: 여러 가지 도구를 이용해 볼 수 있어요. 나뭇가지 이외에 손이나 발로도 길이를 잴 수 있어요.
  T: 그렇지요. 여러 가지 방법으로 길이를 설명할 수가 있어요.

유의사항

- 나뭇가지 이외에도 손 뼘이나 기존의 다른 장난감 등 다양한 임의 측정 단위를 사용할 수 있게 돕는다.
- 비교가 이루어질 때에 단순히 두 가지만을 하기보다는 세 가지 이상을 두고 길이의 순서를 나열할 수 있도록 돕는다.
- 표준측정단위인 자는 처음에는 자 전체를 임의단위로써 사용하며 유아가 길이 측정에서 표준단위가 필요함을 인식하게 되었을 때에

단위 측정법을 알도록 한다.

확장활동
- 실외활동 : 줄자로 키 재며 비교해 보기
- 과학 영역활동 : 무게를 재며 비교해 보기

사진첨부

개정 누리과정 관련요소

자연탐구 〉 생활속에서 탐구하기 〉 일상에서 길이, 무게 등의 속성을 비교한다.
자연탐구 〉 탐구과정 즐기기 〉 궁금한 것을 탐구하는 과정에 즐겁게 참여한다.
신체운동·건강 〉 신체활동 즐기기 〉 기초적인 이동운동, 제자리운동, 도구를 이용한 운동을 한다.

3. 음악(동요)을 통한 영유아 수학교육

음악이 수학적 형식을 통해 존재하는 것은 아주 오래전부터 존재했던 일이며 영유아들이 음악활동을 통해 수학을 이해하는 데도 다양한 방법으로 도움을 줄 수 있다. Miller와 Revesz은 음악과 수학적인 능력 간에는 긴밀하고 명백한 상관관계가 있다고 하였다(양석문, 2008 재인용). 또한 전래동요는 극적인 표현을 위한 매개체로서, 수학활동을 위한 자원으로 가치가 있다(김희선, 2013; 민경희, 2005).

1) 음악 및 동작활동을 통한 수학교육의 의의

(1) 영유아에게 즐거움과 기쁨을 선사한다

영유아들은 음악을 듣고, 노래를 부르고, 악기를 연주하며 그리고 자신의 생각과 느낌을 동작으로 표현하면서 만족감, 안정감, 즐거움을 느끼며 정서적으로 충만해진다. 또한 생각의 표현과 의사소통의 수단인 움직임을 통해 자유로운 자기표현을 할 수 있는 개방적 경험을 갖게 됨으로써 안정감을 느끼고 이러한 긍정적인 정서가 수학으로 연결되어 영유아들은 수학에 대해 흥미와 즐거움을 느끼게 된다.

(2) 감각적 인식능력을 증진시켜 활동에 몰입하게 한다

리듬감을 갖고 음을 흡수하는 음악적 활동은 활발한 감각적 경험과 활동을 요하는 예술학습으로 높은 수준의 지각력 발달을 가져오며 정서와 지각을 일깨워 감각적 인식능력을 발달시키고, 주의를 환기시켜 활동에 몰입하게 한다. 또한 동작활동은 스스로 생각하며 몸을 움직여야 하기 때문에 몸의 감각에 민감해지고 활동에 집중하며 추상적으로 어렵게 느껴지면서 활동에 몰입하기 어려울 수도 있는 수학 시간을 감각적 인식력을 불러일으켜 적극적으로 참여하며 의미 있게 구성해 나갈 수 있다.

(3) 수학적 개념을 더 잘 기억하게 한다

음악 및 동작활동을 하게 되면 그 자체로도 긍정적인 정서를 유발하고 즐겁고 생동감 있는 교실 분위기를 조성한다. 따라서 음악 및 동작활동을 통해 수학 개념을 전달할 경우 영유아들은 마음속에 더 오래 간직하게 된다. 수학적 개념을 행함(doing)을 통해서 개념을 습득할 때 가장 효과적인 교육적 성과를 이룰 수 있다.

(4) 창의적 문제해결 능력을 향상시킨다

다양한 음악활동은 유아의 생각과 느낌을 탐색하고 실험하며 자유롭고 독창적으로 표현하게 함으로써 유아의 상상력과 표현력을 신장시킬 수 있다. 창의적인 동작 표현을 통해 수렴적 기술과 발산적 기술을 사용하여 문제를 해결하는 것을 학습하고, 자기표현을 통해 자아존중감을 기름으로써 문제해결에 대한 자신감을 증진시킨다. 따라서 음악 및 동작을 통해 수학활동을 하게 되면 영유아들은 수학적 문제를 해결하는데 있어서 자신감과 열의를 보이고, 문제를 해결하기 위해 다양한 방법으로 시도해 봄으로써 융통성과 유창성을 기르며, 문제를 스스로 해결한 후에 성취감과 만족감을 느끼게 된다.

(5) 다양한 표상능력을 기르게 한다

음악은 유아 자신의 감정을 자연스럽게 표현하게 하고 타인의 감정을 민감하게 인식하도록 함으로써 보다 성숙한 감정표현 및 통제력을 발달시키는 데 도움이 된다. 예를 들어 영유아들이 친구들과 합주를 할 경우 다른 친구의 악기 소리를 민감하게 들어야 하며 조화롭게 자신의 악기로 소리를 내는 경험을 통해 표현력과 조절력을 기를 수 있는 것이다. 영유아들은 이러한 과정 속에서 언어뿐 아니라 다른 방법으로도 자신의 생각과 느낌을 표현할 수 있다는 것을 깨닫게 된다. 따라서 영유아들은 음악 및 동작으로 자신이 이해한 세계를 다양하게 표현하는 능력을 기르면서 수학적 개념을 자신만의 방법으로 더 잘 습득하고 확장해나간다.

2) 음악 및 동작활동을 통한 접근

(1) 영유아가 이해한 수학적 개념을 음악 및 동작으로 표상하는 방법

수학활동을 통해 이해한 수학적 개념과 과정기술을 음악 및 동작활동으로 확장하여 표상해 보는 것으로 영유아가 이해한 수학적 개념을 더 명확하게 인식하도록 한다.

영유아가 이해한 수학적 개념을 음악 및 동작으로 표상하는 방법의 교수학습 단계

수학적 개념 선정하기 → 수학활동 계획하기 → 수학활동하기 → 이해한 수학적 개념을 음악이나 동작으로 표상하기 → 평가하기

① **수학적 개념 선정하기** : 수학 개념(수와 연산, 공간과 도형, 측정, 분류와 서열, 패턴, 통계와 확률) 중 어떤 개념을 교육활동으로 구성할지 결정하고 주간 교육 계획안이나 월간 교육 계획안의 수학 개념을 경험할 수 있도록 선정함.

② **수학활동 계획하기** : 선정된 수학 개념을 영유아에게 효과적으로 전달할 수 있는 방법을 결정한다. 교구 활용, 실시하고 있는 주제와 시기적 특성(계절, 날씨 등), 영유아의 흥미와 발달수준을 고려하여 활동을 결정하고, 교육계획안을 작성함.

③ **수학활동하기** : 준비된 교재교구를 활용하여 영유아들과 적극적으로 상호작용하면서 수학활동을 실시

④ **이해한 수학적 개념을 음악이나 동작으로 표상하기** : 수학활동을 하기 전에 적절한 음악 및 동작활동을 결정하고 준비하고 수학적 어휘를 자주 사용하여 영유아들의 사고를 확장시키도록 함.

⑤ **평가하기** : 마무리 하면서 평가하고, 며칠 동안 활동을 할 경우에는 활동이 끝날 때마다 혹은 마지막 활동을 한 후 평가 할 수 있으며 평가를 할 때에는 영유아들의 느낌이 어떠했는지, 어떤 점이 재미있었고, 힘들었는지, 새롭게 알게 된 것은 무엇인지 등에 대해 이야기 나눔.

(2) 수학교육에 적합한 전래동요를 선정할 때 고려할 점(박성순, 2005).

① 영유아의 발달에 적합하고 영유아가 흥미로워하는 곡이어야 한다

재미있는 유머가 있고, 어려운 말이 적게 포함되어 있으며 음운 어휘, 후렴, 연의 반복 등 형식적으로 반복이 많고, 의미상으로 묻고 답하는 문장이 있는 곡이 좋다.

② 영유아의 지각에 맞는 전래동요여야 한다

추상적 관념보다는 행동이나 상태를 묘사한 동적인 주제를 가지고 내용은 동물에 관한 것, 공통적인 경험을 담은 것, 자기 자신에 관한 것으로 이해할 수 있고 영유아의 정서를 내포해 줄 수 있는 것이 좋다.

③ 전래동요의 내용이 수학적 개념이나 수학적 해결방법의 모색을 가능하게 하고 문제 상황을 제기하는 것이 좋다

곡의 분위기가 전체적으로 밝은 장조를 소개하여 주고, 리듬이 복잡하지 않은 것을 선택하여 쉽게 노래를 배울 수 있어야 한다. 곡의 길이도 8마디 내지 12마디 정도가 적당하고 곡에 따라서는 16마디 정도의 범주 안에서 택하는 것이 무리하지 않다.

머리 어깨 무릎 발

생활주제 자라나는 몸과 마음

수학개념 반복(패턴)

활동목표
- 노래를 듣고 따라 부른다.
  (2세 표준보육과정〉예술경험〉예술적 표현하기〉리듬 있는 소리와 노래로 표현하기〉친근한 노래를 따라 부른다.)
- 노래를 부르며 단순하게 반복되는 가사의 규칙성을 인식한다.
  (2세 표준보육과정〉과학탐구〉수학적 탐구하기〉단순한 규칙성에 관심 가지기〉주변에서 단순하게 반복되는 규칙성에 관심을 가진다.)

활동대상 2세(1, 2수준 공통)

활동준비 '머리 어깨 무릎 발' 음원자료, 게시자료

머리 어깨 무릎 발

작사 미상
외국 곡

활동과정 ① 도입
- 일과 중 노래를 반복하여 재생하며 영아들이 노래에 익숙해지도록 한다.
- 교사가 노래를 따라 부르며 영아들이 흥미를 가지도록 돕는다.

② 전개

- 흥미를 보이는 영아와 상호작용하며 함께 노래를 불러 본다.
  T: 우리 ○○이가 '머리 어깨 무릎 발' 노래를 부르는구나.
  T: 선생님이랑 같이 노래해 볼까요?

- 노래에 맞는 율동을 알아본다.
  T: 우리 ○○이가 노래를 정말 잘 부르는구나. 우리 한 번 율동도 하면서 같이 노래해 볼까요?

- 음악이 없는 상태에서 영아와 노래를 부르면서 다음 가사를 영아가 맞혀 불러보도록 상호작용한다.
  T: 머리 어깨 무릎 발 무릎 발… 다음이 뭐였지요?
  T: 머리 어깨 무릎… 다음이 뭐였을까요?
  T: 선생님이 노래를 불러 보니까, '머리 어깨 무릎 발'만 계속 반복하는 것 같아요. ○○이 생각엔 어때요?

③ 마무리

- 소감을 이야기 나누며 마무리한다.
  T: 우리가 같이 '머리 어깨 무릎 발' 동요를 불러보았는데, 어땠나요?
  T: 노래나 율동에서 어떤 점이 재미있었나요?

유의사항
- 영아들이 노래에 익숙해질 수 있게 자유놀이 중 반복하여 재생한다.

확장활동
- 흥미에 따라 율동이나 가사를 영아와 함께 바꾸고, 바뀐 대로 노래와 율동을 해 본다.

사진첨부

개정 누리과정 관련요소

예술경험 〉창의적으로 표현하기 〉 익숙한 노래와 리듬을 표현한다.
예술경험 〉창의적으로 표현하기 〉 움직임과 춤으로 자유롭게 표현한다.
자연탐구 〉생활 속에서 탐구하기 〉 규칙성에 관심을 가진다.

무지개 야채송

생활주제 건강과 안전

수학개념 자료수집과 분석

활동목표
- 그래프를 이용하여 수의 많고 적음을 비교한다.
  (자연탐구〉수학적 탐구하기〉기초적인 자료 수집과 결과 나타내기〉그림, 사진, 기호나 숫자를 사용해 그래프로 나타내 본다.)
  (자연탐구〉수학적 탐구하기〉수와 연산의 기초개념 알아보기〉구체물 수량에서 '같다', '더 많다', '더 적다'의 관계를 안다.)

활동대상 5세

활동준비 노랫말자료, 그래프 판, 유아이름표, 야채 그림자료

무지개 야채

티파하파 작사 · 작곡

활동과정 ① 도입

- 노래를 부른 후 유아들이 좋아하는 음식에 대해 이야기 나누고 야채에 대한 유아의 생각을 이야기 나눈다.

  T: 무지개 야채노래에 어떤 야채들이 나왔나요?
  C: 당근이요. / 파프리카요. / 토마토요.
  T: 그래요. 이런 야채들을 떠올리면 어떤 생각이 드나요?
  C: 맛이 없어요. / 엄마가 먹으라고 해요. / 전 토마토 좋아해요.
  T: 그래요. 선생님과 엄마는 왜 이런 야채를 먹으라고 할까요?

- <무지개 야채송> 노랫말을 알아보고 다른 야채로 개사하여 부르는 등 다양한 방법으로 노래를 불러본다.

  T: 노래에 나오는 아삭아삭 / 오독오독 / 사각사각 / 뽀득뽀득은 어떤 다른 말로 바꿔 불러 볼까요?
  C: 우적우적이요. / 냠냠냠이요.
  T: 아삭아삭 노랫말을 어떤 동작으로 표현해볼까요?

② 전개

- 노래에 나오는 야채가 우리 몸에 주는 이로운 점에 대해 이야기 나눈다.

  T: 야채는 우리에게 어떤 도움을 줄까요?
  C: 몸을 튼튼하게 해줘요.
  T: 좋은 야채를 골고루 먹어야 하는 이유는 무엇일까요?

- 그래프에 대해 알아본다.

  T: 그래프가 무엇인지 알고 있나요?
  T: 그래프를 어떻게 나타낼 수 있을까요?
  C: 내가 좋아하는 것에 표시해요. / 그래프에 그림을 붙여요.
  T: 그래프로 나타내면 어떤 점이 좋을까요?
  C: 친구가 좋아하는 것을 알 수 있어요.

- 내가 좋아하는 야채 그래프를 만든다.

  그래프 종이를 보며 간단히 그래프에 대해 살펴보고 야채 사진 위로 좋아하는 친구의 이름을 붙여 그래프를 만든다.

T: (그래프를 소개하며) 이것은 무엇일까요? 이 칸은 어떤 칸일까요?

T: 이런 모양을 언제 본 적이 있나요?

- 그래프를 보며 야채 수의 많고 적음을 비교한다.

T: 우리 반 친구들의 가족이 가장 좋아하는 야채는 무엇인가요?

C: 토마토요.

T: 어떤 야채에 어떤 친구가 표시되었는지 함께 세어 볼까요?

T: 토마토를 좋아하는 친구는 몇 명이 있나요?

T: 파프리카를 좋아하는 친구는 토마토를 좋아하는 친구보다 몇 명이 있나요?

T: ○○야채를 △△야채보다 더 많은 친구들이 좋아하는구나.

T: 그래프가 가장 짧은 야채는 무엇인가요?

T: 왜 그렇게 생각하나요?

③ 마무리

- 친구들이 가장 좋아하는 야채를 알아본 느낌에 대해 이야기 나눈다.

T: 내가 좋아하는 야채를 먹고 나면 기분이 어떤가요?

C: 힘이 솟아요. / 기분이 좋아요

T: 가장 많은 친구들이 좋아하는 야채는 무엇인가요?

T: 그래프를 만들면서 재미있었던 점은 무엇인가요?

C: 제가 좋아하는 야채에 친구가 이름을 붙여 기분이 좋았어요.

T: 어떤 야채를 먹어보고 싶나요?

T: 그래프를 만들어보니 어떤 점이 편리한가요?

유의사항

- 다양한 그래프 형태를 제시하여 상황에 따라 다른 그래프를 사용할 수 있음을 알 수 있도록 한다.
- 그래프의 결과를 비교해 볼 때 그래프를 보는 방법을 충분히 설명하여 유아 스스로 비교하고 측정할 수 있도록 돕는다.

확장활동

- 언어영역－유아들이 좋아하는 음식에 관한 작은 책을 만들어 본다.
- 수·조작영역－몸에 좋은 음식에 관한 퀴즈 놀이를 해 본다.

사진첨부

개정 누리과정 관련요소

자연탐구 〉 생활속에서 탐구하기 〉 일상에서 모은 자료를 기준에 따라 분류한다.
자연탐구 〉 생활속에서 탐구하기 〉 물체를 세어 수량을 알아본다.
예술경험 〉 창의적으로 표현하기 〉 노래를 즐겨 부른다.
예술경험 〉 창의적으로 표현하기 〉 신체나 도구를 활용하여 움직임과 춤으로 자유롭게 표현한다.

동물 패턴을 만들어요

생활주제 나 · 동물

수학개념 규칙성

활동목표
- 주변에서 단순하게 반복되는 규칙성에 관심을 가진다.
  (자연탐구〉수학적 탐구하기〉단순한 규칙상에 관심 가지기)
- 친구의 움직임을 관찰하고 따라해보고 친구와 함께 놀이를 하면서 친밀감을 형성한다.
  (신체운동〉신체활동에 참여하기〉몸 움직임 즐기기〉몸의 움직임을 다양하게 시도한다.)

활동대상 2세

활동준비 음원자료, 가사 판, 동물패턴카드 12장

활동과정

① 도입

- 내가 좋아하는 동물을 친구에게 소개한다.

  T: 우리 친구들은 어떤 동물 친구들을 좋아하나요?

  T: 그래요. 강아지와 토끼, 사자를 좋아하는구나. 이 동물들을 왜 좋아하는지 친구들에게 이야기해 줄까요?

  T: 그렇구나. 오늘은 재미있는 노래를 부르며 동물 친구들을 차례로 만나볼 거예요.

② 전개

- '그대로 멈춰라' 동요에 맞춰 움직이다가 멈추고 그 동작을 따라해 보도록 돕는다.

  T: '즐겁게 춤을 추다가 그대로 멈춰라!' 하면 선생님이 하는 포즈

를 따라해 볼까요?

T: 선생님은 토끼처럼 손으로 귀를 만들고 깡총! 하고 뛸 거예요.

T: 따라해 볼 수 있나요?

T: 그래요. ○○는 한 발로 서있구나. 선생님이 ○○를 따라하니 더 재미있어요.

• 역할을 바꿔가며 서로의 행동을 모방해 보도록 격려한다.

T: 이번엔 □□의 행동을 따라해볼까요?

T: □□이가 엉금엉금 기어가고 있구나.

T: 우리도 같이 엉금엉금 기어보아요.

T: 모두 거북이가 되었네요?

• 동물카드를 제시하고 패턴 사진자료를 보며 이야기한다.

T: 동물친구들의 가족이 친구의 생일파티에 간대요. 어떻게 가나 볼까요?
(엄마토끼, 아기토끼, 엄마거북이, 아기거북이 그림을 차례로 붙인다.)

T: (엄마토끼를 가리키며) 누구일까요?

T: 엄마토끼구나. 엄마토끼 옆에는 누가 있나요?

T: 아기토끼가 엄마 옆에 있어요. 아기거북이 옆에는 누가 있나요?

T: 아기거북이와 엄마거북이가 줄을 서서 가는구나.

• 소개된 패턴 뒤에 어떤 동물 그림 자료가 와야 하는지 이야기 나눈다.

T: (패턴의 마지막 아기거북이를 가리키며) 이 아기거북이 뒤에는 누가 줄을 서야 할까요?

• 동물사진자료를 이용한 패턴 놀이를 '그대로 멈춰라' 동요에 맞춰 차례로 동작으로 표현한다.

T: 이번에는 우리 친구들이 엄마거북이와 아기거북이가 되어보자.

③ 마무리

• 활동을 마무리 하며 오늘의 활동에 대해 회상하여 이야기를 나눈다.

T: 동물 패턴놀이를 해보았는데 어땠나요?
T: 어떤 점이 재미있었나요?

유의사항 • 움직임을 자유롭게 표현할 수 있도록 영아와 영아 사이의 공간을 확보해 준다.

확장활동 • 교실에 있는 놀잇감을 살펴보고 패턴에 따라 나열해 본다.

사진첨부

개정 누리과정 관련요소

자연탐구 〉생활 속에서 탐구하기 〉규칙성에 관심을 가진다.
자연탐구 〉자연과 더불어 살기 〉주변의 동식물에 관심을 가진다.
신체운동 〉감각과 신체 인식하기 〉신체를 인식하고 움직인다.

돌다리 숫자놀이

생활주제 여름

수학개념 수 개념 형성하기

활동목표
- 수의 크고 작음에 대해 관심을 가지고 ~보다 큰 수, ~보다 작은 수에 대한 개념을 이해한다.
  (자연탐구〉수학적 탐구하기〉수와 연산의 기초개념 알아보기〉구체물 수량의 부분과 전체 관계를 알아본다.)
  (자연탐구〉수학적 탐구하기〉수와 연산의 기초개념 알아보기〉스무 개 가량의 구체물을 세어보고 수량을 알아본다.)
- 활동규칙을 지키며 친구와 협동하며 놀이한다.
  (사회관계〉다른 사람과 더불어 생활하기〉친구와 사이좋게 지내기〉친구와 협동하며 놀이한다.)

활동대상 5세

활동준비 돌다리노래 가사 및 그림 자료, 음원자료, 대형 숫자 판, 숫자카드, 큰 주사위 2개

돌 다 리

윤석중 작사
영 국 민요

활동과정 **① 도입**

- 돌다리 노래를 부르고 돌다리 및 징검다리에 대해 이야기 나눈다.
  T: 노래 속에 나오는 징검다리를 본 적 있나요?
  C: 여름에 엄마랑 아빠랑 놀러가서 봤어요. / 할아버지네 집에 갈 때 보았어요.
  T: (징검다리 사진을 보여주며) 징검다리는 어떻게 생겼나요?
  C: 사이사이 벌어져 있어요.
  T: 그래요. 이렇게 드문드문 돌을 놓아 만든 다리를 징검다리라고 해요.

- 숫자대형 놀이판을 살펴보며 이야기 나누고 돌 징검다리 숫자의 크고 작음에 대해 알아본다.
  T: 숫자 놀이판도 징검다리처럼 사이사이가 벌어져 있어요.
  T: 숫자 사이는 어떻게 건너가야 할까요?
  C: 폴짝! 뛰어가요! / 살금살금 건너가요.
  T: 숫자 놀이판에는 무엇이 써 있나요? 숫자 놀이판에 쓰여 있는 숫자 찾기 놀이를 해봐요.
  T: 숫자 '9'는 어디에 있을까요?
  C: 여기 있어요!
  T: '2'를 찾아보아요. 숫자 '3'은 몇 개 있을까요?
  T: 숫자 놀이판에 쓰여 있는 숫자 중에서 가장 큰 수는 무엇일까?
  T: 가장 작은 수는 어떤 수인가요?

T: 작은 수의 순서대로 말해볼 수 있을까요?

T: 이번에는 큰 수부터 작은 순서대로 말해보아요.

T: '8'보다 큰 수는 무엇일까요?

T: '3'보다 작은 수는 무엇인지 찾을 수 있을까요?

② 전개

- 활동방법을 알아본 후 놀이한다.

  T: 노래 속에 나오는 돌다리를 부르며 숫자대형놀이판을 활용해 지시내용을 보고 친구들과 다양한 동작을 지으며 숫자 놀이판을 건너보아요.

활동방법

1. 가위, 바위, 보로 순서를 정한다.
2. 주사위 2개를 동시에 흔들어 바닥에 놓는다.
3. 흔들어 나온 숫자와 지시내용을 보고 해당하는 숫자 징검다리로 다양한 동작을 지으며 건넌다.
   - '꽝'이 나오면 한 번 쉬고, '다시'가 나오면 주사위를 한 번 더 흔들 수 있다.
4. 도착점에 오면 활동이 끝난다.

③ 마무리

- 활동해 본 느낌을 이야기 나눈다.

  T: 활동을 하면서 재미있었던 점은 무엇인가요?

  C: 돌에서 떨어지지 않으려고 발에 힘을 주어 발아 아파요. / 숫자놀이 하니 재미있어요.

  T: '2'보다 '2' 큰 수는 무엇일까요?

  T: '3'보다 '1' 작은 수는 무엇일까요?

  T: 노래를 부르며 활동해 보니 어떠한가요?

유의사항

- 수의 크기에 대한 인식을 어려워하는 유아의 경우, 구체물을 제시하여 양을 비교하면서 수의 크기를 알아보도록 한다.
- 숫자와 나오는 지시어에 따라 말을 이동하되, 가장 가까운 위치의 숫자 징검다리로 가야 함을 안내한다.

확장활동

- 수의 크기에 따라 사물을 나열하여 길이나 양을 비교하는 활동을 한다.

사진첨부

개정 누리과정 관련요소

자연탐구 〉 생활속에서 탐구하기 〉 물체를 세어 수량을 알아본다.
자연탐구 〉 자연과 더불어 살기 〉 날씨와 계절의 변화를 생활과 관련 짓는다.
사회관계 〉 더불어 생활하기 〉 친구와 서로 도우며 사이좋게 지낸다.
신체운동 · 건강 〉 신체활동 즐기기 〉 기초적인 이동운동, 제자리운동, 도구를 이용한 운동을 한다.

4. 전통놀이를 통한 영유아 수학교육

전통놀이란, 옛날부터 민간에 의해 전승되어 오는 여러 가지 놀이로서 향토색을 지니며 전통적으로 해마다 행해져 오는 놀이이다. 우리나라의 전통놀이는 원시신앙에 근원을 두고 있으며 향토성을 그 기저에 두고 있다. 특히 전통놀이는 민간에 의해 전승되어 오는 여러 가지 놀이로서 전통적, 역사성, 고유성, 지속성을 지니는 특징을 가지고 있다. 이와 같은 전통놀이의 가치는 삶에 대한 한겨레의 전통적인 가치를 공유할 수 있다는 점에서 문화적으로나 교육적으로 커다란 의의를 지닌다고 할 수 있다.

1) 영유아 교육으로서의 전통놀이의 가치

(1) 즐거움을 준다

목적물을 맞추고 뛰고 달리고 뒹굴고 밀고 당기고 맞히고 여럿이 함께 움직이면서 정서를 거침없이 표출한다.

(2) 공동체 의식을 기른다

또래들과 어울려 놀이 규칙을 만들기 위해 자신의 생각과 행동을 조절하고 규칙을 따르는 과정에서 상호 의존성과 존중의 가치를 자연스럽게 깨닫게 된다. 유아간의 협동적인 문제해결은 자연스럽게 공동체 의식을 형성시킬 것이다.

(3) 언어 발달을 촉진한다

전통놀이 문화는 언어에 의해 한국인의 정서를 심어주는 가장 기초적인 문화행동이다. 우리말을 쓰는 언어환경을 제공한다는 것은 문화 정체감 형성에 큰 역할을 한다. 따라서 정통놀이 용어에서 시각적이고 청각적인 말이 있다면 이를 살려야 할 것이다.

(4) 사고 발달을 촉진하여 인지적인 자율성을 기른다

놀이를 통해 유아들은 보다 많은 정보에 접하게 되고 물리적, 논리적 수학적 지식을 터득하게 된다.

(5) 상상력을 기른다

놀이를 통해 현실 세계에서는 실현할 수 없는 비현실적인 욕구를 극화함으로써 긴장을 해소할 뿐 아니라 나름대로 상상의 세계를 펼칠 수 있다.

(6) 창의적인 표현능력을 기른다

전통놀이는 주어진 자극을 창의적으로 해석하고 다양한 형태로 표현할 수 있는 기회를 준다.

(7) 사회적 규칙을 몸소 터득한다

유아들은 규칙이 배어 있는 전통놀이를 통해 역할 이행, 경쟁, 양보, 공정성과 같은 사회적 기능과 태도를 자연스럽게 경험할 수 있다.

2) 전통놀이를 활용한 수학활동

(1) 수학활동의 중요성

유아기의 수학은 기초적인 수교육으로 직접 목적은 유아기 생활경험을 통해 익숙해지고 있는 슈량을 논리적으로 배우는 것이고 간접 목적으로 문화전체를 흡수하고 습득하기 위해 또는 인격을 형성하기 위해 필요한 추상력, 상상력, 이해력, 판단력을 기른다. 궁극적으로 원만한 인간을 형성시키는 것으로 수교육의 목적인 유아로 하여금 주변세계에 대해 생각하고 경험을 조직화함으로써 문제를 해결하는 조작능력을 키워주는데 있다. 따라서 수교육은 패턴을 찾고 자료에 대해 추론하고 문제를 해결하며 자신의 생각과 그 결과들을 서로 의사소통하는 과정이 중요시되고 있다.

(2) 전통놀이를 활용한 수학활동의 예(윷놀이)

윷놀이는 탐구 영역에서 논리 수학적 사고-수의 기초개념 이해하기와 관련지어 볼 수 있다. 특히 수학활동에서는 주사위 윷놀이를 이용하여 네 자리 수의 덧셈, 뺄셈의 혼합계산을 할 수 있는 사고와 능력을 기를 수 있다. 윷놀이는 다양한 범주에서 영유아의 수준에 맞는 숫자의 개념파악과 연산능력을 길러주는데 매우 유익하다.

이은화와 이경우(1987)는 2인 이상이 할 수 있는 전통적 집단놀이 52종을 수집하여 그중 32종의 놀이를 Kamii와 De Vries(1980)의 집단놀이 8가지 유형 중, 7가지 유형에 포함시켜 다음과 같이 인지적 가치를 규명하였다.

표 6-1 전통적 집단놀이의 종류 및 인지적 가치

유형분류	집단놀이명	인지적 가치
1. 목적물 맞추기	1) 비석치기 2) 구슬치기 3) 팥주머니 던지기 4) 눈싸움 5) 자치기	• 공간개념, 원인과 결과분석 • 수 개념 • 힘 · 속도의 관계
2. 경기 놀이	6) 그네뛰기 7) 널뛰기 8) 땅따먹기 9) 제기차기 10) 팽이치기 11) 줄다리기 12) 연날리기 13) 공기놀이 14) 굴렁쇠 놀이	• 언어발달, 수 개념 • 공간개념, 탈중심화 • 원인과 결과
3. 쫓기는 놀이	15) 꼬리잡기 16) 술래잡기 17) 앉은뱅이 18) 봉사놀이 19) 수건돌리기	• 탈중심화, 공간개념 • 언어발달
4. 숨기놀이	20) 숨바꼭질 21) 깡통차기 22) 보물찾기 23) 풀묻기	• 탈중심화, 언어발달 • 사물에 대한 명칭붙이기
5. 알아맞추기 놀이	24) 글씨 및 그림 찾아내기 25) 풀싸움	• 탈중심화, 언어발달 • 사물에 대한 명칭붙이기
6. 언어적 지시 놀이	26) 이름대기 27) 다리세기 28) 소꿉놀이 29) 줄넘기	• 탈중심화, 언어발달 • 낱말(단어)익히기
7. 판(그림)을 이용한 놀이	30) 고누(끈) 31) 다리세기 32) 돌차기(목자놀이)	• 숫자세기, 고형에 대한 인식 • 탈중심화, 언어발달, 공간개념

출처 : 이경우, 이은화(1987). 한국 어린이의 전통놀이에 관한 연구조사. 이화여자대학교 한국문화연구원.

대문놀이

생활주제 신체(움직여요)

수학개념 수량인식하기

활동목표
- 두 개 가량의 수 이름을 말해 본다.
  (자연탐구〉수학적 탐구하기〉수량인식하기)
- 또래와 하는 신체활동에 능동적으로 참여한다.
  (신체운동〉신체활동에 참여하기〉몸 움직임 즐기기〉몸의 움직임을 다양하게 시도한다.)

활동대상 2세

활동준비 음원자료, 가사판

대 문 놀 이

전래동요

활동과정 **① 도입**

- '동대문 남대문' 노래를 들으며, 양 손을 맞잡고 손을 높이 들어 문을 만든다.

  T: 동동 동대문을 열어라.

  T: ○○가 문을 지나가네요.

  T: 누가 또 지나가나요?

  T: 노래를 손뼉 치며(어깨를 으쓱하며, 발을 구르며) 들어볼까요?

  T: 재미있게 노래를 부를 수 있는 다른 방법이 있을까요?

② 전개

- 대문놀이 방법에 대해 이야기 나누고 친구들과 함께 대문 놀이를 한다.

  T: 대문놀이는 어떻게 하는 놀이일까요?

  T: 대문놀이는 두 명의 친구(문지기)가 문을 만들면 다른 친구들은 노래가 끝날 때까지 그 문을 통과하는 놀이란다.

  T: 문지기는 어떻게 문을 만들 수 있을까요?
  (친구와 함께 양손을 마주잡고 머리 위로 팔을 올려 문 모양을 만든다.)

  T: 노래가 끝나고 문을 지나가던 친구를 문지기가 잡으면 어떻게 될까요?
  (문지기를 바꾸어 다시 놀이한다.)

- 문이 닫힐 때 잡힌 영아의 나이, 좋아하는 숫자 등을 말하며 나온 숫자만큼 몸을 흔든다.
  ('문을 닫는다' 노래가 끝남과 동시에 맞잡은 양손을 내려서 문을 닫는 흉내를 낸다.)

  T: ○○가 갇혔네!

  T: ○○는 몇 살이에요?

  T: (영아와 양손을 잡고 친구를 다섯 번 살짝 흔들어주며) 하나~둘~셋~넷~!

  T: ○○가 네 살이라 4번을 흔들었구나.

  T: ○○는 친구들이 몇 번 흔들어 주면 좋겠어요?

  T: ○○가 지나가고, 다음 차례인 □□이가 왔구나.

활동방법

1. 대문이 되는 친구 두 명과 대문으로 들어가는 친구로 나누어 놀이를 한다.
2. 대문 역할을 하는 친구 두 명을 정한다.
3. '동대문을 열어라' 노래에 맞춰 대문 안으로 친구들이 들어간다.
4. '동대문을 열어라' 노랫말에 '12시가 되면 문을 닫는다.'라고 노래가 끝나면 대문이 되는 친구가 대문 안으로 들어오는 친구를 잡는다.
5. 잡힌 친구의 나이만큼, 좋아하는 숫자만큼 몸을 흔들어준다.

- 꼬리가 되었던 영아 두 명은 문지기가 되고, 나머지는 꼬리가 되어 놀이를 한다.

  T: 선생님 기차에 누가 탈까요?

  T: 자~ 허리를 꽉 잡으세요~

  T: '동대문 남대문' 노래를 부르며 문을 함께 지나간다.

③ 마무리

- 대문놀이를 한 후 생각과 느낌에 대해 이야기 나눈다.

  T: 놀이를 해보니 어땠나요?

  T: 무엇이 재미있었나요?

  T: 어려운 점은 없었나요?

유의사항

- 영아의 이해와 발달 정도에 따라, 대문이 되어보는 것과 기차가 되어 문 아래로 걸어가는 단순한 활동을 반복하여 익숙해진 후에, 팀을 나누거나 꼬리가 되는 활동으로 심화할 수 있다.
- 여러 명의 영아들이 움직이기 때문에 서로 밀거나 넘어지지 않도록 놀이 전에 충분히 이야기 나눈다.

확장활동

- 대문놀이 외에도 친구와 함께하는 다양한 전통놀이(투호놀이, 꼬리잡기 등)로 확장해볼 수 있다.

사진첨부

개정 누리과정 관련요소

자연탐구 〉 생활 속에서 탐구하기 〉 물체의 수량에 관심을 가진다.
신체운동 〉 신체활동 즐기기 〉 실내외 신체활동을 즐긴다.
예술경험 〉 창의적으로 표현하기 〉 일상생활 경험을 상상놀이로 표현한다.

윷놀이

생활주제 우리나라 명절 추석

수학개념 측정, 도형

활동목표
- 상하가 다른 모양을 한 윷을 던지며, 한 물체가 보는 방향에 따라서 다양한 모양으로 보이는 것을 안다.
  (누리과정 : 자연탐구〉수학적 탐구하기〉공간과 도형의 기초개념 형성하기〉여러 방향에서 물체를 보고 그 차이를 비교해 본다.)
- 놀이를 통해 수를 세며 비교한다.
  (누리과정 : 자연탐구〉수학적 탐구하기〉기초적인 측정하기〉구체물을 가지고 더하고 빼는 경험을 해 본다.)

활동대상 5세, 대그룹(소개), 4명(놀이 중)

활동준비 윷놀이 판, 윷 4개, 규칙 설명 그림판, 말 적색 4개 · 청색 4개 · 녹색 4개 · 황색 4개

활동과정

- 서기 8세기에도 그 기록이 있을 정도로 긴 역사를 지녔으며, 지금도 명절 등에 즐기는 유명한 전래 놀이이다.
- 한 사람당 네 개의 말을 가지고 시작한다. 모든 말이 출발점에서 한 바퀴를 돌아 도착하면 승리한다.
- 차례대로 한 명씩 진행하며, 윷 네 개를 던져 납작한 면이 위로 향한 숫자에 따라 움직이는 칸수가 다르다.
  - 1개 : 도; 한 칸
  - 2개 : 개; 두 칸
  - 3개 : 걸; 세 칸

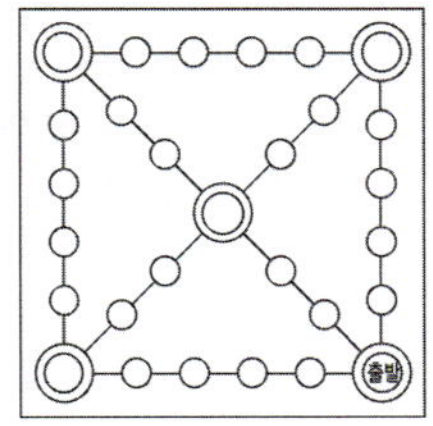

–4개 : 윷; 네 칸, 한 번 더 던진다.
–0개(모두 둥근 면) : 모, 다섯 칸, 한 번 더 던진다.

• 각 귀퉁이의 커다란 원에서 멈추면 다음 차례에 안쪽의 비스듬한 지름길로 들어갈 수 있으며, 맨 처음 지름길을 가던 중 가운데의 커다란 원에서 멈추면 출발점으로 향하는 지름길로 갈 수 있다.
• 같은 편의 말끼리는 '업기'를 할 수 있어서, 같은 칸에 멈추면 다음에 던졌을 때엔 겹친 말이 함께 움직이고, 함께 들어가며, 함께 잡힌다. 상대편의 자리에서 말이 멈출 경우 '잡기'가 되어 원래 앉아 있던 말이 맨 처음으로 돌아가야 한다.

① 도입

• 윷놀이 세트를 소개하며 사전경험을 이야기 나눈다.
  T: 이건 윷놀이라는 놀이에 쓰는 도구들이에요. 우리 친구들은 윷놀이를 하거나 본 적이 있나요?
  C: 윷놀이 해봤어요. 본 적 있어요.
  T: 그래요. 윷놀이를 아는 친구가 많이 있네요.
  T: 윷놀이는 지금으로부터 1300년 전에도 즐겼던 아주 오래된 놀이에요. 옛날부터 명절에 가족이나 마을 사람들이 모여 다 같이 즐기기도 했는데, 재미를 위해 돈을 걸고 내기를 하기도 했대요.

• 흥미영역 중 '수조작 영역'에 비치한다.
  T: 윷놀이는 여기 '수조작 영역'에서 할 수 있어요. 놀이하는 방법은 선생님과 함께 놀이하면서 알아보아요.

② 전개

• 흥미영역에서 함께 놀이하며 규칙에 익숙해지도록 돕는다.
  T: 윷을 던져 볼까요? 납작한 면 ○개가 나왔구나. 이러면 '도, 개, 걸, 윷, 모' 중 ○이에요. 앞으로 ○칸 움직여볼까요?
  T: 커다란 칸에 왔어요. 여기에서 멈추면 다음에는 화살표 방향을 따라 지름길로 갈 수 있어요.

T: 다른 사람 말이 있는 곳에 ○○이 말이 왔네요. 이럴 때에는 먼저 있던 말이 '잡혀서' 처음으로 돌아가게 돼요.

- 윷놀이를 하며 상호작용한다. 들어온 말의 수나, 진행 칸 수, 남은 칸 수 등을 이야기하고 질문한다.

T: 지금 ○○이의 말은 3개가 들어왔구나. 이제 몇 개가 들어오면 이기게 될까요?

C: 한 개 남았어요.

T: '개'가 나왔구나. 앞으로 두 칸 움직였어요. 이제 세 칸만 가면 지름길로 가게 되겠구나.

T: 이제 도착까지 몇 칸이 남았을까요? (많이 남은 것 같은데 같이 세어볼까요?)

③ 마무리

- 소감을 나누며 활동을 마무리한다.

T: 윷놀이를 해봤는데 어땠나요?

C: 재미있었어요. / 어려웠어요.

T: 어려웠던(재미있었던) 점은 무엇인가요?

유의사항

- 반드시 소그룹으로 게임을 할 필요는 없다. 흥미를 보이는 유아 인원에 따라 대그룹으로 단체전을 할 수 있다.
- 윷은 안전을 고려하여 통상보다 작거나 부드러운 것으로 준비한다.
- 놀이규칙은 설명보다는 함께 놀이하면서 알도록 상호작용한다.

확장활동

- 대그룹활동 : 인간 윷놀이 단체전

사진첨부

개정 누리과정 관련요소

자연탐구 〉 생활속에서 탐구하기 〉 물체의 특성과 변화를 여러 가지 방법으로 탐색한다.
자연탐구 〉 생활속에서 탐구하기 〉 물체를 세어 수량을 알아본다.
신체운동 · 건강 〉 신체활동 즐기기 〉 신체를 인식하고 움직인다.

5. 미술활동을 통한 영유아 수학교육

미술과 수학은 시공간적 능력의 이해를 포함하는 학문이며, 미술을 통해 영유아들이 이해한 수학적 이해를 나타내는 표상의 수단으로 수학적 의사소통의 도구라는 점에서 공통점이 있다. 그러나 수학은 어려워하거나 싫어하는 영유아들이 많은 반면 미술은 영유아들이 가장 좋아하는 교과로 동기유발이 쉽다. 따라서 미술을 통한 수학교육은 보다 즐거운 경험이 되며 수학에 대한 긍정적 자세를 형성할 수 있다.

1) 미술활동을 통한 수학교육의 의의

(1) 영유아의 발달에 적합하다

영아들에게는 추상적 사고가 가능하지 않으므로 그들은 감각기관과 운동기관을 통해 세상을 인식한다. 영유아가 직접적으로 참여하며 모든 감각을 활용하여 학습할 수 있는 환경을 제공해야 하는데, 미술을 통한 수학적 접근을 할 경우 영유아들은 직접적으로 미술 도구와 재료를 조작하면서 감각을 활용하여 수학적 개념을 이해하고 확장시킬 수 있다.

(2) 영유아가 주도성을 가지고 창의적으로 수학활동을 할 수 있다

영유아들의 학습을 위한 준비는 항상 스스로 참여할 수 있는, 영유아 스스로 선택하고 결정할 수 있는 환경이 준비되었을 때 그 효력을 발생한다. 미술활동은 교사가 활동을 계획하고 도구와 재료를 제공하는데 까지는 어느 정도 교사 주도로 이루어진다고 하면, 그 다음 단계 즉 미술 도구와 재료가 영유아에게 주어지고 난 이후로는 영유아들이 주도성을 가지고 활동하게 된다. 따라서 미술을 통한 수학활동을 함으로써 영유아들은 창의적으로 수학적 개념과 과정을 시도하고 적용해 보면서 수학적 능력을 키워나갈 수 있다.

(3) 영유아가 수학에 대한 개념을 스스로 명확히 인식하고 수정할 수 있다

자신의 사고를 시각화함으로써 영유아는 자신이 알고 있는 것과 모르는 것을 스스로 발견하게 된다. 이로 인해 영유아는 그 주제에 더 관심을 갖게 되고 자료를 조사하거나 관찰 또는 탐색하면서 수학적 개념을 명확하게 인식하게 할 수 있다.

(4) 영유아의 미술작품을 분석하여 영유아의 수학에 대한 수준을 이해하고 평가할 수 있다

미술작품은 영유아의 현재 상태 및 문제를 드러내기 때문에 진단 또는 평가하기 위한 도구로 사용할 수 있다. 영유아들은 자신이 생각하고 알고 있는 것을 분명하게 언어로 표현하는 데 한계가 있다. 영유아의 수학적 개념과 태도를 평가하기 위한 참고자료로 활용 가능하다.

(5) 긍정적인 정서 발달에 도움이 된다

미술활동은 영유아의 심미감을 발달시켜 정서를 풍요롭게 하며, 감정을 순화시켜 긍정적인 정서 발달에 도움이 된다. 교육활동에 대한 자연스러운 동기 유발이 가능하다. 교육활동에 대한 적극성과 열정을 불러일으킬 수 있다. 미술에 대한 기쁨과 만족, 자신감, 열정 등이 수학으로 연결되어 수학에 대한 긍정적인 태도 형성과 정서 발달이 가능하다.

2) 미술활동을 통한 접근의 교수학습 방법

(1) 영유아가 이해한 수학적 개념을 미술로 표상하는 방법

영유아가 이해한 수학적 개념을 더 명확하게 인식할 수 있도록 미술활동을 매개로 표상하는 방법으로 영유아의 미술적 기법보다는 미술 작품의 내용에 더 중점을 둔다.

(2) 영유아가 이해한 수학적 개념을 미술로 표상하는 방법의 교수학습 단계

수학적 개념 선정하기 → 활동 계획하기 → 수학활동하기 → 미술 표현 방법 결정하기 → 수학 개념 미술로 표상하기 → 평가하기

(3) 미술과 수학을 통합하여 수학적 개념을 이해·확장시키는 방법

수학적 목적뿐만 아니라 동시에 미술적 목적을 이룰 수 있도록 지도하는 것으로 미술활동을 하면서 영유아들은 창의적으로 자신의 생각과 느낌을 표현하면서 자연스럽게 수학적 개념을 이해하고 확장시켜 나갈 수 있다.

수학적 개념 선정하기 → 미술활동 계획하기 → 미술활동을 통해 수학적 개념 확장시키기 → 평가하기

안선영(2013)은 미술 통합 영유아 수학활동의 단계를 '경험 및 자료 탐색 단계', '수학적 사고하기 단계', '평가 단계'로 구분하여 다음과 같이 활동 내용을 제시하였다.

표 6-2 미술 통합수학활동의 교수단계와 내용

단계	내용
경험 및 자료 탐색 단계	영유아의 일상생활과의 연관성을 중시하여 수학적 요소를 강조하면서 미술활동과 관련된 영유아의 경험이나 활동 자료에 대하여 이야기 나누는 단계
수학적 사고하기 단계	미술활동에 반영된 다양한 수학적 개념을 토대로 다양하게 수학적으로 사고할 수 있는 문제를 제기하고 서로의 생각을 주고 받으며 의사소통이 적극적으로 이루어지는 단계
평가 단계	미술활동에 대한 경험의 느낌을 이야기 나눈 뒤 활동의 교육적 목표에 준하여 적절한 경험과 학습이 이루어졌는지에 대해 유아의 생각이나 표상 결과를 살펴보고 회상하는 단계

출처 : 안선영(2013). 미술과 수학의 통합활동이 유아의 수학능력에 미치는 영향.

왕자 생일 왕관

생활주제 나와 가족

수학개념 모양이해, 패턴, 분류

활동목표
- 반복적인 패턴을 안다.
  (자연탐구〉수학적 탐구하기〉규칙성 이해하기〉생활주변에서 반복되는 규칙성에 관심을 갖는다.)
- 생일에 대해 이야기하고 왕관을 만들어 표현할 수 있다.
  (예술경험〉예술적 표현하기〉미술활동으로 표현하기, 다양한 미술활동으로 자신의 생각과 느낌을 표현한다.)
  (사회관계〉나를 알고 존중하기〉나를 소중히 여기기)

활동대상 2세

활동준비 도화지, 풀, 가위, 색종이

활동과정

① 도입

- 생일에 대해 이야기 나눈다.
  T: 생일이 무슨 날인지 아는 친구들이 있나요?
  T: 생일날에는 무엇을 하나요?
  T: 생일날에는 왜 그런 일들을 할까요?
  T: 왜 생일이라고 할까? 생일이 지나면 무엇이 달라지니?

② 전개

- 생일날 필요한 물건에 대해 이야기 나눈다.
  T: 생일날에는 우리 반은 축하를 하면서 촛불도 끄고 선물도 줘요. 왜 이런 걸 할까요?

T: 생일날은 태어난 날을 축하해 주기 위해 파티를 하지요.

T: 생일파티 할 때 필요한 물건은 무엇일까요?

T: 케이크도 필요하고, 초도 필요해요. 여러 가지 물건들이 많이 필요하네요.

T: 고깔모자도 쓰지요. 생일 맞은 친구는 예쁜 모자를 쓰기도 해요.

T: 우리 생일파티 때 쓸 생일 왕관을 만들어 보자.

T: 선생님과 친구들이 왕관을 멋지게 만들기 위해서 우리 스티커, 색종이를 위해서 꾸며보면 어떨까? ○♡모양 색종이가 있어요. 어떻게 꾸며보면 좋을까요?

T: 준비된 왕관 꾸미기 재료들을 어떻게 왕관에 붙여 만들어 볼까요?

T: 어떻게 꾸미면 좋을지 같이 한번 해볼까요? ○♡를 차례대로 붙여서 꾸며보았어요. ♡ 다음엔 어떤 모양이 오면 좋을까요?

T: 이렇게 모양이 순서대로 반복해서 나타내는 것을 패턴이라고 해요.

T: ○○가 입은 옷에서도 하얀 하트모양과 빨강 하트모양이 계속 이어져서 나타나지요. 이런 것도 방금 우리가 알아본 패턴과 같은 것이랍니다.

T: 여러 가지 패턴으로 만든 왕관이 어떤가요? 원하는 멋진 모양이 되었나요?

③ 마무리

• 모양 패턴 왕관을 보며 영아들과 함께 이야기 나눈다.

T: 오늘 왕자 생일 왕관을 만들어 봤는데 어땠어요?

T: 그래요 여러 가지 모양과 색을 반복적으로 사용하는 방법으로 꾸미고 왕관을 만들어 보았어요. 오늘 만든 왕관은 생일날만 쓰는 것이 아니라 왕관을 쓰고 역할 영역에서 놀이하는 것도 좋을 것 같아요.

유의사항

• 영아들이 패턴을 자유롭게 탐색할 수 있도록 맞는 것을 강요하지 않는다.
• 모양의 패턴을 알려주며 영아들이 알 수 있도록 한다.
• 영아들과 함께 이야기를 나누며 생일의 의미를 알 수 있다.

확장활동 • 왕관을 쓰고 다양한 역할 놀이를 할 수 있다.

사진첨부

개정 누리과정 관련요소

자연탐구 〉 생활 속에서 탐구하기 〉 규칙성에 관심을 가진다.
예술경험 〉 창의적으로 표현하기 〉 미술재료와 도구로 표현해 본다.
사회관계 〉 나를 알고 존중하기 〉 나의 감정을 표현한다.

나만의 팔찌 만들기

생활주제 나와 가족

수학개념 분류하기, 수세기

활동목표
- 10 이내에서 이루어지는 수의 가감을 이해한다.
  (자연탐구〉수학적 탐구하기〉수와 연산의 기초개념 형성하기〉구체물을 가지고 더하고 빼본다.)
- 10을 만들 수 있는 다양한 수 조합에 관심을 가진다.
  (예술경험〉예술적 표현하기〉미술활동으로 표현하기〉다양한 미술활동으로 자신의 생각과 느낌을 표현한다.)

활동대상 4세

활동준비 길게 자른 색종이 끈, 풀

활동과정 ① **도입**
- 미술재료에 관심을 가지고 탐색한다.

T: 여기에 무엇이 있을까요?
C: 색종이 끈, 풀이 있어요.
T: 여기 있는 재료들을 가지고 무엇을 할 수 있을까요?
C: 색종이 접기요. / 팔찌를 만들어요. / 목걸이를 만들어요.
T: 어떻게 만들면 좋을지 같이 생각해 볼까요.
C: 문어다리를 만들어서 바다생물도 만들 수 있어요.
C: 길게 붙여서 목걸이를 만들고 싶어요. / 동그랗게 해요.
T: 여러 가지 것들을 만들 수 있네. 다들 좋은 생각이에요. 선생님도 만들어 보고 싶은 것이 있어요. ○○가 말한 목걸이나 팔찌를 만들어 보고 싶어요.

C: 좋아요 같이 만들어요. 재미있을 것 같아요.

② 전개

- 10개의 색종이 끈으로 목걸이와 팔찌를 만들어 본다.

T: 10개의 색종이 끈으로 팔찌와 목걸이를 만들려면 끈을 몇 개씩 나누어야 할까요?

C: 다섯 개씩 나눠요.

T: 색종이의 끝의 수를 독같이 나누면 어떻게 될까요?

C: 길이가 똑같아져요. 두 개가 같아요. 둘 다 팔찌가 될 것 같아요.

T: 그럼 어떻게 나누면 좋을까요? 목걸이를 더 길게 하려면 어떻게 나누어야 할까요?

- 유아들이 원하는 방법으로 10개의 색종이 끈을 나누어 목걸이와 팔찌를 만든다.

C: 목걸이는 많이 하고 팔찌는 적게 하면 될 것 같아요.

T: 그럼 우리 자기가 원하는 개수에 맞춰서 색종이 끈을 나눠 만들어 볼까요?

C: 좋아요. 저는 4개랑 6개를 할 거예요.

T: 여러 가지 다양한 방법으로 다르게 개수를 나눠서 목걸이와 팔찌를 만들어 보면 재미있을 것 같아요.

③ 마무리

- 완성한 목걸이와 팔찌를 보며 수를 세 보며 유아들과 함께 이야기 나눈다.

T: 목걸이와 팔찌에 있는 색종이 고리가 몇 개인지 세어볼까요?

C: 목걸이는 7개이고 팔찌는 3개에요.

C: 저는 똑같이 다섯 개씩 해서 팔찌 두 개를 만들었어요.

T: 친구들이 만든 목걸이와 팔찌 중에서 목걸이의 색종이 고리는 팔찌보다 몇 개가 더 많니(적니)?

C: 목걸이가 더 많아요. 작게 만든 것은 왕관처럼 머리에 써야 해요.

T: 완성한 목걸이와 팔찌에 사용된 색종이 고리의 수만큼 더 만들

어 붙여 보거나, 숫자 스티커를 붙여 볼까요?

C: 저는 8과 2를 붙여야 해요. / 저는 6과 4를 붙일 거예요.

유의사항

- 유아들이 자유롭게 탐색할 수 있도록 맞는 것을 강요하지 않는다.
- 수의 개념을 알려주며 유아들이 스스로 재미를 찾아 볼 수 있도록 한다.

확장활동

- 완성한 목걸이와 팔찌를 보며 수를 세고, 다른 방법으로 만들어본다.

사진첨부

개정 누리과정 관련요소

자연탐구 〉 생활속에서 탐구하기 〉 물체를 세어 수량을 알아본다.
예술경험 〉 창의적으로 표현하기 〉 다양한 미술재료와 도구로 자신의 생각과 느낌을 표현한다.
의사소통 〉 읽기와 쓰기에 관심 가지기 〉 주변의 상징, 글자 등의 읽기에 관심을 가진다.

6. 요리를 통한 영유아 수학교육

요리는 인간의 삶과 밀접한 관련이 있으며, 영유아들에게도 친숙하고 관심과 호기심의 대상이 되는 활동이다. 요리를 하는 과정에서 영유아는 음식 재료를 직접 자르고 섞고 두드리고 휘저어 보는 활동을 통하여 감각기관을 활발하게 사용할 수 있고 물리적 지식을 발달시킬 수 있으며 다양한 물질의 속성을 발견하게 된다. 또한 물질의 속성은 열, 시간, 기계와 도구 등과 같은 요인에 의해 변화한다는 과학적 사실을 인식하게 됨으로서 다양한 수학적 개념을 터득하게 된다.

1) 요리활동을 통한 수학교육의 의의

(1) 오감의 발달을 증진시켜 영유아의 흥미를 자극하고 학습의 효과를 높인다

영유아의 오감 발달을 증진시켜 영유아의 흥미를 자극할 뿐만 아니라 사고 수단을 발달시키는 것이며, 학습의 효과를 높인다.

(2) 영유아에게 친숙한 재료를 활용하여 수학적 개념을 확장시킨다

친숙한 것을 활용하여 교육할 때 영유아에게 생소하게 느껴질 수 있는 새로운 개념도 자연스럽게 받아들여져 교육적 성과를 높일 수 있다. 요리와 음식은 인간에게 일상적인 것으로 주변에서 흔히 접할 수 있는 친숙한 음식 재료를 활용하면 영유아들은 추상적이고 어렵게 느껴질 수 있는 개념들을 보다 쉽게 이해하게 된다.

(3) 요리활동 과정을 통해 수학적 기술을 증진시킨다

요리하는 과정은 수학을 하는 과정과 닮아 있으므로 요리활동을 하는 과정을 통해 탐색하고, 예측하고, 실행하고, 비교 분석하는 일련의 체계적인 수학적 기술을 익히며 증진시켜 나갈 수 있다.

(4) 추상적인 수학적 개념을 직접적인 경험에 의해 구체적인 것으로 인식한다

영유아기에 추상적 개념을 이해하는 것은 그 발달적 특성상 어려운 일이다. 교사가 구체물을 이용하여 영유아가 직접 경험할 수 있는 활동을 계획하는 것도 이 때문이다. 따라서 요리를 통해 수학적 개념을 접하게 될 경우 영유아들은 그것을 실질적인 것으로 더 잘 이해하게 된다. 예를 들어 재료의 정확한 양을 측정하기 위해 저울로 무게를 측정하고, 계량컵이나 계량스푼으로 부피를 측정하는 경험을 통해 영유아들은 측정개념을 측정이 필요한 자연스러운 상황 속에서 이해하게 되고, 측정도구의 사용법을 배우고, 그 필요성을 느낄 수 있다.

(5) 요리활동 전 과정에 직접 참여하며 성취감과 자신감을 기르며 수학에 대한 긍정적인 태도를 형성한다

영유아들은 요리의 전 과정에 적극적으로 참여하면서 자신의 능력을 발견하게 된다. 음식의 재료를 손질하고 다듬는 것이 어렵게 느껴질 수도 있지만 최선을 다하여 요리를 완성한다. 완성된 작품을 보고 맛을 보며 영유아들은 즐거움과 만족감 성취감을 느낄 수 있다.

(6) 가정과의 연계가 용이하다

요리활동은 가정에서 더 빈번하게 이루어지고 있는 일상적인 활동이기 때문에 부모의 참여와 관심을 높여 어린이집과 가정의 연결을 용이하게 하는 매개의 역할을 한다. 어린이집에서 요리활동을 한 후 요리 방법을 가정통신문으로 보내 요리를 더 해 보고 싶은 영유아는 가정에서 부모와 함께 요리활동을 할 수 있다. 이러한 과정에서 영유아는 습득한 개념과 과정을 회상하거나 새로운 개념을 발견하게 되고, 부모의 입장에서는 어린이집에서 행해지는 교육에 대해 더 잘 이해하고 관심을 가질 수 있는 기회가 된다.

2) 요리활동을 통한 접근 과정

요리 주제 정하기 → 요리활동과 관련된 수학 개념 찾아보기 → 활동 계획하기 → 교구, 교재 만들기 → 요리 재료와 도구 구입 및 준비하기 → 손 쓰기 → 요리의 제목과 관련된 정보 이야기 나누기 → 요리 순서 정하기 → 요리 재료 및 도구 소개하기 → 요리 재료 및 도구 탐색하기 → 규칙 정하기

동글동글 송편을 빚어요

생활주제 우리나라

수학개념 기하 : 도형의 인식 및 명명

활동목표
- 송편을 빚으며 크기, 모양, 위치 관계를 이해하고 다양한 모양을 만들어본다.
  (자연탐구〉수학적 탐구하기〉공간과 도형의 기초개념 알아보기〉기본 도형을 사용하여 여러 가지 모양을 구성해 본다.)
- 우리나라 전통 음식송편을 만들며 재료의 수를 세어 보는 활동에 즐겁게 참여한다.
  (자연탐구〉수와 연산의 기초개념 알아보기〉열 개 가량의 구체물을 세어보고 수량을 알아본다.)

활동대상 4세(공통수준)

활동준비 그림자료(송편), 요리순서도, 찹쌀반죽(쌀, 호박, 쑥 넣은 것) 콩, 큰 쟁반, 개인접시, 숟가락, 앞치마, 머릿수건

사전활동
- 앞치마와 머리 수건을 하고 손을 깨끗이 씻은 후 자리에 앉는다.

활동과정 ① 도입
- 송편을 먹어 본 경험에 대해 이야기 나눈다.
  T: (송편 그림자료를 보며) 이건 뭘까요?
  C: 송편이요. / 떡이요
  T: 송편을 언제 먹어 보았나요?
  C: 추석날 집에서 만들어 먹었어요. / 떡집에서 사먹었어요.

T: 송편은 어떻게 만드는 걸까요?
C: 반죽으로 모양을 만들어서 찌는 거예요.

• 요리활동에 필요한 재료를 탐색해 보고 송편을 빚는 방법에 대해 알아본다.

T: 오늘 송편을 만들어 볼 건데 어떤 재료가 필요한지 알아볼까요? (쌀가루 반죽을 보여주며) 이건 뭘까요? 무슨 색일까요?
C: 쌀가루 반죽이요. / 초록색, 노란색, 흰색이에요.
T: 쌀가루 반죽 색깔이 왜 서로 다를까요?
C: 반죽에 들어가는 재료가 달라요.
T: 어떤 재료가 들어갔을까요?
C: 쑥 / 깻잎 / 호박 / 고구마 / 쌀 / 밀가루요.
T: 아 그렇게 생각했구나. 하얀색 반죽에는 흰쌀, 노란색 반죽에는 호박, 초록색 반죽에는 쑥이 들어가서 이렇게 색이 다르답니다. 이 반죽을 만져 보면 느낌이 어떨까요?
C: 말랑말랑해요. / 부드러워요. / 끈적거릴 것 같아요.
T: (콩을 보여 주며) 이건 뭘까요? 어떤 모양, 색깔인가요?
C: 콩이요. / 길쭉한 동그라미 모양이에요. / 검은색이에요.

동글동글 송편 만들기 요리 순서

1. 반죽을 동글하게 굴린 후 다양한 모양으로 만들어본다.
2. 손가락으로 가운데를 눌러 홈을 판다.
3. 콩을 적당히 넣는다.
4. 반죽을 반을 접은 후 끝을 누른다.

② 전개

• 도구를 사용하는 방법에 대해 알아 본 후 요리 순서도를 보며 송편을 만들어 본다.

T: (큰 쟁반, 개인접시, 숟가락) 이건 어떻게 쓰는 물건일까요?
C: 송편 만든 거를 접시에 놔요. / 콩을 넣을 때 숟가락을 사용해요.
T: 요리할 때 지켜야 할 규칙에는 어떤 것이 있을까요?
C: 요리를 하다가 음식을 먹지 않아요. / 깨끗한 손으로 요리를 해

요. / 콩을 넣을 때 넘치지 않도록 넣어야 해요. / 요리가 끝난 후 에는 깨끗이 정리해요.

T: 쌀가루 반죽을 만들고 싶은 크기만큼 떼어 볼까요? 송편을 만들려면 반죽을 이제 어떻게 하면 좋을까요?

C: 저는 크게, 작게 떼어 낼 거예요. 반죽을 동글동글 굴린 다음 별, 하트, 자동차, 동그라미 모양으로 만들어요.

T: 다양한 모양으로 만든 반죽을 손가락으로 가운데를 꾹 눌러 홈을 파줄까요? 어떤 모양으로 변했나요?

C: 우물처럼 쏙 파였어요. / 접시 같아요.

T: 여기 안에 콩을 몇 개 넣고 싶나요?

C: 세 개요. / 다섯 개요. / 열 개요.

T: 콩을 다 넣은 친구들은 넣은 속이 넘치지 않도록 반을 접어 볼까요? 그 다음 끝을 살짝 눌러 보도록 해요. 송편이 완성되었나요?

C: 우와 송편이 만들어졌어요.

• 다양한 모양의 송편을 친구들에게 소개해 본다.

T: 내가 만든 송편을 친구들에게 소개하고 싶은 사람 있나요? 크기와 모양이 어떤지 이야기해 줄 수 있을까요?

C: 제 송편은 크기는 작고 자동차 모양이에요. / 큰 보름달 모양이에요. / 손바닥 크기의 하트 모양 송편이에요.

T: 색깔은 무슨 색이에요? 친구들과 같은 색이거나 다른 색인 친구가 있나요?

C: 초록색이요. / 노란색이요. / 흰색이요. / ○○랑 색깔은 같고 크기가 달라요.

T: 송편 안에 콩을 몇 개 넣었나요?

C: 일곱 개요. / 다섯 개요.

③ 마무리

• 찜솥에 넣어 찐 송편을 먹으며 활동을 회상해 본 후 요리활동을 평가한다.

T: 오늘 어떤 활동을 해 보았나요? 송편의 맛은 어떤가요?

C: 송편 만들기요. / 맛있어요. / 달콤해요

T: 송편을 만드는 방법을 순서대로 이야기해 볼 수 있을까요?
C: 송편을 동그랗게 만들어서 제가 하고 싶은 모양을 만들어요. / 가운데를 꾹꾹 누른 다음 콩을 넣어요. / 콩을 넣은 후에 다시 끝을 눌러 줘요.
T: 송편 속에는 또 무엇을 넣을 수 있을까요?
C: 깨 / 하얀 팥가루 / 하얀 콩이요.
T: 송편 요리를 하면서 재밌었던 점이나 어려웠던 점은 무엇이나요?
C: 친구랑 같이 콩을 세어 보는 것이 즐거웠어요. / 다양한 모양으로 송편을 만들었던 것이 재미있었어요. / 콩을 많이 넣었더니 반죽이 터져서 힘든 부분도 있었어요.
T: 새로 알게 된 점은 무엇이 있나요?
C: 송편을 만들려면 쌀가루 반죽과 콩이 필요하다는 것을 알게 되었어요. /친구들마다 서로 좋아하는 모양이 다른 것에 대해 깨달았어요.
T: 다음에는 다른 재료를 넣어 송편을 또 만들어 보도록 해요. 우리 친구들이 오늘 요리가 끝난 후에 정리도 참 잘해 주었어요.

유의사항

- 송편을 다양한 모양으로 만들 수 있도록 교사가 시범을 보이며 격려하고 자유로운 분위기 속에서 활동을 진행한다.
- 유아들의 음식 선호도에 따라 속 재료를 콩 외에 다른 재료를 추가하여 제공해 줄 수 있다.
- 활동 마무리 단계에서 친구랑 만든 것을 서로 비교해 보고, 공통점과 차이점에 대해 친구와 의견을 나누어 봄으로써 크기, 모양, 색깔의 관계를 인식해 볼 수 있도록 한다.

확장활동

- 아이들이 만들어본 송편을 회상해 보며 '송편' 노래 가사를 개사하여 노래를 불러본다.
- 과학 영역에서 요리에 사용한 재료들에 대한 책을 찾아보고, 실물(쑥, 호박, 쌀, 햇콩)을 관찰할 수 있다.

사진첨부

개정 누리과정 관련요소

사회관계 〉 사회에 관심 가지기 〉 다양한 문화에 관심을 가진다.
자연탐구 〉 생활속에서 탐구하기 〉 물체의 특성과 변화를 여러 가지 방법으로 탐색한다.
자연탐구 〉 생활속에서 탐구하기 〉 물체를 세어 수량을 알아본다.

알록달록 카나페 만들기

생활주제 겨울과 모양을 즐겨요

수학개념 수 개념 : 수세기

활동목표
- 재료의 모양, 색, 맛을 탐색하고 그 특성에 관심을 가진다.
  (자연탐구>수학적 탐구하기>공간과 도형에 관심 가지기>주변 사물의 모양에 관심을 가진다.)
- 재료의 수를 세고 모양을 구성해 본다.
  (자연탐구>수학적 탐구하기>수량 인식하기>세 개 가량 구체물을 말하며 세어본다.)

활동대상 2세(수준 II)

활동준비 개인접시, 요리 순서도, 크래커, 치즈, 딸기, 딸기잼, 슬라이스 햄, 안전 칼(빵칼), 앞치마, 머릿수건, 숟가락

사전활동
- 앞치마와 머리 수건을 하고 손을 깨끗이 씻은 후 자리에 앉는다.

활동과정 ① 도입
- 영아들에게 요리 재료를 제시하고 자유롭게 탐색하도록 한다.
  T: 여기 무엇이 있나요?
  T: 크래커, 딸기, 딸기잼, 햄, 노란 치즈가 있네.
  T: (재료를 보여주며) 모양, 색깔이 어떤가요?
  T: (재료를 탐색해보며) 어떤 냄새가 날까요? 맡아볼까요?
  T: 이 재료를 이용해 어떤 요리를 할 수 있을까요?

• 도구를 안전하게 사용하는 방법과 요리순서도를 보며 만드는 방법을 알아본다.

T: 오늘은 알록달록 카나페를 만들어 볼 거 에요. 먼저 딸기를 반으로 잘라 볼 건데 어떤 도구가 필요할까요?

T: 자르는 도구가 필요하구나. 이 칼의 모양이 어떤가요?

T: 조금 날카롭게 생겼구나. 칼을 사용할 때는 다치지 않도록 안전하게 사용하도록 해야겠죠?

T: (요리순서도를 보여주며) 알록달록 카나페 만드는 방법에 대해 알아볼까요?

알록달록 카나페 요리 순서

1. 딸기를 반으로 자른다.
2. 크래커 위에 딸기잼을 바른다.
3. 그 위에 햄을 올려놓는다.
4. 그 위에 치즈를 올려놓는다.
5. 그 위에 딸기를 올린다.
6. 맛있게 먹는다.

② 전개

• '알록달록 카나페' 요리활동을 해 본다.

T: 접시 위에 딸기를 올려 볼까요? 한 손으로는 딸기를 잡고 다른 한 손을 칼을 잡아 보도록 해요.

T: 딸기를 반으로 잘랐더니 모양이 어떻게 변했나요?

T: 몇 개가 되었나요? 한번 같이 세어 볼까요?

T: 하나, 둘. 두 개가 되었구나. 이렇게 자른 딸기는 접시 한 곳에 놓아두도록 해볼까요?

T: 이제 크래커를 접시 가운데에 넣고 숟가락을 이용해 딸기잼을 발라 보아요. 그 다음에는 햄을 올려 볼까요?

T: 그 위에는 치즈를 올려 볼까요? 그 위에는 반으로 자른 딸기를 하나 올려 볼까요? 우와~ 요리가 완성되었어요.

T: 우리 한 번 알록달록 카나페가 몇 층인지 세어 볼까요? 하나, 둘, 셋, 넷, 다섯. 오층이네!

③ 마무리

- 요리활동을 한 후, 정리를 하고 접시에 담아서 친구들과 함께 먹으며 평가한다.

  T: 오늘 어떤 활동을 해 보았나요? 알록달록 카나페의 맛은 어떤가요?

  T: 카나페를 만들 때 어떤 재료를 사용했을까요? 만드는 순서대로 이야기해 볼 수 있을까요?

  T: 카나페 요리를 하면서 어떤 점이 재미있었나요?

  T: 힘들었던 점이 있었다면 어떤 점이 힘들었나요?

  T: 다음번에는 다른 재료를 이용해 카나페 요리를 또 만들어 보자. 우리 친구들 정리도 참 잘해 주었어요.

유의사항

- 딸기를 반으로 자르는 것이 어려운 영아에게 다가가 도움을 주도록 하고 영아들이 재료를 요리 순서에 맞혀 올려 볼 수 있도록 격려한다.
- 요리활동 전에 영아들과 위생, 청결에 대한 이야기를 나눈 후 진행하며 교사가 함께 도와줄 수 있도록 소그룹으로 활동한다.

확장활동

- 펠트나 부직포로 카나페 모형을 만들어 역할영역에 준비 해 주어 극놀이로 표현해 본다.
- 요리활동 후 자신이 만든 것을 다른 친구나 다른 반 선생님께 대접해 보도록 한다.

사진첨부

개정 누리과정 관련요소

자연탐구 〉 생활 속에서 탐구하기 〉 주변 공간과 모양을 탐색한다.
자연탐구 〉 생활 속에서 탐구하기 〉 물체의 수량에 관심을 가진다.
사회관계 〉 더불어 생활하기 〉 또래와 함께 놀이한다.

7. 일상생활을 통한 영유아 수학교육

수학은 학문의 상아탑에서만 연구하는 것이 아니라, 일상생활에서 수학을 직접 하는 (doing)것이다. 영유아가 수학을 일상생활에서 유용하게 사용될 수 있는 것이라는 유용성을 깨닫고, 수학에 대하여 긍정적인 태도를 지니도록 하는 것을 강조하는 것에 중점을 둔다. '일상을 통한 접근 방법'은 영유아의 발달적 측면과 사회적인 요구를 모두 충족시킬 수 있는 수학의 교수방법이다.

1) 일상생활을 통한 접근에 대한 수학적 의의

① **영유아의 발달적 특성에 적합하다** : 영유아가 직접적으로 겪고 있는 경험을 토대로 이루어지기 때문에 학습에 대한 동기 유발이 자연스럽게 이루어지며, 보다 쉽게 수학개념을 이해할 수 있기 때문이다.

② **수학에 쉽게 다가갈 수 있다** : 교사가 풍부한 아이디어와 주변 환경에 대한 민감성이 있다면 언제 어디서나 쉽게 이루어질 수 있다.

③ **다양한 교재·교구의 활용이 가능하다** : 우리 주변에 있는 모든 사물이 영유아를 위한 교구와 교재가 될 수 있기 때문이다.

④ **영유아의 적극적인 의사소통을 촉진한다** : 영유아들은 또래와 교사와 의사소통하면서 새로운 지식을 얻고, 자신이 지닌 개념과 기술을 확장한다.

⑤ **수학의 실용적 측면을 이해하여 긍정적인 수학적 태도를 기른다** : 수학이 영유아들의 삶에 어떤 부분에서 어떻게 필요한지 실질적으로 느끼고, 배움으로써 수학에 대한 긍정적인 태도를 형성하는 데 도움이 될 수 있다.

⑥ **가정과의 연계가 용이하다** : 부모교육을 통해 부모들도 가정에서 자연스러운 방식으로 수학교육을 할 수 있다.

2) 일상생활을 통한 접근 과정

(1) 일상생활을 통한 접근의 교수학습 단계

수 · 과학적 개념과 기술, 태도에 대해 이해하기
↓
일상생활 속에서 수 · 과학과 관련된 개념들 찾아보기

즉흥적 상황	의도된 상황
↓	↓
수 · 과학활동하기	활동 계획하기
↓	↓
평가하기	교재, 교구 준비하기
	↓
	수 · 과학활동하기
	↓
	평가하기

(2) 수학적 개념과 기술, 태도에 대해 이해하기

수학의 기본개념 과학의 기본영역 과정기술 태도의 요소

수와 연산 / 측정 / 공간과 도형 / 확률과 통계 / 분류 및 서열 / 패턴 물리 · 화학적 탐구 / 지구과학적 탐구 / 생물학적 탐구 / 측정하기 / 문제해결하기 / 추론하기 / 표상하기

(3) 기초적인 측정하기

놀이 및 일상에서 유아가 길이, 높이, 들이 등을 인식하고 비교하거나 순서 지어 볼 수 있도록 한다. 예를 들면 많고–적음, 무겁고–가벼움 등을

비교하는 활동을 한 후 '~보다 많다', '~보다 더 길다', '~보다 크다'와 같은 비교 용어로 표현하고 물체를 들어서 무게를 어림해 본 후 이에 대응하는 물체들을 찾아 비교하고, 측정하는 활동을 해 볼 수 있다.

- 유아가 신체나 블록, 연필과 같은 임의 측정 단위를 인식하게 한다.
- 단위를 사용한 측정을 위해서는 적합한 단위를 선정하고, 단위를 반복할 때 사이가 벌어지지 않게 정확하게 연결하는 기술이 필요하므로, 유아가 측정 과정에서 나타나는 문제점을 체험하고 이를 해결할 수 있도록 한다.
- 길이 측정의 경우, 두 점 사이의 거리를 측정하는 것이므로 유아들이 어디에서 시작해서 어디까지 재어볼 지를 결정하는 데 유의하여 지도한다.

(4) 규칙성 이해하기

- 유아가 사물이나 일상적 상황에 나타난 규칙성을 발견하도록 한다.
- 유아가 청각적 패턴, 시각적 패턴, 운동 적 패턴과 같은 다양한 패턴이 있음을 인식하고 규칙성을 재구성해 보도록 한다.
- '빨강－파랑－빨강－파랑'과 같이 반복되는 패턴을 제시한 후, 다음에 올 것에 초점을 두어 질문하기 보다는 규칙성의 핵심 요소인 A-B를 파악하는 데 주의를 기울여 지도한다.

(5) 기초적인 자료 수집과 결과 나타내기

- 유아가 책에서 찾아보기, 질문하여 조사하기, 관찰하기 등 각 문제를 해결하기에 적합한 방법이 있음을 인식하도록 한다. 예를 들면 친구들이 좋아하는 음식이나 하고 싶은 운동을 알아보기 위해 직접 조사하여 정보를 얻고 종이에 그림이나 글로 적어 볼 수 있다.
- 교사는 유아가 사물을 여러 방법으로 분류할 수 있음을 인식하도록 한다.

- 유아가 수집한 자료를 그림, 사진, 기호, 숫자 등을 사용하여 표나 그래프로 표현해 보도록 한다.
- 그래프를 만들 때, 그래프를 만드는 것 자체에 초점을 두기 보다는 그래프가 조사하거나 수집한 자료를 나타내는 방법으로 사용된다는 것에 주의하여 지도한다.

3) 일상생활에서의 수학적 경험의 제공

(1) 모든 환경이 교육 자료이다.

유아교육기관에서 수학적 환경은 교실 내의 수학 영역 구성뿐만 아니라 유아교육기관의 전체 공간 및 흥미 영역 구성을 비롯한 영유아의 경험에 포함되는 모든 자료 포함한다.

(2) 모든 경험이 교육활동이다.

일상생활 속에서 이루어지는 의도되지 않은 수학적 활동 경험은 영유아의 자발적이고 독립적인 활동이 고무될 수 있으며, 수학학습에 대한 동기와 흥미가 자연스럽게 유발될 수 있다.

ex) 언어영역에 제시된 수학적 내용을 담은 도서, 쌓기영역의 다양한 블록들, 음률 영역의 다양한 악기 등이 의미 있는 수학적 자료

ex) 간식과 급식시간에 이루어지는 음식의 배분, 다양한 음식의 맛 경험, 식사 후 식기류의 정리정돈, 양치하기, 손 씻기, 놀잇감 정리 등은 영유아가 매일 경험하는 수학활동

(3) 또래 및 성인과의 상호작용은 중요한 환경이다.

- 영유아는 직접 경험을 통해 수학 개념을 파악해 가는데, 이 때 주변의 또래와 성인은 추가적인 정보를 제공하고 영유아의 사고와 지식이 정

확한지 판단해 주는 방향판 역할을 한다. 영유아가 자발적인 활동이나 놀이를 통해 자신에게 의미 있는 개념을 구성해 갈 때, 또래나 성인과의 상호작용은 정확한 지식의 습득에 필수적인 요소가 된다.

- 교실은 의미 있는 상호작용을 촉발하는 소집단활동이 용이하도록 흥미영역이 구성되고, 어느 공간에서든 또래 및 교사와의 소통이 원활하도록 시야가 트여 있어야 한다.

게임 : 어떤 색깔로 끼워볼까

생활주제 모양을 즐겨요

수학개념 분류 : 색깔 분류하기

활동목표
- 같은 색깔끼리 분류할 수 있다.
  (자연탐구〉수학적 탐구하기〉구분하기〉주변 사물을 같고 다름에 따라 구분한다.)
- 규칙에 따라 사물을 탐구하고 순서를 지을 수 있다.
  (자연탐구〉탐구하는 태도 기르기〉반복적 탐색 즐기기〉관심 있는 사물을 반복적하여 주도적으로 탐색하기를 즐긴다.)

활동대상 1~2세

활동준비 다양한 색깔 고리, 색고리 대

활동과정

① 도입

- 여러 가지 색깔의 고리를 제시하여 탐색해 보도록 한다.
  T: 이것은 무엇일까요?
  T: 어떤 모양으로 생겼나요?
  T: 이 고리로 무엇을 할 수 있을까요?
  T: 이 고리는 다양한 색으로 되어 있네요. 어떤 색깔이 있는지 살펴보아요.
  T: 같은 색깔의 고리끼리 한 번 모아볼까요?

② 전개

- 색깔 고리와 고리대를 제시하고 놀이 방법에 대해 생각해 본다.
  T: 이 고리와 고리대를 이용해 무엇을 할 수 있을까요?

T: 고리와 고리대를 색깔별로 나누어 볼까요?
T: 고리대에 색깔 좋아하는 색깔 순서대로 끼워 볼까요? 몇 개나 끼웠는지 선생님이 세어줄게요.
T: 고리대에 같은 색깔의 고리만 끼워볼까요?

- 끼워진 색 고리의 순서를 서로 이야기하고 다시 고리를 빼어 놀이를 한다.
  T: ○○이는 노란색깔 고리만 끼워 주었구나.
  T: ○○이가 끼운 색깔은 무지개같이 다양한 색깔이구나.
  T: 아, ○○이는 노란색과 파란색을 번갈아 가며 끼워 주었구나?

- 교사와 영아, 영아와 영아로 확장해 가며 게임활동으로 진행한다.
  T: 우리 선생님이랑 ○○이랑 누가 빨간색 고리를 많이 찾아서 끼우나 게임해 볼까요?
  T: ○○이랑 ○○이는 누가 고리를 높이 쌓나 시합을 해 보았구나.

③ 마무리

- 활동을 마무리 하고 오늘의 활동에 대해 이야기를 나눈다.
  T: 오늘의 활동 중에 어떤 활동이 가장 재미있었나요?

유의사항

- 숫자를 세어보는 활동은 따라하는 영아들과 함께 해 볼 수 있으나 교사가 세고 영아들은 들을 수 있도록 한다.
- 고리를 끼우는 방법은 정하지 않고 영아가 자유롭게 규칙을 정해 시도해 볼 수 있도록 한다.

확장활동

- 고리대에 고리를 던져 넣어 많이 거는 게임으로 진행할 수 있다.
- 고리를 팔에 끼우거나 바닥에 늘어두기 등 다양한 방법으로 탐색하며 놀이를 진행할 수 있다.

사진첨부

개정 누리과정 관련요소

*만1세
자연탐구 〉 생활 속에서 탐구하기 〉 물체의 수량에 관심을 가진다.
자연탐구 〉 탐구과정 즐기기 〉 사물과 자연 탐색하기를 즐긴다.
의사소통 〉 듣기와 말하기 〉 표정, 몸짓, 말소리로 의사를 표현한다.
*만2세
자연탐구 〉 생활 속에서 탐구하기 〉 주변 사물을 같고 다름에 따라 구분한다.
자연탐구 〉 탐구 과정 즐기기 〉 사물과 자연을 반복하여 탐색하기를 즐긴다.
의사소통 〉 듣기와 말하기 〉 상대방의 이야기를 듣고 말한다.

사이좋게 송편 나누기

생활주제 세계 속의 우리나라

수학개념 수개념 : 수의 이해, 분류

활동목표
- 같은 색깔의 송편끼리 분류해 볼 수 있다.
  (자연탐구〉수학적 탐구하기〉구분하기〉주변 사물을 같고 다름에 따라 구분한다.)
- 1~5까지의 숫자를 읽고 10가지의 숫자를 세어볼 수 있다.
  (자연탐구〉수학적 탐구하기〉수의 연산과 기초개념 형성하기〉구체물을 가지고 더하고 빼는 경험을 해 본다.)
- 수와 물건의 일대일 대응을 할 수 있다.
  (자연탐구〉수학적 탐구하기〉수의 연산과 기초개념 형성하기〉구체물을 가지고 더하고 빼는 경험을 해 본다.)

활동대상 3~4세

활동준비 돌림판, 두 가지 색깔의 송편모형 각 15개씩, 송편 담을 바구니 2개

활동과정 **① 도입**

- 추석날 송편을 먹어 본 경험에 대해 이야기를 나눈다.

T: 추석에 먹는 음식으로는 어떤 것이 있나요?

C: 송편이요. 전이요.

T: 그래요. 추석이 되면 온 가족이 모여 앉아 송편을 먹어요. 우리 친구들 가족들과 송편을 만들거나 먹어 본 적이 있나요?

C: 네. 하얀색이랑 분홍색, 초록색 송편을 먹었어요.

T: 다양한 색과 모양의 송편이 있군요. 맛이 어땠나요?

C: 달콤한 꿀맛이 났어요.

② 전개

• 유아들과 게임도구를 탐색해 본다.

T: 돌림판 속에는 어떤 숫자가 쓰여 있나요? 같이 읽어볼까요?
C: 1, 2…
T: 숫자 옆에 있는 송편 그림의 숫자를 함께 세어볼까요?
C: 하나, 둘…
T: 이것은 무엇일까요? 무슨 모양인가요? 어떤 색인가요?
C: 분홍색 송편이에요. 노란색 송편이에요.

• 게임도구를 보며 송편게임 방법에 대해 이야기를 나눈다.

T: 어떤 방법으로 게임을 해 보면 좋을까요?
C: 가위 바위 보를 해서 이긴 사람이 먼저 게임을 시작해요.
C: 돌림판을 돌려서 나온 송편 숫자만큼 송편을 가져가요.
T: 네. 아주 좋은 방법이네요. 친구들 돌림판을 보면 송편의 색깔이 다르게 붙여져 있어요.
C: 그럼 화살표가 가는 색깔만 가져갈 수 있도록 해요.
C: 송편을 많이 가져가는 사람이 이기는 것으로 해요.

• 함께 정한 게임규칙에 따라 게임을 진행한다.

T: 화살표를 손가락으로 밀거나 튕겨서 돌릴 수 있어요.
T: 숫자 3이 나왔군요. 송편은 어떤 색깔의 송편이 나왔나요?
C: 노란 송편 2개와 분홍색 송편 1개가 나왔어요. 나온 숫자대로 송편을 가져갔어요.
T: 모두 송편을 몇 개 가져갔는지 함께 세어보도록 해요.

③ 마무리

• 활동을 마무리 하고 오늘의 활동에 대해 이야기를 나눈다.

T: 오늘의 활동 중에 어떤 활동이 가장 재미있었나요?
T: 송편을 어떤 방법으로 나누었나요?
T: 또 다른 방법으로 송편을 나누어 볼 수 있는 방법이 있나요?
T: 게임을 하며 어려웠던 부분은 무엇이었나요?

유의사항 • 숫자를 세어보는 활동은 교사가 함께 하여 유아들이 숫자 세기를 어렵지 않게 시도해 볼 수 있도록 한다.
- 유아의 이해도에 따라 송편의 수를 줄여서 시행할 수 있도록 한다.

확장활동

- 조형영역과 연계하여 송편을 직접 만들어 게임도구로 사용할 수 있다.
- 연령에 따라 돌림판의 숫자를 10까지 늘리거나 줄일 수 있다.

사진첨부

개정 누리과정 관련요소

자연탐구 〉 생활속에서 탐구하기 〉 일상에서 모은 자료를 기준에 따라 분류한다.
자연탐구 〉 생활속에서 탐구하기 〉 물체를 세어 수량을 알아본다.
신체운동 · 건강 〉 신체활동 즐기기 〉 기초적인 이동운동, 제자리운동, 도구를 이용한 운동을 한다.

모양 길을 따라 걸어요

생활주제 모양을 즐겨요

수학개념 도형

활동목표
- 여러 형태의 모양을 탐색하고 같은 모양과 다른 모양을 구별할 수 있다.
  (자연탐구〉수학적 탐구하기〉공간과 도형에 관심 가지기〉주변 사물의 모양에 관심을 가진다.)
- 멀고 가깝다의 개념을 알고 공간에 따라 몸의 움직임을 조절한다.
  (자연탐구〉수학적 탐구하기〉공간과 도형에 관심 가지기〉나를 중심으로 익숙한 위치, 장소를 인식한다.)

활동대상 1~2세

활동준비 다양한 모양의 종이 30장, 테이프

활동과정

① 도입
- 다양한 모양 종이를 보며 모양에 대해 탐색해 본다.
  T: 이것은 어떤 모양일까요?
  T: 어디에서 이 모양을 보았나요?
  T: 지금 우리 주변에 이 모양을 갖고 있는 것이 있나요? 한번 찾아 볼까요?

② 전개
- 영아들과 둥글게 앉아 걷는 방법에 대해 이야기를 나누고 걸어본다.
  T: 어떤 방법으로 걸어 볼 수 있을까요?

T: 빠르게 걸어볼 친구 있나요? 느리게 걸어볼 친구 있나요?
T: 손을 어떻게 하고 움직이며 걸어 볼 수 있나요?
T: 다리를 넓게 벌리거나 좁게 벌려 걸어 볼 친구 있나요?

- 영아들이 이야기한 방법으로 나와서 모양을 밟으며 걸어본다.
  T: 하트 길을 따라서 빠르게, 느리게 걸어볼까요? 빠르게 걸을 때는 소고를 빠르게 두드리고 느리게 걸을 때는 소고를 느리게 두드려 볼 거예요. 소리를 들으며 한 번 걸어보도록 해요.
  T: 네모 길을 따라서 걸어볼까요? 네모 길은 넓은 간격으로 되어 있어요. 넓은 간격으로 된 길은 다리를 어떻게 해서 걸어야 할까요?
  T: 세모 길을 따라서 걸어볼까요? 세모 길은 좁은 간격으로 되어 있어요. 좁은 간격으로 된 길은 다리를 어떻게 해서 걸어야 할까요?

- 여러 명의 영아들이 함께 소고 소리에 맞추어 모양 길을 따라 걸어본다.
  T: 소고 소리에 맞추어서 함께 빠르게, 느리게 모양 길을 따라 걸어 봐요.
  T: 간격이 넓은 길은 느리게, 간격이 좁은 길은 빠르게 걸어 봐요.
  T: 친구들끼리 발을 맞추어 앞 친구가 천천히 걸으면 천천히, 빠르게 걸으면 빠르게 걸어 봐요.

③ 마무리

- 활동을 마무리 하며 오늘 한 활동에 대해 이야기를 나눈다.
  T: 오늘의 활동 중에 어떤 점이 가장 재미있었나요?
  T: 느리게 걸을 때와 빠르게 걸을 때의 느낌은 어땠나요?
  T: 넓은 모양 길을 걸을 때와 좁은 모양 길을 걸을 때 우리의 몸은 어땠나요?

유의사항 • 함께 모양 길을 걸을 때 친구들을 밀지 않도록 규칙을 정하고 영아들을 잘 살핀다.

확장활동 • 조형영역과 연계하여 다양한 모양 종이 안에 그림을 그리거나 스티커를 붙여 꾸며준다.
• 같은 모양위에 밟기 게임으로 변형하여 활동해 본다.

사진첨부

개정 누리과정 관련요소

*만1세
자연탐구 〉 생활 속에서 탐구하기 〉 주변 공간과 모양을 탐색한다.
신체운동 〉 신체활동 즐기기 〉 기본 운동을 시도한다.
의사소통 〉 듣기와 말하기 〉 표정, 몸짓, 말소리로 의사를 표현한다.
*만2세
자연탐구 〉 생활 속에서 탐구하기 〉 주변 공간과 모양을 탐색한다.
신체운동 〉 신체활동 즐기기 〉 기본 운동을 즐긴다.
의사소통 〉 듣기와 말하기 〉 자신의 요구와 느낌을 말한다.

하늘 높이 컵 쌓기

생활주제 세계 속의 우리나라

수학개념 기하 : 공간과 도형

활동목표
- 수세기를 통해 간단한 수의 가감을 경험한다.
  (자연탐구〉수학적 탐구하기〉수와 연산의 기초개념 알아보기〉수를 세어보고 수량에 관심을 갖는다.)
- 도형의 특성을 이해하고 컵을 쌓아 피라미드형 도형을 완성해 본다.
  (자연탐구〉수학적 탐구하기〉공간과 도형의 기초개념 형성하기〉위치와 방향을 여러 가지 방법으로 나타내 본다.)
  (자연탐구〉수학적 탐구하기〉공간과 도형의 기초개념 형성하기〉기본도형을 사용하여 여러 가지 모양을 구상해 본다.)

활동대상 4~5세

활동준비 두 가지 색의 플라스틱 컵 각 60개, 피라미드 사진 자료와 모형, 숫자카드(1~10)

활동과정 ① **도입**

- 손유희를 통해 주의를 집중시킨다. (1~10까지의 숫자를 알아볼 수 있는 손유희)

  T: '10꼬마 인디언'을 부르며 손가락으로 숫자 표시를 해 보도록 해요.

  T: 인디언들이 모두 몇 명 나오나요?

  C: 열 꼬마요.

- 피라미드 사진 자료와 모형을 보며 이야기를 나눈다.

T: 이런 것을 본 적이 있나요? 어디에서 볼 수 있을까요?

C: 책에서 봤어요. 이집트 피라미드요.

T: 이 도형의 특징은 무엇일까요? 어떻게 보이나요?

C: 가장 아래는 넓은데 점점 위로 가면서 좁아져요.

C: 윗부분은 뿔처럼 올라왔어요.

② 전개

• 게임 자료를 탐색해 보며 게임방법에 대해 이야기를 나눈다.

T: 짠. 이게 무엇일까요?

C: 컵이에요.

T: 컵을 쌓아서 피라미드 모형을 만들 거예요. 어떻게 컵을 쌓으면 피라미드의 세모 모양이 나올 수 있을까요?

C: 컵을 거꾸로, 바로 세우며 하나씩 세워요.

C: 컵을 아래에 깔아두고 점점 위로 쌓아요.

T: 그래요. 위로 올라갈수록 몇 개씩 줄여 나가면서 컵을 쌓아야 할까요?

C: 하나씩 줄여서 쌓아야 할 거 같아요. 위로 갈수록 점점 줄어요.

• 팀을 나누어 인원수를 정한 후 한 명의 유아가 몇 개의 컵을 쌓으면 좋을지 상의한다.

T: 양 팀의 인원이 몇 명인지 함께 세어봅시다.

T: 한 팀의 인원이 ○○명인데 한 사람당 몇 개씩 컵을 쌓으면 피라미드 모형이 완성될까요?

C: 먼저 5개씩 쌓아 봐요. 제일 아랫줄은 10개를 놓고 쌓아 올려 봐요.

• 정해진 방법대로 피라미드 모형대로 쌓아 올려본다. 피라미드가 완성되지 않았을 경우 어떻게 하면 좋을지 이야기를 나누어 피라미드를 완성한다.

T: 제일 아랫줄을 10개로 시작했구나. 그 윗줄은 몇 개의 컵을 쌓아올려야 할까요?

C: 8개요. 9개요.

T: 쌓아 올려보니 몇 개의 컵을 놓아야 했나요?

C: 9개요.

T: 그렇군요. 9개를 쌓았더니 잘 올라갔군요. 그럼 그 윗줄은 몇 개의 컵이 필요할까요?

C: 8개면 될 거 같아요.

T: 한 명의 유아마다 5개의 컵을 모두 사용했는데 아직 피라미드 모형이 완성되지 않았어요. 어떻게 하면 좋을까요? 몇 개의 컵이 더 필요할까요?

C: 이 위로 5개, 4개, 3개, 2개, 1개가 더 올라가야 해요.

T: 그렇군요. 그럼 우리 컵 한 개씩을 더 쌓아 올려보면 어떨까요?

C: 네, 아직 완성되지 않았어요. 또 한 개씩 더 올려봐요.

• 완성된 피라미드 모형을 보며 이야기를 나눈다.

T: 친구들은 한 명이 몇 개의 컵을 쌓아 올려보았나요?

C: 7개요. 6개요

T: 맨 아랫줄의 컵을 더 놓으면 피라미드의 모양은 어떻게 변하게 될까요?

C: 더 높아져요. 더 넓어져요.

③ 마무리

• 활동을 마무리 하며 계획한 활동에 대해 회상하고 평가한다.

T: 오늘의 활동 중에 어떤 점이 기억에 남았나요?

T: 피라미드 모양 말고 어떤 모양의 컵 쌓기를 해 볼 수 있을까요?

T: 친구들과 힘을 모아서 활동을 해 보았는데 기분이 어땠나요?

유의사항

• 게임을 시작하기 전 피라미드를 완성하기 위해 필요한 컵은 몇 개인지 예측해 보고 필요한 컵의 개수를 직접 세어본 후, 게임방법을 정하면 수 전략을 세우는 데 유리하다.

• 한 명의 유아가 실수해서 컵을 무너뜨리더라도 화를 내기보다는 함께 협동하여 다시 할 수 있도록 미리 이야기를 한다.

확장활동

• 피라미드 모형의 맨 아랫줄을 1개 줄였을 때, 2개 줄였을 때, 3개 줄였을 때 등 다양한 경우로 모형을 만들어 본다.

• 컵 쌓기 게임으로 확장하여 빨리 쌓고 빨리 무너뜨리기, 가장 높이

쌓기 등 게임으로 진행한다.

사진첨부

개정 누리과정 관련요소

자연탐구 〉 생활속에서 탐구하기 〉 물체를 세어 수량을 알아본다.
자연탐구 〉 생활속에서 탐구하기 〉 물체의 특성과 변화를 여러 가지 방법으로 탐색한다.
신체운동 · 건강 〉 신체활동 즐기기 〉 기초적인 이동운동, 제자리운동, 도구를 이용한 운동을 한다.

내 신발 도장은 무슨 모양일까

생활주제 어린이집이 좋아요

수학개념 규칙성

활동목표
- 신발 밑바닥의 무늬를 찍어서 신발 바닥의 무늬를 알아본다.
  (자연탐구〉수학적 탐구하기〉공간과 도형에 관심 가지기〉주변 사물의 모양에 관심을 갖는다.)
  (예술경험〉예술적 표현하기〉자발적으로 미술활동하기〉자발적으로 그리기, 만들기를 한다.)
- 신발 밑바닥의 다양한 모양과 규칙성을 이해하고 움직인다.
  (신체운동〉신체활동에 참여하기〉신체활동에 참여하기〉신체활동에 자발적으로 참여해 본다.)

활동대상 1~2세

활동준비 영아들이 신고 온 신발, 전지, 물감, 팔레트, 롤러, 커다란 부직포, 매직

활동과정

① 도입

- 수수께끼를 내어 영아들이 신발에 관심을 갖도록 한다.
  T: 밖에 나갈 때 꼭 신어야 하는 거예요.
  T: 추울 때 발에 신으면 따뜻하고 발도 다치지 않게 도와줘요.
  T: 짜잔. 바로 바로 신발이에요.(신발을 보여준다.)

② 전개

- 영아들이 그날 신고 온 신발을 신발장에서 찾아보고 자신의 신발을 신는다.
  T: 오늘 내가 신고 온 신발은 어디 있나요?

T: 내 신발을 찾아서 신어봐요. 신기 어려운 친구들은 선생님이 신발을 신을 수 있도록 도와줄게요.

T: ○○이는 오늘 빨간색 구두를 신고 왔구나. / ○○이는 노란색 운동화를 신었구나.

- 신발을 신고 앞마당으로 나가 준비된 전지를 밟아 본다.

T: 이 흰색 종이는 무엇일까요?

T: 하얀 종이를 발로 밟아 볼까요?

T: 종이에 아무 모양도 그려지지 않네요. 종이에 모양이 찍히려면 어떻게 하면 좋을까요?

- 물감을 묻혀 둔 부직포를 발로 밟은 후 전지 위를 천천히 걸어가 본 후 발자국의 모양을 관찰해 본다.

T: 하얀 종이 위에 무슨 모양이 생겼나요?

T: 또 하얀 종이 위를 걸어보고 싶은 친구 있나요? ○○이가 부직포를 밟은 후 종이 위를 걸어 볼까요?

T: 발자국의 모양이 모두 같은가요? 이 발자국 무늬를 한 번 볼까요? 어떤 무늬를 가지고 있나 살펴보아요.

T: 쭉쭉 긴 선 모양, 별 모양, 동그란 모양, 구불구불한 선으로 된 모양도 있네요.

- 다양한 방법으로 전지 위에 찍힌 무늬를 따라 걸어본다.

T: (영아가 발자국을 따라 걸을 때 교사는 옆에서 숫자를 세어준다.)
하나, 둘, 셋, 넷, 다섯. 파란 줄무늬 발자국은 모두 다섯 발자국이 있네요.

T: (영아에게 다른 모양의 발자국을 번갈아 가며 따라 가 보도록 한다.)
파란 줄무늬 발자국과 빨간 별모양 발자국을 번갈아 가며 걸어가 볼까요?

발자국 따라 걸어가기 방법

1. 신발 밑바닥의 다양한 무늬를 찾는 방법
2. 신발 밑바닥 모양에 따라 규칙성을 발견하여 규칙성의 준거를 언어로 표현하면서 규칙성을 찾아보는 방법
3. 무늬 패턴을 이용해 다음 무늬를 찾기를 예측하는 방법
4. 신발 발자국을 따라 걸을 때 숫자를 세어주어 숫자를 인식하는 방법

③ 마무리

- 활동을 마무리 하며 활동에 대해 이야기를 나눈다.
  T: 이 종이 위 발자국 중에서 나의 발자국은 어떤 것이었나요?
  T: 오늘 활동 중 어떤 게 가장 재미있었나요?

유의사항

- 사전에 물감의 농도를 잘 맞추어 영아들이 발자국을 쉽고 선명하게 찍을 수 있도록 돕는다.
- 영아들이 발자국을 이용해 규칙성을 만들 때 영아들의 활동영역을 넓게 제시하기 위해 전지를 넓게 깔아준다.
- 영아들의 수준을 고려해 무늬를 찍어보는 활동과 규칙성을 찾는 활동으로 나누어 제시한다.

확장활동

- 찍은 발자국을 오려 모양대로 붙이거나 패턴을 정해 붙인 후 실내에서 발자국 밟기 놀이로 연결하여 제시한다.
- 발자국 밟기 게임으로 진행한다.

사진첨부

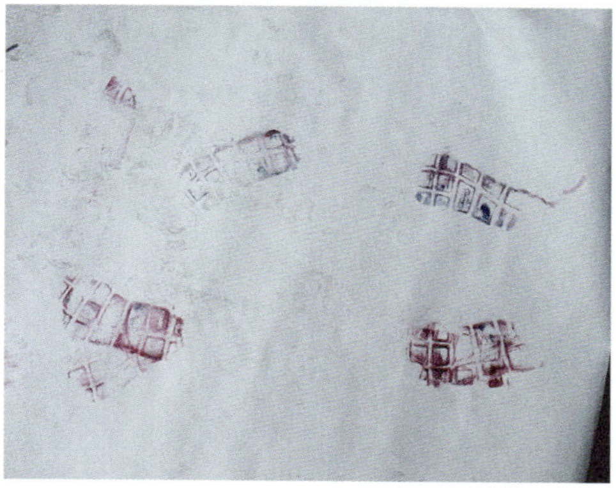

개정 누리과정 관련요소

*만1세
자연탐구 〉 생활 속에서 탐구하기 〉 주변 공간과 모양을 탐색한다.
예술경험 〉 창의적으로 표현하기 〉 감각을 통해 미술을 경험한다.
신체운동 〉 신체활동 즐기기 〉 기본 운동을 시도한다.
*만2세
자연탐구 〉 생활 속에서 탐구하기 〉 주변 공간과 모양을 탐색한다.
예술경험 〉 창의적으로 표현하기 〉 미술재료와 도구로 표현해 본다.
신체운동 〉 신체활동 즐기기 〉 기본 운동을 즐긴다.

달력 만들기

생활주제 형님이 되어요

수학개념 수 개념 : 수세기, 수인지

활동목표
- 달력의 숫자를 인식하고 그 의미를 안다.
  (자연탐구〉수학적 탐구하기〉수와 연산의 기초개념 알아보기〉수를 세어보고 수량에 관심을 갖는다.)
- 수의 순서를 알고 큰 수를 셀 수 있다.
  (자연탐구〉수학적 탐구하기〉수의 연산과 기초개념 형성하기〉구체물을 가지고 더하고 빼는 경험을 해 본다.)

활동대상 4~5세

활동준비 다양한 모양과 종류의 달력, 달력을 만들 종이(월, 일, 요일이 쓰여 있고 숫자란이 비어있는 것), 색연필, 숫자가 쓰여진 종이, 풀, 가위

활동과정 **① 도입**

- 다양한 모양과 종류의 달력을 살펴보며 달력에 대해 알아본다.
  T: 우리 반에는 무엇이 있나요?
  C: 숫자랑 요일을 넘겨서 보는 달력이 있어요.
  T: 그래요. 매일 숫자 하나씩을 넘겨서 오늘의 날짜와 요일을 알아 볼 수 있어요. 또 어떤 달력을 보았나요?
  C1: 책상 위에 올려두는 세모난 모양의 달력이요.
  C2: 우리 집 벽에는 커다랗고 네모난 달력이 걸려 있어요.
  T: 그래요. 우리 주변에는 다양한 모양의 달력이 있어요.

② 전개

- 달력을 만들 종이를 제시하고 어떤 달력을 만들지에 대해 알아본다.

  T: 이 달력은 무슨 달력일까요?

  C: 벽에 거는 달력이에요.

  T: 네. 윗부분은 사진이나 그림을 그릴 수 있어요. 어떻게 꾸밀 수 있을까요?

  C: 우리 가족의 모습을 그리고 싶어요. / 계절에 따라 달라지는 나무를 그리고 싶어요. / 잡지에서 좋아하는 그림이랑 사진을 오려 붙이고 싶어요.

  T: 그렇구나. 다양한 사진과 그림이 있는 달력이 될 수 있을 거 같아요. 그럼 아래쪽에는 무엇이 있어야 할까요?

  C: 몇 월인지 알아야 해요. 며칠인지 숫자를 써야 해요.

  T: 네. 달력을 보면서 숫자를 써 봐도 되고 숫자 그림카드에서 숫자를 찾아서 붙여 줄 수도 있어요.

- 제시된 달력 종이를 이용해 새해 달력의 윗부분을 그림과 사진으로 꾸며준다.

  T: ○○이는 가족의 모습을 그림으로 그려 주었구나.

  T: 잡지에 나온 모습의 사진을 오려 붙여 주니 다양한 사진을 볼 수 있구나.

- 제시된 달력 종이를 이용해 새해 달력 1월을 완성해 본다.

  T: 1월 달력을 보며 숫자를 써 주었구나. 쉬는 날은 빨간색으로 표시를 해 주니 보기가 좋구나.

  C: 저는 숫자 카드에서 숫자를 오려 순서대로 붙여 주었어요.

  T: 숫자를 찾아서 붙여주니 크기가 다양한 재미있는 숫자 달력이 되었구나.

③ 마무리

- 활동을 마무리 하며 이야기를 나누고 자신이 만든 달력을 친구들에게 소개하고 전시한다.

  T: 오늘의 활동 중에 어떤 점이 기억에 남았나요?

T: 내가 만든 달력을 친구들에게 보여주며 어떻게 만들었는지 이야기를 나누어 보도록 해요.

T: 우리가 만든 달력을 보면 1월이 어떻게 시작되고 마무리되는지 알아볼 수 있어요. 달력의 숫자와 요일을 보면 오늘이 며칠이고 무슨 요일인지도 알 수 있어요.

유의사항

- 십의 자리까지 기록해야 하는 달력의 숫자가 유아들 수준에 어려울 수 있으므로, 유아들의 수준에 따라 십의 자리숫자는 미리 기록된 것을 제시할 수 있다.
- 쓰는 것이 어려운 유아들은 숫자카드를 붙여서 꾸밀 수 있도록 한다.

확장활동

- 만든 달력을 교실과 집에 걸어 두고 그림을 감상하고 숫자를 읽어 보도록 한다.
- 다른 월의 달력도 만들어 본다.

사진첨부

개정 누리과정 관련요소

자연탐구 〉 생활속에서 탐구하기 〉 물체를 세어 수량을 알아본다.
의사소통 〉 읽기와 쓰기에 관심 가지기 〉 자신의 생각을 글자와 비슷한 형태로 표현한다.
예술경험 〉 창의적으로 표현하기 〉 다양한 미술재료와 도구로 자신의 생각과 느낌을 표현한다.

강대은 (2003). 3, 4, 5세 유아의 수세기와 더하기 빼기 능력 및 전략에 관한 연구. 중앙대학교 교육대학원 석사학위논문.

강은주 (2012). 자연놀이터에서의 탐구중심 수학활동이 유아의 수학개념과 수학적 태도에 미치는 영향. 계명대학교 유아교육대학원 석사학위논문.

고경나, 오은순 (2014). 유아 수와 연산 교육 실태와 교사 인식 조사. **육아지원연구**, 9(1). 65-95.

교육과학기술부 (2008). **유치원 교육과정**. 서울: 교육과학기술부.

교육과학기술부 (2012). **5세 누리과정-해설서**. 서울: 대한교과서.

교육과학기술부, 보건복지부 (2013). **3~5세 연령별 누리과정 해설서**. 서울: 교육과학기술부

교육부, 보건복지부 (2019). **2019 개정 누리과정 해설서**.

권기욱 (2001). 그래프 구성 활동 프로그램 적용이 수학적 힘의 육성에 미치는 영향. 대구교육대학교 교육대학원 석사학위논문.

권영례 (2003), **유아수학교육**. 서울: 양서원.

권영례, 이순형(2005). **유아수학교육**. 서울: 한국방송통신대학교 출판부.

권영례, 이영자, 이정욱 (1998). 3,4, 5세 유아를 위한 수학교육과정 모델 개발의 준거. **청삼아동문제 연구시리즈**, 14. 서울: 창지사.

권현정 (1998). 유아의 공간개념 발달에 대한 연구 도형인식 능력을 중심으로 성신여자대학교 교육대학원 석사학위논문.

김경미, 김현주, 송연숙 (2002). **현장중심 유아과학교육**. 서울: 창지사.

김경철 (1992). 유아의 수학문제해결력 신장에 관한 연구: 덧셈 및 뺄셈 문제를 중심으로. 중앙대학교 대학원 박사학위논문.

김민경, 홍혜경, 이지현, 이정욱 (2006). **유아수학교육의 탐구**. 서울: 교우사.

김병무, 박재명 (2003). 대학수학 수업에서의 유아 수학교육 -교양수학 과목 개발을 위한. **수학교육**, 42(3). 337-352.

김상룡, 남형채 (1998). 전통놀이에 깃 든 수학적 사고와 그 활용방안. **과학수학교육연구**, 21(1), 117-140.

김상미 (1997). 수학적 패턴에 관한 학습 프로그램 개발연구. 한국교원대학교 대학원 석사학위논문.

김소향 (1992). 3, 4, 5세 유아의 3, 4, 5세 유아의 비형식적 더하기와 빼기의 수학능력 및 인지적 전략의 발달에 관한 연구. **유아교육연구**, 15(1), 165-185.

김숙령 (2000). **유아 수학교육**. 서울: 학지사.

김숙자 (1997). **유아 수놀이 경험과 교육**. 서울 : 양서원.

김숙자, 김지영 (2007). 자연물을 활용한 유아 수학 교과활동 경험. **한국열린유아교육학회 학술대회발표논문집**. 335-352.

김숙자, 김현정 (2005). **유아 수놀이 교육**. 서울: 문음사.

김언주, 강영하, 최건수 (1989). 인지발달과 교육. 서울 : 양서원.

김영선 (2002). 유아 수학교육의 이론과 실제. 서울: 교육과학사.

김영선, 김영옥, 박미라 (1997). 수 과학지도. 서울: 양서원.

김은정, 이정욱 (2005). 유아 수학과 음악의 통합교육을 위한 이론적 고찰. 유아교육연구, 25(6). 201-220.

김정원, 강숙현, 전선옥 (2000). 유아교육 평가의 이해. 서울: 양서원.

김정주 (2008). 자연친화적 수학놀이 구성하기 프로그램 개발 및 효과. 중앙대학교 대학원 박사 학위논문.

김종은 (2002). 부분과 전체 개념 활동이 유아의 수학문제해결능력에 미치는 영향. 중앙대학교 대학원 석사학위논문.

김지영 (2004). NCTM의 수학교육 내용기준에 근거한 유아수학능력 평가도구 개발. 원광대학교 대학원 박사 학위논문.

김창복, 황정숙, 김경철 (2005). 유아수학교육. 서울: 양서원.

김효실 (2004). 그림책을 활용한 수학교육활동이 유아의 수학 능력발달에 미치는 효과. 경성대학교 교육대학원 석사학위논문.

김희선 (2013). 전래동요를 통한 수학활동이 유아의 수학개념과 전통문화 인지 및 선호도에 미치는 영향. 중앙대학교 교육대학원 석사학위논문.

나귀옥, 김경희 (2004). 유아수학교육 이론과 실제. 서울: 학지사.

문병환 (2013). 수학적 표상을 활용한 유아 수학교육 프로그램 개발 및 효과. 전남대학교 대학원 박사학위논문.

민경희 (2005). 전래동요를 통한 수학적 탐구활동이 유아의 수학개념 및 태도에 미치는 영향. 중앙대학교 교육대학원 석사학위논문.

박도순 (1993). 교육연구 방법론. 서울: 문음사.

박성순 (2005). 전래동요를 활용한 수학교육활동이 유아의 수학적 사고 능력에 미치는 영향. 한국교원대학교 교육대학원 석사학위논문.

박홍자 (2002). 유아 수 과학교육. 서울: 동문사.

박화윤, 천은영, 이수정 (2005). 자유놀이시간의 교사개입에 의한 모래놀이활동이 유아의 수학성취 및 과학적 탐구능력에 미치는 영향. 한국영유아보육학, 40, 71-88.

배종수 (2002). 생명을 살리는 수학. 서울: 김영사.

보건복지부 (2013). 제3차 어린이집 표준보육과정. 보건복지부.

보건복지부 (2020). 제4차 어린이집 표준보육과정.

서동미 (2007). 유치원 생활에서 발생하는 유아의 수학적 경험에 대한 교육적 의미. 중앙대학교 대학원 박사학위논문.

설은지 (2016). 전이시간을 활용한 수 개념 활동이 3세 유아의 수개념과 주의집중력에 미치는 효과. 중앙대학교 교육대학원 석사학위논문.

성연정 (2007). 신체활동을 통한 수학교육이 유아의 수학능력에 미치는 영향. 전남대학교 대학원 석사학위논문.

신은수 (1995). 3, 4, 5세 유아의 비형식적 더하기와 빼기의 수학능력 및 인지적 전략의 발달에 관한 연구. **유아교육연구**, 15(1), 101-121.

신은수, 김은정, 김소향(1993). 3, 4, 5세 유아의 합리적인 수세기, 더하기, 빼기 능력 발달에 관한 연구. **아동학회지**, 14(1), 23-37.

신현옥, 김동춘, 이수경, 김영숙, 류칠선 (2004). **유아를 위한 수학교육**. 서울: 교문사.

심정화 (2004). 유아의 기하학적 도형 모사에 관한 연구. **한국유아교육연구**, 6, 165-185.

안선영 (2013). 미술과 수학의 통합 활동이 유아의 수학능력에 미치는 영향. 경인교육대학교 교육대학원 석사학위논문.

안진경 (2002). 통합적 탱그램 활동이 유아의 기하 및 공간 개념에 미치는 영향. 원광대학교 석사학위 청구논문.

양석문 (2008). 노래 기억술(Mnemonics)의 활용이 수학과 학습태도와 학업성취도에 미치는 영향. 전북대학교 교육대학원 석사학위논문.

오순복 (1985). 비취원아의 분류개념형성에 관한 일연구 : 제주도 지역의 4세아와 6세아를 중심으로. 중앙대학교 교육대학원 석사학위논문.

오정현 (2000). 중학교 수학과에서 포트폴리오 평가의 실시와 그 결과 분석. 이화여자대학교 교육대학원 석사학위청구논문.

유지은 (2009). 수학활동을 통한 유아 수학 능력 수행평가 준거 개발 및 적용. 원광대학교 대학원 박사학위논문.

유효인 (2015). 스토리텔링 수학활동이 만 5세 유아의 수학능력 및 수학적 태도에 미치는 영향. 중앙대학교 대학원 석사학위논문.

윤애희, 김온기, 이혜경 (2002). **사고과정을 중심으로 한 유아 수 과학교육**. 서울: 창지사.

이경민 (2002). 유치원 교사의 생애에 대한 기초연구. **유아교육연구**, 22(3), 95-114.

이경민, 서동미, 엄은나 (2009). 유치원교사들이 인식한 '좋은 수업'의 의미. **한국교원교육연구**, 26(1), 109-144.

이경우 (1995). **수학교육을 위한 문학적 접근**. 서울: 다음세대.

이경우, 이은화 (1987). **한국 어린이의 전통놀이에 관한 연구조사**. 이화여자대학교 한국문화연구원.

이경우, 홍혜경, 신은수, 진명희 (1997). **유아 수학교육의 이론과 실제**. 서울: 창지사.

이경희 (2008). 경제동화를 활용한 이야기 나누기 활동이 유아의 수 연산능력에 미치는 영향. 전남대학교 대학원 석사학위논문.

이기숙 (1992). **유아교육과정**. 서울: 교문사.

이상명 (2001). 수학 저널쓰기를 통한 문제해결활동이 유아의 수학개념에 미치는 효과. 중앙대학교 대학원 석사학위논문.

이상헌 (2012). 자연물을 이용한 산책활동이 유아의 수학적 개념과 수학적 태도에 미치는 영향. 한양대학교 교육대학원 석사학위논문.

이성균, 이봉우 (2008). 과학 교과서에 사용된 그래프의 유형 및 특징 분석. 국제과학영재학회지, 2(2), 123-12.

이영자, 이기숙, 이정욱 (1998). 유아교육학습방법. 서울: 창지사.

이영자, 이정욱 (1997). 유치원 교실에서 관찰된 만3, 4, 5세 유아를 위한 언어 및 수학활동의 분석. 교육학연구, 35(4). 195-227.

이용률, 성현경, 정동권, 박영배, 정은실, 박교식, 강문봉, 백석윤, 유현주 (1997). 초등수학교육론. 서울: 경문사.

이은해 (1999). 아동 발달의 평가와 측정. 서울 : 교문사.

이은해 (2006). 아동 연구방법의 이해. 서울 : 학지사.

이은해, 정미라, 박경자, 이종희 (1995). 유치원 교육과정에 기초한 유아 관찰 척도. 서울: 교육부.

이은형 (2012). 유아를 위한 자연친화적 수학영역 중심교육 프로그램 개발 및 적용 효과. 중앙대학교 대학원 박사학위논문.

이정모 (2010). 김영정 선생님 추모 특집: 체화된 인지접근과 학문간 융합 인지과학 새 패러다임과 철학의 연결이 주는 시사. 철학사상. 38, 27-66.

이정미(2010). 협동적 수 표상 활동이 유아의 수 연산 능력과 수학적 태도에 미치는 영향. 덕성여자대학교 교육대학원 석사학위논문.

이정욱 (2005). 유아의 좌표이해 능력에 관한 연구. 유아교육학논집, 9(2), 5-18.

이정욱, 안경숙, 김소향 (2001). 3세와 4세 유아의 비형식적 수 지식에 대한 연구. 유아교육연구, 21(1). 251-267.

이정욱, 유연화 (2006). 유아수학교육. 서울: 정민사.

이지현 (1999). 유아 수교육 내용 및 방법에 관한 문화 심리학적 고찰. 유아교육연구, 19(1), 111-131.

이지현 (2015). 유아 수개념에 영향을 주는 변인 분석. 중앙대학교 교육대학원 석사학위논문.

이혜경 (2014). 숲 체험에서의 수학탐구활동이 유아의 수학능력에 미치는 영향. 숭실대학교 교육대학원 석사학위논문.

임순화 (2008). 수 관련 동화가 유아의 수리탐구 능력에 미치는 효과. 동국대학교 교육대학원 석사학위논문.

전순환, 이기현 (2010). 사회적 구성주의에 기초한 유아수학활동이 유아의 수학적 성취, 수학적 과정기술, 수학적 태도에 미치는 효과. 2010 한국 열린유아교육학회 춘계학술대회 논문집, 483-504.

전풍자 (1981). 놀이교육론. 유아교육연구, 3(1), 51-64.

전희영 (2001). 유아의 측정능력에 관한 연구. 덕성여자대학교 대학원 석사학위논문.

정연희 (2009). **유아수학교육**. 서울: 창지사.

정진, 성원경 (1994). **유아놀이와 게임활동의 실제**. 서울: 학지사.

정희달 (1990). 유아의 수학적 개념 획득에 관한 연구. 한국교원대학교 대학원 석사학위논문.

조형숙 (2002). 유아수학교육의 새로운 방향. 제 38회 유아교육교사 연수 자료집. **유아를 위한 수학교육활동**. 한국유아교육학회.

조형숙, 허윤정, 이효정 (2010). **표준교육과정에 기초한 아동수과학지도**. 서울: 파란마음.

조형숙, 황의명, 김현주 (2005). **유아를 위한 수학교육활동자료**. 서울: 교육인적자원부.

지성애 (2001). **유아놀이지도**. 서울: 정민사.

차현화, 홍혜경 (2005). 유아의 대수적 사고능력의 발달에 대한 분석. **유아교육연구**, 25(5), 31-54.

채미영, 이위환 (2006). 자료 유형과 연령에 따른 유아의 수세기 능력. **아동교육**, 5(3).

채현주 (2006). 수학과 통합된 미술활동이 유아의 패턴 이해능력에 미치는 영향. 덕성여자대학교 대학원 석사 학위논문.

최보미 (2015). 스토리텔링을 활용한 수학교육이 유아의 수학적 능력에 미치는 영향. 서울교육대학교 교육전문대학원 석사학위논문.

최신애 (2000). 초등학교 수학학습에서의 패턴 탐구 활동에 관한 연구. 인천교육대학교 교육대학원 석사학위논문.

최연, 이정욱 (2006). 유아의 이동기하 능력에 관한 연구. **열린유아교육연구**, 11(1), 197-215.

최정남 (2002). 도형에 관한 탐구 학습이 공간 추론 능력에 미치는 효과. 한국교원대학교 대학원 석사학위논문.

최현숙 (2011). 자연 친화적 수학교육이 유아의 수학적 능력과 자연친화적 태도에 미치는 영향. 군산대학교 대학원 석사학위논문.

최혜진 (2003). 유아수학능력검사 개발연구. 부산대학교 대학원 박사학위논문.

한유미 (2003). **유아 수학교육.** 서울: 창지사.

한유미 (2009). **개정 유아 수학교육**. 서울: 창지사.

한유미 (2015). **개정증보 유아 수학교육**. 서울: 창지사.

홍길회, 김명연 (2020). **유아교육기관 운영관리**. 서울: 동문사.

홍응선 (1970). 초등수학의 집합론과 수 개념지도. **대학원교육논집3**, 서울 :이화여자대학교.

홍혜경 (1991) 유아의 수세기 능력과 수리능력과의 관계에 관한 연구. **아동학회지**, 12(1), 78-90.

홍혜경 (1999). 유아의 수 표상능력 발달에 대한 분석과 교육적 활용. **유아교육연구**, 19(2), 95-118.

홍혜경 (2004). **유아 수학능력과 교육**. 서울: 양서원.

홍혜경 (2004). **유아 수학능력의 발달과 교육**. 서울: 양서원.

홍혜경 (2005). **유아 수학능력 발달과 교육**. 서울: 양서원.

홍혜경 (2007). 유아의 기하도형 합성과 분할의 발달적 수준. **유아교육연구**, 27(6), 165-185.

홍혜경 (2009). **유아 수학능력 발달과 교육**(2판). 서울: 양서원.

홍혜경 (2010a). **유아 수학능력발달과 교육**. 서울: 양서원.

홍혜경 (2010b). **영유아를 위한 수학교육**. 서울: 공동체.

홍혜경 (2013). 유아의 더하기와 빼기 문제에 대한 표상능력과 연산능력. **유아교육연구**, 33(4). 5-24.

황의명, 조형숙, 서동미 (2014). **개정판 유아수학교육**. 서울: 정민사.

황정숙 (1996). 유아 수학교육의 효과적 지도: 구체적 조작에 의한 활동 중심과 학습지에 의한 교사 중심 교수 방법의 비교 연구. 중앙대학교 대학원 박사학위논문.

황정숙 (2012). **나뭇잎 수학놀이: 즐겁게 배우는 영유아 수학**. 서울: 창지사.

황현미 (2007). 초등학교 6학년 학생들의 그래프 이해 능력 실태 조사. 한국교원대학교 교육대학원 석사학위논문.

Althouse, R. (1994). *Investigation mathematics with young children.* NY : Teachers College Press.

Ault, R. (1982). 아동의 인지발달(곽금주 역). 서울: 중앙출판사.

Baroody, A. J. (1987). *Children's Mathematics Thinking : A Developmental Framework for Preschool, primary, and Special Education Teachers*. New York: Teachers College Press, Columbia University.

Baroody, A. J., & Benson, A. (2001). Early number instruction. *Teaching Children Mathematics*. 8(3), 154-158.

Barron, L. (1979). *Mathematics Experiences for the Early Childhood Years.* Columbus, Oh.: Charles E. Merrill Publishing Company.

Brainerd, C. J. (1978). *Piaget's Theory of Intelligence.* NJ: Prentice Hall.

Bruni, J. V. & Seiderstein, R. B. (1990). *Geometric concepts and spatial sence.* In J. Payne (Ed.), *Mathematics for the young child* (pp.203-227) Reston, VA : NCTM.

Bryant, p. (1999). "*Piaget, mathematics and Vygotsky", Piaget, Vygotsky & Beyond; Future issues for developmental psychology and education*, In L. Smith, J. Dockrell, & P. Tomlinson (Eds.) 131-144, Lodon ND NEW YORK: Routledge Pub.

Carpenter, T. P. & Moser, J. M. (1984). The Acquisition of addition and subtraction concepts in grades one through three. *Journal for Research in Mathematics Education, 15*(3), 179-202.

Charlesworth, R. (2000). *Experiences in math for young children* (4th Ed.). Stamford, CT : Delmar Thomson Learning.

Charlesworth, R., & Lind, K. K. (2007). *Math and science for young children* (4th. ed.). Clifton Park, NY: Delmar / ITP.

Clements, D. H. (2000). Mathematics in the preschool. *Teaching Children Mathematics, 7*. 270-275.

Clements, D. H. (2004). *Geometic and spatial thinking in early childhood education.* In D. H.

Clements, D. H., & Sarama, J. (2007). Effects of a preschool Mathematics curriculum: summative research on the Building Blocks project, *Journal for Research in Mathematics Education*, 38(2), 136-163.

Cooke, B. D., & Buchholz, D. (2005). Mathematical communication in the classroom: A Teacher makes a difference. *Early Childhood Education Journal, 32*(6), 365-369.

Copeland, R. W. (1979). How Children Learn Mathematics: *Teaching Implication of Piaget's Research*(3rd ed). New York: Macmillan.

Copeland, R. W. (1984). *How children learn mathematics*, New York: Macmillan Boulton-Lewis.

Copley, J. V. (2010). *The young child and mathematics*. Washington DC: National Association for the Education of Young Children 2nd ed.

Copley, J. V., Jones, C., & Dighe J. Bickart, T,S., Heroman, C. (2007). *Mathematics: The creative curriculum approach*. Washington, D.C. : Teaching Strategies.

Cruikshank, D. E., & Sheffield, L. J. (1988). *Teaching Mathematics to elementary school children.* Columbus: Merrill Publishing Co.

Dahl, B. (2003). A Synthesis of different psychological learning theories? Piaget and Vygotsky. *Philosophy of Mathematics Education Journal,* 17, 1-24.

Davison, D. M., Miller, K. W., & Metheny, D. L. (1995). What does integration of science and mathematics really mean? *School Science and Mathematics, 95*(5), 226-230.

Edward, R. (2002). 수학과 음악(장석훈 역). 서울: 경문사. (원저 1995 출판).

Elkind, D. (1961). The Development of the additive composition of classes in the child: Piaget replication study III. *The Journal of Genetic Psychology, 99.* 51-57.

Elkind, D., & Flavell, J. H. (1969). S*tudies in cognitive development: Essays in Honor of Jean Piaget*. New York: Heinemann.

Epstein, A. S. (2007). *The intentional teacher: Choosing the best strategies for young children's learning*, Washington DC: NAEYC.

Fuson, K. C. (1986). Teaching children to subtract by counting up. *Journal for Research in Mathematics Education, 17.*172-189.

Geist, E. (2009). *Children are born mathematicians*. Upper Saddle River, NJ: Perason Education, Inc.

Gelman. R. & Gallistel, C. R. (1978). *The child's understanding of number*. Cambridge: Harvard University Press.

Ginsburg, H. (1982). *The development of mathematical thinking*. New York: Academic Press.

Ginsburg, H. P., Lee, J. S., & Boyd, J. S. (2008). Mathematics education for young children: What it is and how to promote it. *Social Policy Report, 22*(1), 1-24.

Graziano, A., Peterson, M. & Shaw, G. (1999). Enhanced learning of porportional math Through music training and Spatial-temporal training. *Neurological Research, 21*(2), 139-152.

Greenberg, M. (1979). *Your Children need music*. Englewood Cliffs, NJ: Prentice Hall.

Hiebert, J. & Lindquist, M. (1990). Developing mathematical knowledge in the young child. In J. Payer (Ed.), *Mathematics for the Young Child* (pp.7-38). Reston, VA: NCTM.

Hills, T. W. (1993). Reaching potential through appropriate assessment. In S. Breadekamp & T. Rosegrant(Eds.). *Reaching potentials appropriate curriculum and assessment for young children. l.*(pp 43-63). Washington. DC, NAEYC.

Holt, B. G. (1990). *Science with young children*. Washington, DC: NAEYC.

Jablon, J. R., Marsden, D. B., Meisels, S. J., & Dichtelmiller, M. L. (1994). *Omnibus Guidines: Preschool through third grade*. Ann Arbor, Mich.: Rebus Planning Associates, Inc.

Kamii, C. (1982). *Number in preschool and kindergarten: Education implication of Piget's theory.* Washington, DC: National Association for the Education of Young children.

Kamii, C., & DeVries, R. (1980). *Group games in early education; Implicatons of Piaget's heory.*

Karp, K. (1994). Telling tales: Creating graphs using multicultural literature. *Teaching children Mathematics, 1*, 87-91.

Kennedy, L. M. (1984). *Guiding Children's Learning of mathematics* (4th Ed.). Belomont, CA: Wadsworth Publishing Company.

Marcus, G. F., Vijayan, S., Rao, S. B., & Vishton, P. M. (1999). Rule learning by seven-month-old infant. *Science, 283*(1), 77-79.

McAfee, O. & Leong, D. J. (2002). *Assessing and guiding young children's development and learning*. Boston, MA: Allyn & Bacon.

McBride, J. W., & Silverman, F. L. (1991). Integrating elementary / middle school science and mathematics. *School Science and Mathematics, 91*(7), 285-294.

McTihghe j., & Lyman, F. T. (1988). Cueing thinking in the classroom: The promise of theory-embedded tools. *Educational Leadership,* ascd.com

Micklo, S. J. (1995). Developing young children's classification and logical thinking skills. *Childhood Education, 72*(1), 24.

NAEYC & NCTM (2002). *Early childhood mathematics: promoting good beginnings* [electronic version]. Retrieved 10 July, www.naeyc.org / positionstatements / mathematics.

NCTM (1989). *Curriculum and evaluation standards for school mathematics.* Reston, VA: NCTM.

NCTM (1993). *Curriculum and evaluation standards for school mathematics, Addenda Series,*

Grades K-6, Patterns and functions. Reston, VA: The National Council of Teachers of Mathematics. Inc.

NCTM (1998). *Principles and standards for school mathematics.* Dicussion Drafr. Reston, VA: NCTM.

NCTM (2000). *Principles and standards for school mathematics*. '학교수학을 위한 원리와 규준' 류희찬, 조완영, 이경화, 나귀수, 김남균, 방정숙 옮김. 서울: 경문사.

Northwest Evaluation Association(1990). Writing portfolio assessment issues and concerns [Summary]. NWEA *Writing Assessment Conference*. Lake Oswego, OR :Author.

Norton, D. E. (1987). *Through the eyes of a child: An introduction to children's literature*. Ohio: Merill Publishing Company.

NRC (2009). *Mathematics learning in early childhood: Paths toward excellence and equity*. Washington, D.C. : The National Academic Press. http://www.nap.edu/openbook.php?record_id= 12519

Ojose, B. (2008). Applying Piaget's theory of cognitive development to mathematics instruction. *The Mathematics Educator, 13*(1), 26-30.

Perham, F. (1978). *An investigation into the effect of instruction on the acquistion of transformation geometry concepts in first grade children and subsequent transfer to general spatial ability*. In R. Lesh & D. Mierkiewicz(Eds.). Concerning the development of spatial and geometric concepts(pp. 229-241). Columbus, OH: ERIC Clearinghouse for science, Mathematics, and Environmental Education.

Reedal, K. E. (2010). *Jean Piaget's cognitive development theory in mathematics education*, senior seminar: cognitive development and the learning of mathematics in Ripon college. Available at http://ripon.edu/macs/summation.

Resnick, L. B. (1983). *A developmental theory of number understanding*. In H. P. Carpenter, J. M. Moser, & T. A. Romberg (Eds.), Addition and subtraction: A cognitive perspective, 136-155. Hillsdale, NJ: Lawrence Erlbaum Associates.

Resnick, L. B. (1991). *From protoquantities to operators: Building mathematical competence on a foundation of every knowledge.* In G. Leinhardt, P. Putnam, & R. Hattrup (Eds.), Analysis of arithmetic for mathematics teachers (pp. 1-96). Hillsdale, NJ: Erlbaum.

Reys, R. E., Suydam, M. N., Limdquist, M. M., & Smith, N. L. (1998). *Helping children learn mathematics* (5th ed). Boston: Allyn & Bacon. 강문봉 외 19인 공역 (1999). 초등 수학 학습 지도의 이해. 서울: 양서원.

Rosser, R. A., Ensing, S. S., Glider, P. J., & Lane, S. (1984). An information-processing analysis of children's accuracy in predicting the appearance of rotated stimuli. Child Development,

55, 2204-2211.

Saracho, O. N., & Spodek, B. (2009). Educating the young mathematician: The twentieth century and beyond. *Early Childhood Education Journal, 36*, 305-312.

Schickedanz, J. A., Pergantis, M. L., Kanosky, J., Blaney, A., Ottinger, J. (1997). *Curriculum in early childhood: A resource gide for peschool and kndergarten tachers*. Boston, MA: Allyn and Bacon.

Seidenberg, M. S. & Elman, J. L. (1999). *Do infants learn grammar with algebra or statistics*? The following appeared as a in science, 284.

Smith, S. S. (1997). *Early Childhood mathematics.* Boston: Allyn & Bacon.

Starkey, P., & Klein, A. (2007). Sociocultural influences on young children' mathematical knowledge. *Contemporary Perspectives on Mathematics in Early Childhood Education*, 253-276. Information Age Publishing press.

Tall, D. (2004). Thinking through three worlds of mathematics. *Proceedings of the 28th conference of the International Group for the Psychology of Mathematics Education, 4*, 281 288.

Trafton. P. R., & Shulte, A, P. (1989). *New direction for elementary school mathematics.* NCTM.

Troutman, A. P. & Lichtenberg, B. K. (1972). *Mathematics: A Good Beginning. -Strategies for Teaching Children*-(end Ed.). Monterey, CA: Brooks / Cole Publishing Company.

Tucker, B. F., Singleton, A. & Weaver, T. L. (2006). T*eaching mathematics to all children: Designing and adapting instruction to meet the needs of diverse learners* (2nd Ed.). Upper Saddle, River : New Jersey : Pearson.

Wynne, A. S. (2002). Mathematics, music and movement: exploring concepts and connection. *Early Childhood Education Journal, 29*(3), 179-183.

저자소개

朴재옥

인하대학교 대학원 아동학 박사
인천대학교 강사
인하대학교 강사·겸임교수
동남보건대학교 겸임교수
현. 시립월곶어린이집 원장

저서

유아다문화교육/아동관찰과 행동연구
다문화교육의 실제/영유아수학교육
보육기관운영의 실제 등

홍길회

연세대학교 및 대학원 아동학과 졸업
G. Araneta University (아동교육) 박사
현. 동남보건대학교 유아교육과 교수

저서

창의성교육의 실제/영유아발달/유아다문화교육
아동문학과 동화구연/사회변화에 따른 부모교육
교과교재 연구 및 지도법/영유아 건강교육 제2판
아동관찰과 행동연구/결혼과 가족관계
유아사회교육의 실제/유아교육기관 운영관리 등

영유아를 위한 수학교육 제2판

초판 1쇄 발행 / 2017년 3월 2일
초판 2쇄 발행 / 2018년 8월 30일
2판 1쇄 발행 / 2020년 8월 20일
2판 2쇄 발행 / 2021년 8월 30일
2판 3쇄 발행 / 2024년 3월 2일

공저자 / 박재옥 · 홍길회
발행인 / 이 중 수
발행처 / 동 문 사

서울특별시 서대문구 홍제원 1길 12
(홍제동 137-8)
Tel : 02)736-3718(대), 736-3710, 3720
Fax : 02)736-3719
등록번호 : 1974.04.27. 제9-17호
가격 : 23,000원

ISBN : 979-11-6328-217-4 (93370)
E-mail : dong736@naver.com
www.dongmunsa.com